ANNA POLITKOVSKAJA
DIE FREIHEIT DES WORTES

DIE FREIHEIT DES WORTES

VORWORT

Sie war so leicht zu töten, der Mörder brauchte nicht mehr als seine Skrupellosigkeit. Anna Politkovskaja trat ihm am Aufzug ihres Mietshauses entgegen, beladen mit Einkaufstüten, eine Ikone der Wehrlosigkeit. Trotzdem muss der Täter nervös gewesen sein, fünf Mal zog er aus nächster Nähe den Abzug der Armee-Pistole durch, verfehlte sie zunächst, traf dann in Schulter und Brust und nur mit einem, wohl dem letzten Schuss, tödlich in die Schläfe. So verletzlich ist die Stimme der Wahrheit – die Drahtzieher brauchten nicht einmal den Lohn für einen Profikiller zu investieren, um sie zum Schweigen zu bringen.

Anna Politkovskaja wusste, dass ihr Leben so enden konnte, so enden musste. »Mord erlaubt« hatte sie das Buch überschrieben, an dem sie zuletzt arbeitete und dessen Manuskript die Behörden unverzüglich »sicherstellten«. Sie hatte den Schurken ins Auge gesehen, die sie mit ihren Artikeln provozierte. Die schmale, tapfere junge Frau muss auf ihre Gegner eine Faszination ausgeübt haben, der sich auch ein Ramsan Kadyrow, von Putins Gnaden Herrscher Tschetscheniens, nicht entziehen konnte. Die Beschreibung ihrer Begegnung in der Räuberhöhle dieses furchtbaren Mannes ist eine der stärksten Reportagen dieses Buches, das einem immer wieder den Atem raubt mit seiner Intensität. Die Geschichten, die sie schreibt, sind erlebt und durchlitten. Die zigfache Begegnung mit Mord und Tod hat sie nicht abgestumpft. Sie schildert, wie ihr die Knie zittern, als sie durch das besetzte »Nord-Ost«-Theater irrt, auf der Suche nach den Geiselnehmern, die sie als Vermittlerin angefordert hatten; die panische Angst, dass die rote Lache, in die sie getreten war, Blut sein könnte. Nach all den Jahren als Reporterin an den Fronten der schmutzigsten Kriege bedeutet Mitleid für Anna Politkovskaja immer noch eigenes Leiden. Deshalb konnte sie nicht aufhören, auch nicht, als engste Kollegen bei der kleinen, todesmutigen »Nowaja

Gaseta« Opfer von Mordanschlägen werden, als sie selbst einmal todkrank wird, vermutlich nach einer Giftattacke. Die Menschen, die sich in den Fluren der Redaktion drängten, um ihre Geschichten zu erzählen, hatten keine andere Stelle mehr, an die sie sich wenden konnten. Wenn nicht Anna Politkovskaja den Hinweisen nachging, den blutverschmierten Spuren folgte, die Mächtigen mit Fragen bedrängte, dann gab es keine Hoffnung mehr, dann waren ihre Kinder, ihre Männer, Frauen, Gefährten vergeblich gestorben oder für immer verschwunden. Darum galt Anna Politkovskaja am Ende ihr eigenes Leben weniger als die Geschichten dieser Menschen.

So wurde sie zur Feindin des Systems Putin, das Macht über Recht stellt, das sich bedenkenlos auf Schurken stützt – nicht nur in fernen Interessenkonflikten, sondern auch zu Hause, im eigenen Land. Aus ihren Geschichten spricht die Verzweiflung darüber, dass Russlands Aufbruch in ein Zeitalter der Freiheit so enden konnte. Ihre Reportagen reißen die Fassade ein, mit der sich die Großmacht der Welt präsentiert. Man kann Russlands Auftritte in der UN, bei den G8, G20 und auf all den anderen Foren der neuen Weltgemeinschaft nicht werten, ohne diese Geschichten gelesen zu haben.

Es muss, es darf nicht so bleiben. Russland ist ein zu wichtiges Land für die Zukunft Europas und der Welt. Ein so durch und durch korruptes System, wie Anna Politkovskaja es schildert, wird sich nicht selbst reformieren. Es braucht Mutige, die der Wahrheit eine Bresche schlagen. Diese Wahrheit braucht Öffentlichkeit. Zunächst – das ist wohl das Schicksal der »Nowaja Gaseta« – mehr im Ausland als zu Hause. Aber auf Dauer werden Grenzen die Wahrheit nicht aufhalten. Anna Politkovskaja hat sie emporgeholt. In Expeditionen, die gefährlich waren wie das Licht eines Feuerzeugs in einem finsteren Sprengstoffdepot. Sie starb dafür. Wir müssen nur lesen. Wenigstens das.

Claus Kleber, Sommer 2011

WAS HABE ICH DENN SCHLIMMES GETAN?

Dieses Material aus dem Computer von Anna Politkovskaja war offenbar für eine Rede im Ausland gedacht. Die Veröffentlichung erfolgte posthum am 26. Oktober 2006 im Mitteilungsblatt des Journalistenverbandes der Russischen Föderation.

Es gibt das alte Wort »Possenreißer«, abgeleitet von »Posse«, was so viel wie »Farce«, »Volksbelustigung« oder »Schmierenkomödie« bedeutet. Ein Possenreißer ist fast das Gleiche wie ein Clown, nur dass die Bezeichnung den Kern der Sache genauer trifft: In den Pausen zwischen den Zirkusnummern trat der Possenreißer in die Manege und belustigte das Publikum mit derben Späßen. Er musste die Zuschauer unter allen Umständen bei Laune halten, durfte sie keinesfalls verstimmen. Gelang es ihm nicht, die zur Vorstellung erschienenen Herrschaften zum Lachen zu bringen, wurde er ausgepfiffen, und der Zirkusdirektor jagte ihn auf der Stelle davon.

Beinahe die gesamte heutige Journalistengeneration in Russland sowie die russischen Massenmedien sind derartige Possenreißer, führen alle miteinander ein mediales Possenspiel auf. Sie haben die Pflicht, das Publikum zu unterhalten, und wenn schon über Ernstes geschrieben werden muss, dann lediglich darüber, wie gut und richtig die »Machtvertikale« in all ihren Manifestationen ist. Hier sei daran erinnert, dass Präsident Wladimir Putin während der letzten fünf, sechs Jahre die Implementierung ebenjener »Vertikale der Macht« vehement vorangetrieben hat: Sämtliche Staatsdiener, vom höchsten bis zu den niedrigsten, ja die gesamte bürokratische Hierarchie wird entweder von Putin höchstpersönlich bestellt oder aber von denjenigen, die er zuvor ernannt hat. »Machtvertikale« bedeutet ein Staatssystem, bei dem aus dem Führungsfeld entfernt wird, wer immer sich fähig zeigt, anders zu denken als sein unmittelbarer Vorgesetzter. Die Putin'sche Präsidialadministration, faktisch das wichtigste Verwaltungsorgan des Landes, hat dafür die Bezeichnung »die Unseren« bzw. »die Unsrigen« in Umlauf gebracht. »Unsere« sind diejenigen, die die gleiche Linie vertreten wie wir. »Nicht Unsrige« vertreten eine andere Richtung und sind deshalb Feinde. Die überwältigende Mehrheit der Massenmedien in Russland widmet sich denn auch der Beschreibung dieser Dualität: wie gut »die Unsrigen« sind und wie abscheulich die »nicht zu uns gehörenden« Feinde. Zu Letzteren, in der Regel dargestellt als Wesen, die sich »dem Westen verkauft« haben, zählen liberale Politiker, Menschenrechtler und »schlechte« Demokraten (während Wladimir Putin als Inbegriff des »guten« Demokraten gilt). Zeitungen und Fernsehen vermelden in den Schlagzeilen, wer von den »nicht Unsrigen« für seine Aktivitäten im Westen mit welchen Preisen oder Stipendien bedacht wurde. Da sieht man es wieder einmal!

Die Journalisten und die Massenmedien haben ihr Possenspiel von ganzem Herzen liebgewonnen. Der Kampf um das Recht einer unabhängigen Berichterstattung, darum, sich nicht der Präsidialadministration anzudienen, sondern im Sinne objektiver Informationsvermittlung zu wirken, dieser Kampf ist bereits Vergangenheit. Heute hingegen herrscht intellektuelle und moralische Stagnation in jener Berufsgruppe, zu der auch ich gehöre. Wobei hinzugefügt werden muss, dass die Kollegen diese Stagnation, die aus Journalismus wieder Propaganda zugunsten der herrschenden Macht werden ließ, nicht sonderlich anstößig finden. Sie machen kein Geheimnis daraus: Ihre Informationen über die »nicht zu uns Gehörenden« beziehen sie direkt von Mitarbeitern der Präsidialadministration, ebenso wie die Marschrichtung, worüber zu schreiben ist und worüber nicht.

Und was geschieht mit denjenigen, die sich nicht beteiligen wollen an diesem Possenspiel? Sie werden marginalisiert, ausgegrenzt, zu Outlaws gemacht. Das ist weder leichtfertig dahingesagt noch übertrieben. Es bedeutet, sich in einem Vakuum wiederzufinden. Bei offiziellen Anlässen und öffentlichen Veranstaltungen meiden dich die Vertreter der Staatsmacht wie die Pest, klammheimlich aber reden sie sehr gern mit dir. Genau wie zu Sowjetzeiten, allerdings verkehrten damals die Repräsentanten des politischen Establishments auf diese Art und Weise mit der ausländischen Presse, bei allerlei heimlich verabredeten Treffs irgendwo draußen, in Grünanlagen, in nicht für jedermann zugänglichen Häusern, denen sich der Journalist und der Staatsdiener auf verschiedenen Wegen näherten. Wie Undercover-Agenten. Journalisten einer Zeitung vom Schlage unserer »Nowaja Gaseta« werden zu keiner einzigen Pressekonferenz oder Zusammenkunft eingeladen, bei der Vertreter der Kreml-Administration zugegen sind. Natürlich wollen die Organisatoren nicht in den Ruch geraten, mit solcherlei Medien zu sympathisieren.

Unbeteiligten mag das vielleicht lächerlich vorkommen. Aber wir, die Mitarbeiter der »Nowaja Gaseta«, finden es alles andere als lustig. Nehmen Sie beispielsweise meine letzte Recherchereise in den Nordkaukasus – nach Tschetschenien, Inguschetien und Dagestan – im August dieses Jahres. Wissen Sie, wie das von mir geführte Interview mit einem hochrangigen tschetschenischen Staatsbeamten über die Umsetzung der vom Direktor des russischen Inlandsgeheimdienstes FSB verkündeten Amnestie für Untergrundkämpfer, wie dieses Interview also zustande kam? Ich notierte auf einem Zettel eine Adresse in Grosny (ein unscheinbares privates Häuschen am Stadtrand, umgeben von einem halb zerfallenen Zaun) und steckte ihn dem Staatsdiener unauffällig, wie versehentlich zu. Ohne weitere Erklärungen, denn dass ich nach Grosny kommen und ihn um ein Interview bitten würde, hatten wir bereits in Moskau verabredet. Am nächsten Tag schickte der Repräsentant der Staatsmacht einen Kurier zu der genannten Adresse. Er sagte nichts weiter als »Ich soll ausrichten: ›Alles in Ordnung.‹« Mein Interviewpartner würde demnach kommen. Aber gewiss nicht im Dienstwagen, sondern zu Fuß, mit einem Einkaufsnetz in der Hand, als sei er unterwegs zum Brotholen.

Und genau so geschah es dann auch. Die Informationen, die ich von diesem Mann erhielt, waren unschätzbar, ja geradezu sensationell. Sie widerlegten die offizielle Darstellung von Grund auf. Und wo fand das Interview statt? In einem winzigen Raum von 2 mal 2 Metern mit einer einzigen, dicht verhängten Fensterluke. Ein ehemaliger Schuppen, den die Besitzer, nachdem ihr Haus zerbombt worden war, als Küche, Schlafzimmer und Bad in einem herrichteten. Es kostete sie Überwindung, mir den Raum für das Interview zur Verfügung zu stellen, doch es waren meine alten Freunde, über deren Leid – die Entführung ihres Sohnes – ich seinerzeit geschrieben hatte.

Warum benahmen wir, der tschetschenische Staatsbeamte und ich, die russische Journalistin, uns so seltsam? Waren wir vielleicht Psychopathen, die einen exotischen Kick brauchten? Nichts dergleichen. Der offene Umgang eines Repräsentanten der Macht, eines »Unsrigen«, mit oppositionellen Journalisten wie mir und meinen Kollegen von der »Nowaja Gaseta« würde beide Seiten in Lebensgefahr bringen. Später konnte ich dank der Vermittlung meines tschetschenischen Interviewpartners in ebenjenem Kämmerchen noch mit Rebellen sprechen, die ihre Waffen niederlegen, aber nicht an dem offiziellen Possenspiel namens Amnestie mitwirken wollten. Von ihnen erfuhr ich viele interessante Einzelheiten zu den Gründen, warum sich keiner ergeben will: weil die Machtelite lediglich ihre eigenen PR-Interessen verfolgt und nicht einen Gedanken an das Schicksal der Menschen verschwendet.

Dabei mag die Formulierung »keiner will sich ergeben« bei politisch Interessierten durchaus ungläubiges Kopfschütteln hervorrufen. Da kann doch etwas nicht stimmen! Schließlich hat uns das Staatsfernsehen Russlands wochenlang irgendwelche Männer vorgeführt, die erklärten, sie kämen »zur Amnestie«, »im Vertrauen auf Ramsan«. Mit »Ramsan« meinten sie Ramsan Kadyrow, Putins tschetschenischen Protegé, den der Präsident der Russischen Föderation zum Premier der Republik Tschetschenien ernannt hatte, ohne sich im Geringsten daran zu stoßen, dass dieser Ramsan einfach ein Hohlkopf ist, ein Mann ohne Bildung und Verstand, der keinerlei Befähigung besitzt außer einem Hang zu kriminellen Machenschaften und Plünderungen.

Bei derartigen Anlässen werden Unmengen journalistischer Possenspieler herangekarrt (während ich niemals eine Einladung erhalte). Sie notieren alles fein säuberlich, filmen fleißig, übergeben das Material ihren Redaktionen, und so entsteht in den Massenmedien ein vollkommen verzerrtes Bild der Realität. Dafür erfreut es das Auge derjenigen, die die »Amnestie« ausgerufen haben.

An das Arbeiten im Untergrund brauche ich mich nicht erst zu gewöhnen. Diese Lebensweise ist mir zur zweiten Natur geworden. Während des gesamten zweiten Tschetschenien-Krieges, seit 1999 also, musste ich im Nordkaukasus so arbeiten. Zuerst versteckte ich mich vor den Föderationstruppen, unterhielt jedoch insgeheim, über Vertrauenspersonen, inoffizielle Kontakte zu ihnen, stets darauf bedacht, dass niemand etwas davon mitbekam und es vielleicht der obersten Militärführung meldete. Dann, als in Tschetschenien Putins Plan der Tschetschenisierung (sprich: der Vernichtung der kremlkritischen »schlechten« Tschetschenen durch Moskau gegenüber loyal eingestellte »gute« Tschetschenen) obsiegte, übertrug sich diese Arbeitsweise auch auf meine Verbindungen zu »guten« tschetschenischen Amtspersonen. Ob Moskau, Kabardino-Balkarien oder Inguschetien, der Virus, der Journalisten zu einer derartigen Praxis zwingt, ist außerordentlich verbreitet.

Doch ein Possenspiel dauert nicht allzu lange, und eine Regierung, die auf die Dienste journalistischer Pausenclowns setzt, ist vergänglich wie ein madiger Pilz. Die Säuberungen der Medienlandschaft, die totale Lüge, organisiert von den Dienern der Macht um des »richtigen Bildes« vom Putin'schen Russland willen, sie münden vor unseren Augen in Katastrophen, mit denen die Mächtigen nicht mehr fertig werden, die jeden Flugzeugträger, selbst den äußerlich stabilsten, versenken können. Ich denke dabei an die jüngsten Ereignisse in Kondopoga – einer Kleinstadt in Karelien, im Norden der Russischen Föderation, an der Grenze zu Finnland –, wo antikaukasische Ausschreitungen und vom Wodka angeheizte Pogrome Todesopfer forderten. Nationalistische Aufmärsche, »patriotische« Morde an »Fremdstämmigen«, all das resultiert aus der Verlogenheit der Machthaber, aus dem Fehlen jedweden echten Dialogs zwischen Führung und Volk, aus der Tatsache, dass die Mächtigen die Augen davor verschließen, in welch erschreckender Armut die Mehrheit der Bevölkerung lebt, wie grundlegend sich das reale Lebensniveau überall außerhalb der Hauptstadt Moskau vom offiziell deklarierten unterscheidet, dass die Korruption zu Zeiten der Putin'schen »Machtvertikale« selbst früher nie dagewesene Ausmaße erreicht hat, dass eine Generation bitterarmer und deshalb bitterböser, mangels guter Schulbildung unbedarfter junger Leute heranwächst ...

Mir ist die herrschende Ideologie der Unterscheidung zwischen »Unseren« und »nicht zu uns Gehörenden«, zwischen »Eigenen« und »Fremden« zutiefst zuwider. Gehört ein Journalist zu den »Unsrigen«, winken ihm Auszeichnungen und Ehrungen, vielleicht wird er sogar in die Staatsduma berufen. Ja, berufen, nicht gewählt. In Russland gibt es keine Parlamentswahlen im üblichen Sinne, Wahlen, bei denen die Kandidaten um Wählerstimmen kämpfen, ihre Programme vorstellen, Rededuelle ausfechten. Bei uns lädt man probate »Unsrige« in den Kreml ein und »erweist ihnen die Ehre« einer Aufnahme in die Partei Einiges Russland – mit allen daraus resultierenden Konsequenzen. Ist ein Journalist kein »Unsriger«, muss er heute damit rechnen, ausgegrenzt zu werden. Ich für meinen Fall habe auf diese Ausgrenzung – so muss sich ein gestrandeter Delfin fühlen! – niemals hingearbeitet. Ich bin überhaupt keine politische Kämpferin.

Was habe ich denn Schlimmes getan? Ich habe lediglich geschrieben, was ich bezeugen kann. Mehr nicht. Ich schreibe bewusst nicht über all die »Begleitumstände« des von mir gewählten Weges. Über meine Vergiftung. Die Verhaftungen. Die Schmähbriefe und Diskriminierungen im Internet. Die Morddrohungen per Telefon. Ich halte das trotz allem für nebensächlich. Was wirklich zählt, ist die Chance zu tun, worauf es ankommt. Das Leben zu beschreiben, jeden Tag in der Redaktion Besucher zu empfangen, die nirgendwo sonst mit ihren Sorgen und Nöten Gehör finden: Bei Ämtern und Behörden sind sie auf taube Ohren gestoßen, denn das, was ihnen widerfahren ist, passt nicht in das ideologische Konzept des Kreml. Deshalb können Schilderungen ihrer leidvollen Erfahrungen praktisch nirgends erscheinen. In keiner einzigen Zeitung außer unserer – der »Nowaja Gaseta«.

TEIL I
DER KRIEG

DIE HÖLLE

Jeder Mensch trägt in sich eine innere Skala, die misst, was das Grauenvollste war, das er im Leben gesehen hat. Dieses Grauen beeinflusst unser gesamtes weiteres Handeln. Für mich bildete die Begegnung mit den Alten von Grosny ein solches Schlüsselerlebnis. Die Lage der verlassenen russischen Greise in der zerstörten Stadt kurz vor dem Kriegswinter war katastrophal. Sie hausten in leeren Höfen, zerstörten Hauseingängen, Ruinen. Krank, ewig hungrig, ohne ordentliche Kleidung, an den Füßen zerschlissenes Schuhwerk. Lebende Tote. Schlimmer als diesen hilflosen, gebrechlichen Duldern, diesen Märtyrern im Namen einer HEIMAT, die endgültig vergessen hat, weswegen sie Krieg führt, ging es hier niemandem.

So viele tote Augen in den Gesichtern Lebender. Allenthalben Menschen, die den Verstand verloren haben, Verwirrte. Haufenweise herrenloses Kriegsgerät. Minen auf Schritt und Tritt. Ununterbrochene Detonationen. Verzweiflung. Schicksalsergebenheit. In jedem Wort der Menschen in Grosny schwingt absolute Ausweglosigkeit. Niemand nimmt ihnen die Überzeugung, dass sie von Gott und der Welt verlassen sind, dass sie rein zufällig überlebt haben und nur auf Abruf weiterexistieren.

Wo kann man ihn hören, den Herzschlag einer fremden Stadt? Ich schlage vor, Sie folgen mir – in einen typischen Hof von Grosny, in ein Krankenhaus, einen Betrieb.

Der Hof

Klawdija Anufrijewa ist blind. Die 73-Jährige, die in Wohnung 85 des halb zerstörten Hauses Nr. 46 in der Internationalnaja-Straße von Grosny haust, wäscht und kämmt sich schon lange nicht mehr.

Heute, so erzählt sie, sei ein sehr glücklicher Tag gewesen, mit einem richtigen Mittagessen. Zwei Stückchen Brot.

»Wo könnten Sie sich denn waschen?«

Oma Klawdija hat keine Lust zu antworten. Sie kann sich nirgends waschen. Und die Toilette ist zwischen Minendrähten. Mehrmals am Tag dorthin gehen? Da kann man gleich russisches Roulette spielen.

»Warum nehmen Ihre Angehörigen Sie nicht zu sich? Wo haben Sie denn Verwandte?«

Klawdija Anufrijewa versucht mühsam, die Telefonnummer ihres einzigen Sohnes aus dem Gedächtnis hervorzukramen. Wie sich herausstellt, leitet er eine Feuerwache und wohnt in Mytischtschi, einer Kleinstadt bei Moskau.

»Sagen Sie ihm aber unbedingt, dass es mir gut geht.«

»Ich sage, was ich gesehen habe.«

»Auf gar keinen Fall. Dann macht er sich bloß Sorgen. Er ist ein hohes Tier, arbeitet die ganze Zeit, deshalb kann er nicht kommen und mich holen.«

Klawdija Anufrijewas Schicksal ist typisch für das heutige Grosny. In der zerstörten Stadt gibt es noch Zehntausende Menschen, die niemand nirgendwohin holt. Und auch die Umgebung, in der Oma Klawdija lebt, könnte typischer nicht sein für Grosnys Gegenwart. Das Haus liegt in unmittelbarer Nähe der berühmten Minutka, vormals der zentrale Platz der tschetschenischen Hauptstadt, jetzt militärisches Aufmarschgebiet. Stundenlang stehen die Menschen nach dem an, was es nicht gibt. Nach allem. An einem Strick lassen sie Eimer in einen technischen Brunnenschacht hinab. An dessen Grund sammelt sich, was bei dieser Hitze überhaupt noch zusammenfließen kann, was sich irgendwie absetzt und dann als Wasser gebrauchen lässt.

In der Mitte des Innenhofes sieht man eine große, von Hand ausgehobene Grube. Vor einigen Tagen haben Unbekannte hier eine

Leiche exhumiert. Jetzt machen sich Kinder am Rande der Grube zu schaffen, für sie ist das aufgerissene Grab eine Art Sandkasten, sie spielen Kuchenbacken.

Unvermutet gerät Klawdija Anufrijewa in Wut und schreit: »Sei endlich still, Wolodja! Hast genug geheult! Es reicht!«

Wladimir Smola, ein ausgezehrtes Männlein, thront steifbeinig auf einem Hügel aus Bauschutt. Über ihm ist der Himmel, unter ihm – seine Mutter. Dieser Hügel war noch vor sieben Monaten ihre gemeinsame Wohnung 24. Wladimir Smola ruft laut: »Nicht schießen! Ich bin 51! Ich will leben!« Er starrt hinauf zum Himmel über Grosny, schwenkt die Arme, wie wir es normalerweise tun, um lästige Fliegen von der Konfitüre zu verscheuchen. Wolodja aber kämpft mit diesen energischen Bewegungen – hin und her, nach links und rechts – gegen die vorüberfliegenden Militärhubschrauber an.

Ein Verrückter? Ja. Der ehemalige Elektriker Wladimir Smola hat für immer vergessen, dass Kampfhubschrauber keine Fliegen sind. Hat jeden Tag ein bisschen mehr Verstand verloren seit jenem 15. Januar 2000, als ein Volltreffer Aufgang 3 des Hauses Nr. 46 in Schutt und Asche legte. Er überlebte, seine Mutter wurde zusammen mit ihren zwei Freundinnen verschüttet. Seitdem lebt Wolodja auf diesem Massengrab. Anfangs suchte er fieberhaft nach einem Bagger, um die Leichen zu bergen. Dann wurde er verrückt.

»Denken Sie bloß nicht, unser Wolodja wäre immer so gewesen. Bis dieser Krieg angefangen hat, war er völlig normal«, sagt Marjam Barsajewa aus der Lenin-Straße 55. »Kommen Sie, gedenken wir der Toten – Tante Amina, Tante Katja und Tante Rosa.« Wir gehen zum Bauschutt-Hügel, hinter uns die Horde der Hofkinder. Sie lauschen dem Erwachsenengespräch über Tod und Sterben ohne jede Reaktion, als sei es das Selbstverständlichste der Welt, dass zwei Schritte von uns entfernt drei alte Frauen unter den Trümmern liegen, dass niemand die Leichen geborgen hat und sich nun bei fast 50 Grad Hitze überall entsprechender Gestank verbreitet. Die Kinder flüstern miteinander: »Wir rufen Jura.«

Juri Koserodow. Ein vor Hunger aufgedunsener Mensch unbestimmten Alters, dessen Geschlecht ebenso schwer bestimmbar wäre, gäbe es nicht diesen Ausweis, den er aufgeschlagen vor sich her trägt, wie es alle tun, die hier am Leben bleiben wollen. Um nicht wahnsinnig zu werden, hat Juri Koserodow, als die Belagerung der Hauptstadt begann, für sich das Märchen erfunden, er bewache das McDonald's-Restaurant von Grosny.

»Wo ist denn dieses McDonald's?«, frage ich. Wenig wahrscheinlich, dass dieser verwüstete Winkel unseres Planeten der richtige Platz für ein gestyltes Fast-Food-Restaurant sein sollte. »Da.« Juri weist auf eine Tür. Bei den Luftangriffen hat er nicht einmal im Keller Schutz gesucht, sondern einfach dagesessen und seine »McDonald's«-Tür bewacht. Die Tür ist noch da, nur führt sie jetzt ins Nichts, und es gibt in diesem Hof noch einen Verrückten.

»Denken Sie bloß nicht, Juri wäre immer so gewesen. Vor dem Krieg war er völlig normal«, höre ich wieder. Diesmal von Nachbarin Sinaida Mingabijewa, zu Sowjetzeiten eine anerkannte, vielfach geehrte Tierzüchterin. »Ein wirklich guter Mensch. Aber diese Hölle hier ...« Sinaida ist überzeugt, dass ihre Psyche durch den Krieg keinen Schaden davongetragen hat, erzählt jedoch dreimal hintereinander, wie hoch die Milchleistung bei ihr in der Kolchose war, wie oft sie ins Ausland geschickt wurde, um in der DDR, der Tschechoslowakei und Ungarn die Erfahrungen der besten Kälberzüchterinnen zu studieren. »Damals waren mir Fleischgerichte zuwider. Jetzt kann ich mich nicht einmal mehr erinnern, wann ich das letzte Mal Fleisch gegessen habe. Man denkt immerzu ans Essen. Die ganze Zeit.«

»Juri, haben Sie Verwandte?«

»Ja, bei Tichorezk, in der Region Krasnodar, aber für die bin ich ›der russische Tschetschene‹, sie wollen mich nicht.«

»Und Sie, Wolodja, haben Sie Angehörige?«
»In der Nähe von Smolensk. Die nehmen mich auch nicht.«
»Und Sie, Sinaida?«
»Zu meinen Verwandten kann ich erst recht nicht.«

Das Werk

Vor dem Krieg gab es in Grosny 34 große Industriebetriebe, die zum Teil recht ordentlich wirtschafteten, Tausende Menschen standen dort in Lohn und Brot. Was ist daraus geworden? Was machen die Arbeiter heute?

»Ich will Stahl kochen. Wie ich das 25 Jahre lang getan habe. Richten Sie das in Moskau aus. Ich bin kein Bandit. Ich will nichts weiter als irgendwann wieder Stahl kochen. Und müde nach Hause kommen.«

Said Magomedow leitet das Gewerkschaftskomitee des Maschinenbaubetriebs »Krasny molot«. Seine Fabrik steht ebenso still wie alle anderen. Dass man überhaupt noch von einem Werk sprechen kann, ist einzig und allein der Initiative der Arbeiter zu verdanken, die beschlossen haben, das Volkseigentum um jeden Preis zu erhalten.

Heute hält Said Wache. Zusammen mit zwei fröhlichen alten Männern, Medi Saidajew und Selim Tokajew, der eine Schlosser, der andere Fräser. Hinter beiden liegen 50 Jahre Arbeit im »Krasny molot«. »Meine Dame«, kokettiert der 70-jährige Medi und schiebt sein besticktes blaues Käppchen schräg in die Stirn. »Was soll ein ehrlicher Tschetschene denn machen? Hier gibt es keine Staatsgewalt, hier herrschen bloß die Diebe.«

Said zeigt mir einen Plan, aus dem hervorgeht, dass 80 der ehemals 5000 Arbeiter des Maschinenbaubetriebes seit dem 3. April abwechselnd Wache halten, um vor Plünderern zu schützen, was noch übrig ist von den elf Werkshallen, die noch bis zum vergangenen Sommer schwere Ausrüstungen für die Erdölindustrie produzierten. Als am 1. November 1999 Rebellen den Stadtteil Leninski – den Standort des Werkes – besetzten, liefen die Arbeiter auseinander und versteckten sich in Kellern. Dann bombardierten die föderalen Streitkräfte monatelang das Betriebsgelände, das jetzt einem Trümmerfeld gleicht.

»Hat Ihnen irgendjemand ›von oben‹ einen Wiederaufbau des Werkes in Aussicht gestellt?«

»Wo denken Sie hin. Hier kümmert sich doch niemand um irgendetwas«, ereifert sich Said. »›Krasny molot‹ gehört Moskau, aber von dort lässt sich keiner blicken. Wir haben selbst schon gefordert: Ja oder Nein. Völlig umsonst. Null Reaktion. Die da oben teilen doch nur die Macht und das Geld für den Wiederaufbau unter sich auf. Wir wollen aber wissen, was in nächster Zukunft mit uns wird. Man gewinnt den Eindruck, dass die Staatsgewalt das Wichtigste noch nicht begriffen hat: Ohne Arbeitsplätze ist Tschetschenien nicht zu retten. Das Werk muss produzieren, es gibt kein besseres Mittel gegen das Banditentum.«

Said ist ein Wahrheitssucher, ein Wahrheitsfanatiker. Aber wer glaubt denn heute noch, es ginge hier um die Bekämpfung des Banditentums? Geht man durch Grosny, gelangt man schnell zu einer gegenteiligen Überzeugung. Dass nämlich alles getan wird, damit es den Banditen in der Stadt gut geht, für die Bevölkerung aber das Leben unerträglich wird.

Der Stahlgießer Said hat den Gang eines echten Arbeiters: aufrecht, mit festen und raumgreifenden Schritten. So lief in sowjetischen Filmen die gute, starke Klasse – das Proletariat. Jeden Morgen schreitet Said die Gerippe sämtlicher elf Werkshallen ab, zuerst aber geht er stets in seine eigene, die Gießerei. Das Herz des Betriebes.

»Sehen Sie sich das an und vergessen Sie es nie wieder.« Wenn Said weinen könnte, würde er jetzt wohl losheulen. »Hier gab es kilometerlange Fertigungsstrecken, von oben bis unten komplett ausgerüstet ... ganze Arbeiterdynastien ... Orden, Medaillen, Leben ... und jetzt ... nichts. Wir räumen mit bloßen Händen den Schutt weg und inventarisieren, was noch da ist.«

»Weshalb tun Sie das? Hat Sie jemand darum gebeten?«

»Nein. Wir wissen selbst, was sein muss.«

Auch die Geschichte des Maschinenbauwerks »Krasny molot« ist typisch. In Grosny wird mitnichten etwas wiederaufgebaut. Im Gegenteil. Eine Stadt, erstarrt in Zerstörung. Und alles Moskauer Gerede über den Wiederaufbau ist nichts anderes als eine riesige, landesweite PR-Maßnahme.

Erinnern Sie sich, wie uns das Staatsfernsehen zu Ostern eine ganze Riege von Generälen vor der »in Rekordzeit wiedererrichteten« Basilika von Grosny zeigte? Sie sollten diese Kirche jetzt einmal sehen! Der »Wiederaufbau« endete mit dem letzten Kameraschwenk. Würde einem bei der Fahrt durch die endlose Ruinenlandschaft nicht irgendjemand sagen: »Die Kirche da wollten die Generäle restaurieren!«, man käme nicht einmal auf den Gedanken, dass das ein Gotteshaus sein könnte. Oder denken Sie an die Bilder der schmissigen Parade, die am 9. Mai, am Tag des Sieges über Hitlerdeutschland, im Stadion von Grosny stattfand. Dem ganzen Land wurde vor Augen geführt: Das Stadion ist wiederaufgebaut! Die Tribünen sind voller Menschen! Hurra!

Und nun stehe ich vor diesen Tribünen. Neben mir der ehemalige Bauleiter Magomed Chambijew, der sich jetzt wie alle anderen in Grosny durchbettelt.

»Kurz vor dem 9. Mai sind wir zusammengetrommelt und hierhergebracht worden. Man hat uns gesagt: ›Macht euch an die Arbeit, wir bezahlen.‹ Wir sollten mit den Tribünen anfangen. Anschließend mussten wir das Hauptgebäude streichen. Dann sind die Fernsehteams gekommen, haben alles gefilmt. Und einen Tag nach der Parade war alles aus. Die Arbeiter sind wieder in das Stadion gekommen, weil sie dachten, es würde weitergehen mit dem Wiederaufbau, aber davon war keine Rede mehr. Die Militärs haben sich nicht blicken lassen. Alles stand still. Ein paar Tage vorher hieß es noch: ›Macht Stoßarbeit!‹, und am Ende haben wir nicht einen einzigen Rubel gekriegt.«

Schwer vorstellbar, dass das Stadion vor kurzem generalüberholt worden sein soll. Jetzt gähnt Leere. Nach der Parade haben die Einwohner von Grosny – in Ermangelung jedweder anderen Hilfe – die Tribünen auseinandergenommen, um mit dem Baumaterial ihre Behausungen winterfest zu machen. Auch Bauleiter Magomed hat sich bedient. Er trägt einen Eimer mit Eisenteilen, Muffen, Halterungen und Schrauben. Genau dort abmontiert, wo er sie zuvor angebracht hat.

Das Krankenhaus

Der Medienrummel um das Städtische Zentralkrankenhaus Nr. 9 in Grosny war nicht zu überbieten. Auf zahlreichen Pressekonferenzen in Moskau berichteten sämtliche hochrangigen Repräsentanten des Gesundheitswesens von der »Wiedererstehung« des Krankenhauses nach der Zerstörung durch einen Sturmangriff und der Ausstattung mit hochmoderner Medizintechnik.

Krankenhaus Nr. 9 ist die einzige Notaufnahmeklinik der tschetschenischen Hauptstadt. Wer hier landet, wird gerettet oder stirbt. Hier sind alle Fälle akut, von der Blinddarmentzündung bis zu einem Messerstich ins Herz. Den überwiegenden Teil der Patienten machen jedoch Minenopfer aus. Es vergeht kein Tag, an dem die Ärzte nicht amputieren müssen, allein im Juni gab es 41 Amputationen. Die überall verstreuten Infanterieminen sind die schlimmste Geißel der Stadt. Der 17-jährige Iljas Talchadow aus Krankenzimmer 3 geriet auf eine Mine, als er zum Heuholen in die Kolchose fuhr. Sechs Nachbarn, die mit ihm unterwegs waren, wurden zerfetzt. Iljas Hüftgelenk ist zersplittert, seine Beine sind gebrochen. Das Krankenhaus Nr. 9 ist für den Jungen die Rettung. Doch die geschickten Hände und das menschliche Mitgefühl der Ärzte sind das Einzige, worauf Ilja hoffen darf. Denn sonst gibt es im Zentralkrankenhaus Nr. 9 nichts, was eine städtische Klinik zu Beginn des 21. Jahrhunderts von einem Landambulatorium am Ende des 19. Jahrhunderts unterscheiden würde. Die »hochmoderne« Ausrüstung besteht aus einem Röntgengerät, das wegen seines Alters und seiner Leistungsschwäche lediglich jeden zweiten Tag betrieben werden kann.

Vor dem Fenster des Untersuchungszimmers jault wild ein Dieselgenerator auf. Den haben die Streitkräfte gespendet, damit das Krankenhaus zumindest zeitweilig Strom hat. Abdul Ismailow, der stellvertretende Chefarzt, erklärt, warum der Generator gerade jetzt aufheult: Die Verwandten des Patienten haben endlich Kraftstoff aufgetrieben, und die Ärzte können ihn operieren. Eine andere Art, die Operationen zu sichern, beschreibt später Salman Jandarow, Cheftraumatologe und -orthopäde der Republik Tschetschenien. Jandarow ist eine Koryphäe, der exzellente Arzt war lange in St. Petersburg tätig, hatte dort alles, was man sich wünschen kann – eine Professur, Studenten, eine Stelle in einer renommierten Klinik, er genoss hohes Ansehen und Respekt, bezog ein auskömmliches Gehalt. Seit kurzem arbeitet Jandarow im Krankenhaus Nr. 9, weil ihn die hiesigen Kollegen um Unterstützung baten.

»Hier ist meine Heimat, also habe ich alles hinter mir gelassen. Aber wie kann ich den Menschen helfen, die jeden Tag durch Minen verletzt werden? Dieses Krankenhaus funktioniert nicht, es existiert nur«, sagt Salman Jandarow. »Oft sieht das so aus: Es wird jemand gebracht mit abgerissenen Beinen, wir müssen sofort amputieren, sonst stirbt der Patient. Ich hole die Batterie aus meinem Auto, schließe den Röntgenapparat an, und wir machen eine Aufnahme. Erst dann können wir operieren. Wenn die Verwandten kein

Geld für Diesel haben, hole ich wieder meine Batterie, schließe sie an die Operationslampe an und schneide los. Das ist äußerst beschämend ...«

»Aber hat das Krankenhaus nicht irgendetwas aus Moskau erhalten?!«

»Freilich«, sagt Professor Jandarow, ein Mann mit den Händen eines Pianisten und dem Habitus eines Erbaristokraten. »Drei Operationstische haben sie uns geschenkt. Sie dürfen mir glauben: Solche veralteten Modelle würde in Russland kein einziges anständiges Krankenhaus heute noch verwenden.«

Anfangs wollte sich mir der Sinn des Geschehens einfach nicht erschließen: Da verstreut der Staat Minen zuhauf über die gesamte Stadt, um dann für eine in geometrischer Reihe wachsende Zahl von Invaliden sorgen, tonnenweise Medikamente bereitstellen, massenhaft Prothesen beschaffen zu müssen. Und danach legt er wieder Minen, behandelt erneut Opfer ... Jetzt durchschaue ich die Position des Staates. Seine Fürsorge existiert nämlich nur virtuell. In der Realität gibt es nichts als die verstreuten Minen. Die Einwohner von Grosny sind bewusst dazu verurteilt, Minenopfer zu sein. Sosehr wir auch an das Gegenteil glauben, unsere ewige russische Schlamperei ins Feld führen, die Ursache im allgegenwärtigen Diebstahl sehen möchten. Die übergeordnete Zielstellung ist vielmehr zu gewährleisten, dass es in Grosny möglichst viele Beinlose gibt. Und Tote. Vielleicht ist das ja der Beginn einer neuen Etappe der »Antiterror-Operation«. Für eine solche gemächliche ethnische Strafexpedition bedarf es keiner Munition, man wartet einfach ohne Eile das natürliche Finale ab. Unter diesem Blickwinkel bekommt alles seinen Sinn. In der Tat, weshalb sollte etwas wiederaufgebaut werden, wenn der Wiederaufbau im Prinzip unnötig ist? Weshalb sollte man Menschen mit Nahrung versorgen, wenn ihre Ernährung im Prinzip nutzlos ist? Das wäre doch nicht pragmatisch gedacht. Zu diesem Bild passt folgende Beobachtung: Die einzigen Bagger, die ich in Grosny gesehen habe, hoben rund um die Kontrollposten neue, noch breitere und tiefere Minengräben aus.

27. Juli 2000

17 TSCHETSCHENISCHE SOLDATEN

einer Aufklärungskompanie in die Luft gesprengt. Sind die »Todesschwadronen« in Tschetschenien Sondereinheiten des Militärischen Nachrichtendienstes GRU?

(Schatoi – Grosny)

Am 6. August 1996 eroberten tschetschenische Rebellen die Hauptstadt Grosny, die schweren, verlustreichen Gefechte zwischen Separatisten und föderalen Truppen endeten mit dem Friedensschluss von Chassawjurt, der einen Schlusspunkt unter den ersten Tschetschenien-Krieg setzte. Am 6. August 2002, auf den Tag genau am sechsten Jahrestag der Einnahme Grosnys durch Aslan Maschadows Kämpfer, wurde in der Kreisstadt Schatoi ein Lastwagen mit einem ferngezündeten Sprengsatz in die Luft gejagt. In dem Militärfahrzeug saßen 17 tschetschenische Soldaten eines Aufklärungszuges, der zur Schützenkompanie der Kommandantur von Schatoi gehörte. 10 Soldaten waren auf der Stelle tot, 7 wurden verwundet. Über die Tragödie berichteten Nachrichtenagenturen weltweit.

Präsident Putin gab Anweisung, die sofort als Täter vermuteten Terroristen unverzüglich festzunehmen, und bereits am 12. August meldeten die Generäle der im Nordkaukasus stationierten Vereinigten Streitkräfte der Russischen Föderation medienwirksam die Vernichtung der Attentäter. In den Nachrichtenprogrammen zahlreicher ausländischer und erst recht natürlich aller inländischen Fernsehsender wurden Bilder der getöteten Terroristen gezeigt, zum Nachweis der Identität ihre Ausweise in die Kameras gehalten. Vor dem Hintergrund des mehr als bizarren Krieges, der noch immer in Tschetschenien geführt wird, mutete diese »eindeutige Sachlage« fragwürdig an. Also fuhr ich nach Schatoi.

Der Tod kann einem sehr verschieden entgegentreten. In Schatoi beispielsweise als schwarze, von Dieselschlieren durchzogene Blutlache, die sich schamlos im Zentrum des Ortes ausbreitet. Hier, wo auf engstem Raum alle militärischen Einrichtungen des Kreises konzentriert sind, erfolgte die Explosion. Zwei Meter neben der Todeslache hat der Sprengsatz eine flache weißliche Delle in der Straße hinterlassen, die bergan zu den Kasernen der Schützenkompanie führt. Hinter mir liegt in etwa 60 Metern Entfernung die Kreiskommandantur der föderalen Streitkräfte. Hier bog der Lastkraftwagen GAS-66 mit den 17 tschetschenischen Aufklärern ein. Am 6. August 2002, genau um 12.15 Uhr.

»Ich war gerade auf dem Nachhauseweg, bin direkt hinter dem Laster mit unseren Soldaten hergegangen. Sie saßen auf der Ladefläche, ich habe ihnen zugewinkt, ich kenne ja alle«, sagt die 33-jährige Jacha Chubajewa. Das Haus Sowjetskaja-Straße 4, in dem Jacha wohnt, ist fünf Meter von der Stelle entfernt, wo der Sprengsatz detonierte. »Neben mir sind die Mädchen Aminat und Petimat Warajew mit ihrer Oma gelaufen. Sie haben den Soldaten auch zugewinkt, und die haben von der Ladefläche herunter zurückgewinkt. Wir mussten alle lachen ... Der Laster ist nach links abgebogen und langsam den Berg hochgefahren, ich wollte abkürzen, es gibt da eine schmale Gasse zwischen den Häusern. Eine Minute später war die Detonation. Ich stand da wie versteinert. Und danach kam die schreckliche Schießerei.«

Die schwangere Jacha ist noch immer fassungslos. Sie verstummt, starrt auf die schwarze Pfütze, an deren Rand wir stehen. Das ausgelaufene Dieselöl und das Blut der Soldaten haben sich untrennbar vermischt. Selbst bei dieser staubigen, wasserlosen Hitze von 40 Grad will und will die Pfütze nicht im Boden verschwinden.

Als Erster erschien nach wenigen Minuten Milizoberleutnant Arbi Kadajew am Unglücksort. Er ist Kommandeur der für den Kontroll- und Postendienst zuständigen Kompanie der Miliz-Kreisverwaltung. »Es war ein grauenvoller Anblick«, sagt der wortkarge Arbi. »Überall lagen zerfetzte Körperteile herum. Der Markt ist nur ein paar Schritte entfernt, von dort kamen schreiend Frauen herübergerannt – zu ihren Söhnen. Wir haben angefangen, diejenigen herauszuziehen, die noch am Leben waren. Und dann sind die furchtbaren Feuerstöße losgegangen.«

Alle warfen sich auf den Boden. Wer schoss da? Wer wagte es, auf Leichen zu schießen? Auf Verwundete. Auf Frauen, die sich über ihre Söhne geworfen hatten in der Hoffnung, sie könnten vielleicht doch nicht tot sein. Auf den Kinderarzt Iljas Salgirijew, der zufällig in der Nähe war und sofort zum Ort des Geschehens lief, um die Verwundeten zu verbinden. Auf Oberstleutnant Andrej Kretow, der aus der Kommandantur zu Hilfe eilte. Auf den Leiter der Finanzabteilung der Miliz-Kreisverwaltung, Oberstleutnant Viktor Okolelow, der, im Blut watend, die Lebenden unter den Toten hervorzog. Kretow und Okolelow waren die beiden einzigen Offiziere, die zu retten versuchten.

Zunächst dachten die Menschen im Kugelhagel natürlich, es handele sich um einen Hinterhalt, das Werk von Terroristen. Doch sehr bald begriffen sie, dass es die eigenen Leute waren, die da blindwütig auf sie feuerten. Zum einen vom Dach der Kommandantur, zum anderen vom Wachturm neben dem Friedhof. Die Schützen schrien »Hurra!«, wenn sie trafen.

Viktor Okolelow hetzte in großen Sätzen zur nächstgelegenen Feuerposition. »Hör auf!«, schrie er den Soldaten an, doch der schoss weiter. Da packte ihn der Offizier von hinten an den Beinen und zog ihn vom Granatwerfer weg. Das Gleiche wiederholte sich an der zweiten Feuerstellung. Schawashi Midigo, Soldat im ersten Jahr seines Wehrdienstes, schaffte es hinaufzuklettern, den Richtschützen zu packen und umzureißen. Die Feuerstöße endeten. Die eigenen Leute von den eigenen Leuten erschossen. Etwas, was in diesem Krieg nun schon so oft vorgekommen ist.

Am Abend wurden, wie in Tschetschenien Vorschrift, die Opfer begraben. Es war furchtbar heiß. Deshalb standen alle Fenster offen, und über Schatoi zog der Lärm des Trinkgelages, das in der Kommandantur stattfand. »Den Tschetschmännern haben wir es ordentlich gegeben!«, brüllten betrunkene Stimmen munter, und das hellhörige Echo der Berge, dieser unübertroffen genaue Zuträger, verbreitete die schändlichen Worte im ganzen Dorf. Aus Grosny kam auf schnellstem Wege Ruslan Dusajew, der Kommandeur der Schützenkompanie, obwohl er eigentlich im Krankenhaus hätte bleiben sollen. Ein Splitter, der ihn zehn Tage zuvor bei Feuergefechten mit Banditen in einem Landkreis nahe der Hauptstadt im Rücken getroffen hatte, sollte entfernt werden.

Die Lebenden aber begannen nachzudenken, zu analysieren, zu vergleichen. Immer häufiger fiel das Wort »Provokation«. Ein ungeheuerlicher Verdacht. Und doch, tatsächlich, wie konnte 60 Meter von der Militärkommandantur entfernt ein Sprengsatz versteckt werden? Wo die Sicherheitszone rund um das Gebäude doch 500 Meter betrug. Wo diese Stelle von sämtlichen Fenstern der Kommandantur, von sämtlichen Kontrollpunkten aus direkt einsehbar war. Wo doch genau dorthin, wo der Sprengsatz deponiert war, der Wachdienst der Kommandantur rund um die Uhr durch seine Ferngläser spähte. Wie sollten sich da Rebellen heranschleichen können? Und nach der morgendlichen Pionieraufklärung, am helllichten Tag, ihr »Spielzeug« anbringen? Oder hatte jemand diese Pionieraufklärung abgesetzt? Wenn ja, wer? Und warum waren – unter Umgehung des Kommandeurs – die Soldaten plötzlich zu einem Aufklärungseinsatz geschickt worden? Noch dazu per Lastwagen. Welche Aufklärer fahren denn mit einem Laster GAS-66 los?! Aufklärer sind zu Fuß unterwegs, still und leise. Und wenn schon im offenen Lastwagen, warum dann ohne entsprechenden Feuerschutz? Weshalb wurden nur Tschetschenen geschickt? Und vor allem: Wer erteilte den Befehl, nach der Explosion gezielt auf die Opfer zu feuern?

Die Antworten

Fangen wir ganz hinten an. Nach der Detonation wurde nicht blindlings und nervös losgeballert, das war kein »Angstschießen«, wie es im Krieg durchaus vorkommt, sondern ein kaltblütiger, befohlener Beschuss. Und den Befehl dazu erteilte der Militärkommandant des Kreises Schatoi, Oberst Alexander Bondarenko. Vor Zeugen. Sie sagten später aus, in dem allgemeinen Durcheinander nach der Explosion habe es keinen ruhigeren Mann gegeben als Bondarenko, der erst drei Wochen vor dem 6. August aus Chankala, dem Hauptquartier der föderalen Streitkräfte in Tschetschenien, nach Schatoi abkommandiert worden war. Es ist wichtig festzuhalten, dass Oberst Bondarenko sowohl den Einsatz der Granatwerferschützen als auch den der Scharfschützen befahl. Es handelte sich also um einen gezielten Beschuss in Tötungsabsicht, und nach den typischen Aufprallspuren an den Wänden zu urteilen, galt dieser Beschuss nicht nur den Soldaten in dem gesprengten Lastwagen, sondern ebenso einem benachbarten Wohnhaus und den Schießscharten der Kaserne, in der die Schützenkompanie untergebracht war.

Wacha Salgirijew, der 40-jährige Kommandeur des Aufklärungszuges, wurde bei dem Sprengstoffanschlag verwundet. Er hatte nicht mit auf der Ladefläche des GAS-66 gesessen, sondern im Fahrerhaus, was er sich wohl nie verzeihen wird. Ich treffe Salgirijew in der Siedlung Waschendaroi, bei der Totenfeier für den 22-jährigen Arstan Jandyrbajew, der in Schatoi seinen Wehrdienst leistete und am 6. August den Lastwagen fuhr. Arstans Mutter, die neben uns sitzt, hört schweigend und tränenlos zu, in ihrem Leid selbst einer Toten ähnlicher als einer Lebenden. Wacha Salgirijews Gesicht ist starr wie eine antike griechische Trauermaske, die Kontusion hat sein Gehör geschädigt.

»Gab es einen schriftlichen Einsatzbefehl für das Verlassen der Kaserne?«

»Nein, nur eine mündliche Weisung.«
»Wer hat sie erteilt?«
»Oberst Bondarenko.«
»Haben Sie ordnungsgemäße Instruktionen erhalten?«
»Nein.«
»Wurde ein Offizier mitgeschickt?«
»Nein.«
»Und Begleitschutz?«
»Nein.«
»Gab es am Morgen des 6. August eine Pionieraufklärung?«
»Nein.« [Nur Kommandant Bondarenko war berechtigt, die Pionieraufklärung abzusetzen. A. P.]
»Hat die Staatsanwaltschaft all diese Dinge wissen wollen?«
»Nein.«
»Wurden Sie überhaupt von der Staatsanwaltschaft vernommen? Sie sind doch der wichtigste Zeuge.«
»Nein.«

Jetzt wird unser Gespräch heikel. Ich äußere meine Verwunderung, wie Wacha Salgirijew als Kommandeur des Aufklärungszuges eine Einsatzaufgabe hatte annehmen können, obwohl ihm bewusst gewesen sein musste, dass keine der einschlägigen Dienstvorschriften eingehalten worden war. Wacha ist fahrig, schüttelt verzweifelt den Kopf, versucht ruhig zu bleiben, bekommt sich aber nicht ganz unter Kontrolle.

»Wie? Wie?! Was sollten wir denn machen? Wir hätten uns gar nicht weigern können ... Wir werden doch sowieso schon schief angeguckt, man traut uns nicht. Die russischen Soldaten und Offiziere verachten uns Tschetschenen im Armeedienst. Bei den Vergatterungen bekommen wir ständig vor versammelter Mannschaft vom Kommandanten zu hören, er wüsste nicht, wofür man uns eigentlich Sold zahlt. Obwohl es gerade die Russen sind, die keinen Fuß aus der bewachten Zone setzen, und mein Zug in letzter Zeit die meiste Arbeit geleistet hat. In diesem Zug sind die besten Jungs aus Schatoi, jeden Einzelnen hat die Kreisverwaltung empfohlen, und wir haben das Vertrauen gerechtfertigt, waren beim Aufspüren von Banditen die Aktivsten im Kreis. Am 6. August hat der Kommandant morgens gesagt, wir sollten prüfen, ob sich in der Umgebung des Sees Goluboje osero in der Nähe der Siedlung Urd-Juchoi Rebellen aufhalten. Also sind wir losgefahren. Gegen zwölf Uhr mittags wollten wir den Einsatz abbrechen, weil wir nichts gefunden haben. Wir konnten nur noch über Funk durchgeben, dass wir zurückkommen, dann war die Verbindung auf einmal abgeschaltet... Später hat sich herausgestellt, dass ungefähr eine halbe Stunde vor dem Sprengstoffanschlag bei der ganzen Schützenkompanie die Funkverbindung abgebrochen ist... Dann kam die Explosion, der Beschuss... Und jetzt bin ich ein Kommandeur ohne Untergebene. In Schatoi gibt es keine tschetschenischen Aufklärer mehr...«

Sie meinen, hier hat womöglich nur der Dilettantismus eines Einzelnen – des Militärkommandanten Alexander Bondarenko – unermessliches Leid über die Bevölkerung des gesamten Kreises Schatoi gebracht? Oder handelt es sich wieder um einen jener Fälle, bei denen hochrangige Offiziere im zweiten Tschetschenien-Krieg ihre Befehlsgewalt missbraucht und dadurch Tragödien heraufbeschworen haben?

Nein, das ist nicht die Hauptursache. Und Bondarenko nicht der eigentliche Täter. Er war nicht Urheber des Ganzen, sondern lediglich Ausführender. Hat nur seine Rolle gespielt, seinen Part übernommen in einem fremden Plan namens 6. August.

Wie »Terroranschläge« organisiert werden

Am 12. August 2002 trafen die beiden ranghöchsten »tschetschenischen« Generäle – Nikolai Makarow, Oberbefehlshaber a. i. der Vereinigten Gruppierung der föderalen Streitkräfte im Nordkaukasus, und Sergej Kisjun, der Militärkommandant der Republik – per Hubschrauber in Schatoi ein. Begleitet von einem Tross Fernsehteams. Wie das immer der Fall ist, wenn die obersten Militärs in Tschetschenien etwas zu verkünden haben, was ihnen wichtig erscheint – für das Land, vor allem aber für die Ohren des Präsidenten.

Man hatte die Familien der getöteten tschetschenischen Soldaten in Schatoi zusammengeholt, und die Generäle erläuterten den Angehörigen nun, die Attentäter seien nach dem Sprengstoffanschlag vom 6. August in den Wäldern verschwunden, jedoch bereits am 10. August von föderalen Einheiten im Kreis Urus-Martan aufgespürt und liquidiert worden. Die Terroristen hätten Ausweise bei sich getragen, anhand derer ihre Identität festgestellt werden konnte, des Weiteren habe man bei ihnen 3 500 Dollar Falschgeld – die Entlohnung für ihre Tat – sowie eine Skizze des Ortskerns von Schatoi mit einem Kreuz genau an der Detonationsstelle gefunden. Zwei Banditen seien sofort tot gewesen, der dritte aber habe vor seinem Tod noch gestehen können ...

Die Zuhörer saßen stumm da. So viele offenkundige Lügen aus dem Munde von Generälen verschlugen ihnen die Sprache. Welcher Verbrecher, so fragten sich die Angehörigen, wird denn bei seiner Flucht ausgerechnet einen Plan des Tatorts mitnehmen, noch dazu in Tschetschenien? Doch die Generäle waren nicht zu bremsen. Man hoffe, so ließen sie hören, auf die Weisheit des Volkes, darauf,»dass eure jungen Leute die Familien dieser Banditen zur Rechenschaft ziehen«. Was nichts anderes sein konnte als ein direkter, unverhohlener Aufruf zur Blutrache. Zur Anwendung des Gesetzes der Berge statt der Gesetze eines Rechtsstaats.

Vielleicht denken Sie jetzt, es liege allein an diesen Generälen? Würde man sie absetzen, käme alles bei uns ins Lot, meinen Sie? Leider wieder falsch gedacht. Es geht um etwas ganz anderes. Und um ganz andere.

Natürlich ließen die Angehörigen den Oberbefehlshaber nebst

seinem Militärkommandanten ausreden, baten um die Erlaubnis, sich die Personalien aus den vorgelegten – auf Umar Osdamirow, Supjan Tschabajew sowie Magomed Magomadow lautenden – Ausweisen abschreiben zu dürfen, und gingen auseinander. Am Abend desselben Tages aber zeigten sämtliche zentralen Fernsehsender in Ergänzung der Meldungen über den Generalsauftritt in Schatoi noch Aufnahmen der Leichen der vorgeblich in den Wäldern von Urus-Martan getöteten »Rebellen«. Alle drei Männer trugen lange Bärte, ein gern bemühtes Charakteristikum des »bärtigen Wahhabismus«, der verantwortlich sein soll für jedwede Schandtat, die auf tschetschenischem Boden geschieht.

Das Land, dem diese Nachrichten aufgetischt wurden, glaubte sie ... wahrscheinlich. Auch die Fernsehleute erlaubten sich keinerlei Zweifel. Die Menschen in Schatoi aber dachten trotz ihrer Trauer lange und ernsthaft nach, setzt der uralte Brauch der Blutrache doch unabdingbar voraus, dass vor der Vergeltung der Tatbestand der Schuld dieses oder jenes Menschen wieder und wieder geprüft wird, denn im Falle eines Fehlurteils, der Tötung eines Unschuldigen, zahlt der Clan des Rächers reichlich mit seinem Blut. Das allerdings bekommen unsere Generäle in ihren Militärakademien nicht beigebracht. Wenig überzeugt von der offiziellen Version, stellten die betroffenen Familien eigene Ermittlungen an. Und sehr bald gebrauchten die Einwohner von Schatoi, wenn sie über die Tragödie des 6. August sprachen, das Wort »Provokation« nicht mehr mit einem Fragezeichen. Die Vermutung wurde zur Gewissheit.

Einer der ihnen als »bärtige Mörder« präsentierten Männer – Supjan Tschabajew – war zwar in Grosny gemeldet, stammte jedoch aus einem Nachbarort von Schatoi, hatte dort zahlreiche Verwandte. Diese Siedlung ist das Sippendorf des höchsten islamischen Geistlichen Tschetscheniens, Mufti Achmad-Hadshi Schamajew, der alle Tschabajews kennt, und der Stellvertreter des Muftis ist sogar bereit, für Supjan Tschabajew zu bürgen. Am 14. August traf Supjans betagter Vater, der bereits seit vielen Jahren außerhalb Tschetscheniens lebt und an seinem Wohnort den Auftritt der Generäle im Fernsehen gesehen hatte, in Schatoi ein. Er berichtete, dass Supjan am 30. Juli, eine Woche vor dem Anschlag auf den Lastwagen, in Grosny vor aller Augen von maskierten Militärangehörigen entführt worden war. Tschabajew erklärte, der Mann, den die »operativen Aufnahmen« zeigten, sei nicht sein Sohn. Der habe ein anderes Gesicht, auch der lange Bart könne beim besten Willen nicht binnen einer Woche gewachsen sein. Supjans Frau bestätigte, dass ihr Mann am Morgen des 30. Juli frisch rasiert das Haus verlassen hatte.

An diesem 30. Juli hielten gegen 14 Uhr an einer der belebtesten Kreuzungen im Zentrum der tschetschenischen Hauptstadt zwei Fahrzeuge der Marke GASel. Die Passanten stoben in Panik auseinander, verheißen doch diese zumeist ohne Nummernschilder herumfahrenden weißen Kleinbusse größtes Unheil. Wo sie auftauchen, verschwinden Menschen spurlos. Gewöhnlich erscheinen die GASels nachts, halten vor einem Haus, maskierte Männer in Tarnanzügen steigen aus, springen lautlos über den Zaun, während die Autos langsam eine Runde durch das Viertel drehen, um wieder zur Stelle zu sein, wenn die Maskierten denjenigen, dem der »Besuch« galt, eilig herausführen, nachdem sie die Mitbewohner geknebelt haben. Diesmal war helllichter Tag, als die Maskierten blitzschnell die Kreuzung einkreisten, wahllos um sich schlugen, mehrere gerade in der Nähe stehende Männer packten und in die wartenden Autos stießen. Frauen schrien, eine Maschinengewehrgarbe ratterte über die Köpfe, dann rasten die GASels los.

An dieser Kreuzung hat die Fluggesellschaft Wainach Avia ihr Büro. Zwar fliegt sie noch nirgendwo hin, doch es sind stets mehrere Mitarbeiter da. Sie wurden Augenzeugen der Entführung, bei der auch der Wachmann der Firma, Im-Ali Tschakalajew, verschwand.

Er hatte an seinem Platz vor dem Eingang des Büros gestanden, als wenige Schritte entfernt die beiden weißen Autos hielten.

Dann kam der 48-jährige Elektriker Ramsan Ismailow an die Reihe. Ihn kennt hier jeder, denn er wohnt nicht nur in der Nähe, sondern betreibt auch direkt an der Kreuzung eine kleine Werkstatt für Autoelektrik. Ismailow stand in der offenen Tür und wartete auf Kunden, als ihn die Maskierten packten und zu den Autos schleiften.

Das nächste Opfer war Umar Osdamirow, dessen Ausweis die Generäle bei ihrem Auftritt am 12. August zeigten. Umar ist ein in ganz Tschetschenien bekannter Tänzer, Solist des Volkskunstensembles »Wainach«. Eigentlich hätte er in Frankreich sein sollen, wo »Wainach« gerade ein Gastspiel gab, doch unerwartet erkrankten seine alten Eltern, und Umar blieb in Grosny. An diesem Morgen sagte er seiner Schwester, er wolle zum Busplatz an der Kreuzung gehen, ein Linientaxi nehmen und zu den Eltern ins Dorf fahren. Er zog sich an und ging los.

Supjan Tschabajew, der sich als Taxifahrer etwas dazuverdiente, hatte an diesem 30. Juli an der Kreuzung gestanden und nach Kunden Ausschau gehalten.

Insgesamt entführten die Maskierten sieben Männer. Wozu? Was geschah weiter mit ihnen? Weshalb präsentierte man nur drei der sieben als »Attentäter«? Warum nicht fünf? Oder alle?

Weil zunächst einmal »gesiebt« wurde. Die GASels verschwanden hinter dem Eisentor der Republiksverwaltung des Inlandsgeheimdienstes FSB. Bereits am Abend desselben Tages und am nächsten Morgen erschienen bei den Familien der Entführten Emissäre, »Laufburschen der Organe«, wie man diesen Abschaum hier nennt. Sie legten den Angehörigen nachdrücklich ans Herz, nirgendwohin zu schreiben, sich nirgends zu beschweren, sonst ... Drei Familien fanden sich zu einer derartigen »Zusammenarbeit mit den Sicherheitsorganen« bereit und zogen es vor, still abzuwarten, während die Angehörigen der übrigen vier Entführten bei der Staatsanwaltschaft der Stadt Grosny offiziell Anzeige erstatteten.

Mit ihrem Verzicht auf Gegenwehr machten die Tschabajews, Osdamirows und Magomadows ihre verschleppten Söhne und Männer zu »Rebellen, die einen Terroranschlag verübt haben«. Denn die Entführung vom 30. Juli diente nur einem einzigen Zweck – der Sammlung des Menschenmaterials für die Provokation vom 6. August. Was später selbst die Staatsanwaltschaft der Republik Tschetschenien einräumte, wenn auch auf eine sehr spezielle Art und Weise. »Rühren Sie nicht an diese Sache. Lassen Sie das sein. Befolgen Sie unseren freundschaftlichen Rat«, ließ dort – zehn Tage nach dem Anschlag von Schatoi, als man sich schon manches zusammengereimt hatte – ein wohlmeinender Warner vernehmen und kippte nervös seine Mischung aus Kognak und Wodka hinunter. »Denken Sie daran, was mit Cholodow passiert ist, das hier hat dieselben Wurzeln ... Ich persönlich gehe da nicht ran. Nein, auf gar keinen Fall. Ich will leben.«

Wer wollte das nicht?! Etwa die tschetschenischen Aufklärer in Schatoi? Der Tänzer des »Wainach«-Emsembles? Der Elektriker Ramsan?

Damit sind wir bei der wichtigsten Frage angekommen: Wer sind sie, diese Menschenräuber in den weißen Autos? Wer steht hinter ihnen? Warum konnte geschehen, was geschehen ist, und weshalb gerade dort?

Staatlich besoldete Killer

Die GASel-Besatzungen gehören zu einer Sondereinheit des Nachrichtendienstes der Streitkräfte der Russischen Föderation, sind Kommandos der GRU, der Hauptverwaltung für Militäraufklärung, und operieren bereits seit Beginn des zweiten Tschetschenien-Krieges verdeckt auf tschetschenischem Territorium. Sie dürfen vieles. Eigentlich dürfen sie alles.

Im Grunde handelt es sich um hochqualifizierte Killer, die ihren Sold vom Staat beziehen, aber nach eigenem Gutdünken morden. Über ihnen steht im Grunde nur noch ein Gott – der Oberste Befehlshaber. Bei der Armeeführung gelten sie gemeinhin als die besten »Sanitäter des Waldes«.

Kein Wunder, dass sich die GRU-Sicherheitskräfte angesichts derart paradiesischer Arbeitsbedingungen in Tschetschenien schon lange zu waschechten Banditen gemausert haben. Sie üben Lynchjustiz und erfüllen die schmutzigsten Befehle ihrer hochmögenden Vorgesetzten, wofür diese ihnen alles durchgehen lassen und verlässlichen Schutz gewähren. Der militärische Abschirmdienst steckt hinter zahlreichen Provokationen im Kriegsgebiet.

Allerdings ist die GRU nicht allein, in Tschetschenien tummeln sich jede Menge dunkler Kräfte. Der zweite Hauptakteur der Provokation namens Terroranschlag von Schatoi war die sogenannte ROSNO, die der GRU durch Bereitstellung des »Menschenmaterials« für die »Spezialmaßnahme« assistierte. Es liegt die Vermutung nahe, dass es ROSNO-Kräfte waren, die am 6. August in Schatoi den Sprengsatz legten und Oberst Bondarenko Weisungen erteilten.

Was muss man sich unter dieser ROSNO vorstellen? Die Regionalabteilung für Sonderaufgaben, so der vollständige Name, untersteht dem Inlandsgeheimdienst FSB und operiert in Tschetschenien sowohl auf Republiksebene wie auch in den wichtigsten Verwaltungszentren und Kreisen. Würde man jedoch General Sergej Babkin, den für Tschetschenien zuständigen FSB-Chef, nach den ROSNO-Leuten fragen, bekäme man ganz sicher zur Antwort: »Kenne ich nicht.« In der Tat stechen sie äußerlich durch nichts hervor. Üblicherweise führt sie der FSB ganz offiziell und unverdächtig als Elektriker, Monteure oder Transportarbeiter. Häufig finden sich darunter »kaukasisch« aussehende Personen, auch Tschetschenen. Die

ROSNO-Einsatzkräfte verlassen ihren Stützpunkt (einer davon befindet sich am Ort der FSB-Verwaltung für Tschetschenien) erst bei Nacht und kehren frühmorgens zurück. Sie sind still, mobil und unauffällig ...

Dass die ROSNO bevorzugt weiße GASel benutzt, wurde der »Nowaja Gaseta« auch von Mitarbeitern der Staatsanwaltschaft, die namentlich nicht genannt werden wollen bestätigt. Nach Ansicht dieser Quellen führt die Spur der ROSNO nicht allein zum Anschlag vom 6. August in Schatoi, sondern ebenso zu einer Reihe weiterer eklatanter Fälle, die der besorgten Öffentlichkeit mit großem Medienaufwand als Terrorakte und Entführungen präsentiert worden waren. Die Visitenkarte, anhand derer sich relativ leicht feststellen lässt, ob die ROSNO ihre Hand im Spiel hat, sieht folgendermaßen aus: Bleiben die Untersuchungen in einer Sache ohne Ergebnis, kommen die Ermittlungen keinen Schritt voran, obwohl es zahlreiche Zeugen und handfest scheinende Indizien gibt, sind ROSNO-Kräfte involviert.

Bliebe nun noch zu klären, warum die vom Staatsfernsehen marktschreierisch als »Terroranschläge tschetschenischer Rebellen anlässlich des Jahrestages des ersten Tschetschenien-Kriegs« bezeichneten Provokationen ausgerechnet in Schatoi über die Bühne gehen sollten.

Hier lag die Initiative wohl beim Militärischen Nachrichtendienst GRU, dessen Angehörige sich damit einen persönlichen Wunsch erfüllten. Brannten sie doch seit dem 11. Januar 2002 darauf, es Schatoi heimzuzahlen. Damals war eine GRU-Abteilung aus Chankala an den Rand der Gebirgssiedlung Daj im Kreis Schatoi verlegt worden mit dem ominösen Auftrag, das dort vermutete Versteck des »verwundeten Chattab« aufzuspüren und den Rebellenführer festzunehmen. Natürlich fanden die GRU-Kräfte keinen einzigen Terroristen, nahmen aber »im Zuge der Operation« einen im Linienverkehr eingesetzten Kleinbus aus Schatoi unter Beschuss und verbrannten die Leichen der getöteten Insassen. Zehn GRU-Soldaten wurden unmittelbar nach der Tat festgenommen, rechtskräftig verurteilt und tatsächlich hinter Gitter gebracht. Eine absolute Ausnahme, die einem Zeugen aus den eigenen Reihen geschuldet ist: Witali Newmershizki, Major der Abteilung Militäraufklärung bei der Kreiskommandantur Schatoi, hatte sich zufällig in der Nähe aufgehalten, die Staatsanwaltschaft zum Tatort gerufen und durch seine Aussage entscheidend zur Verurteilung der Mörder beigetragen.

So etwas war den GRU-Kräften in Tschetschenien noch nicht widerfahren. Sie wollten sich für die inhaftierten Kameraden rächen, an Newmershizki ebenso wie an Schatoi. Major Newmershizki hielt den Druck nicht aus, geriet auf die schiefe Bahn und brachte sich bald darauf selbst in Misskredit durch unrühmliche Handlungen, die Menschen das Leben kosteten.

Stellen wir nun zum Abschluss die Frage nach dem Weshalb. Wer braucht das alles? Wem nutzen diese blutigen Provokationen?

Die jüngste Vergangenheit unseres Landes hat schlimme Traditionen hervorgebracht. Jahrzehntelang war unser Leben geprägt von einer Politik, deren Substanz in schmutziger Provokation bestand. Später dann haben die Wogen des Weltenwechsels wiederum Menschen aus dieser Vergangenheit nach oben gespült. Das Land lässt sich aufs Neue von Menschen lenken, die allein in Kategorien der Provokation denken können. Für die Provokation einen so essentiellen Teil ihres Wesens darstellt, dass keine Umerziehung etwas daran zu ändern vermag.

Ob wir es nun wollen oder nicht, unter dieser Führung sind auch die Erfüllungsgehilfen der Provokationen aus der Asche auferstanden. Und haben sich ihr Weltbild zusammengestückelt nach den Schablonen, die sie für die einzig richtigen und erstrebenswerten Ziele halten. Im Mittelpunkt steht dabei der Krieg, den es so lange wie möglich fortzusetzen gilt. Erstens »im Interesse des Staates«.

Zweitens, um es denjenigen heimzuzahlen, an denen man sich noch nicht gerächt hat. Außerdem wegen der Uniformbiesen, auf die jeder, der es in der vielstufigen Hierarchie der kriegsnahen Strukturen noch nicht dazu gebracht hat, hoffen darf. Dann noch wegen des allgemeinen Durcheinanders, das infolge jedes Krieges entsteht, denn im trüben Wasser lässt sich manch goldenes Fischlein fangen. Und um all diese Begehrlichkeiten zu befriedigen, braucht es heute in Tschetschenien ebenjene dunklen Kräfte, die mit ihrem Tun dafür sorgen, dass der Krieg nicht aufhört.

Die sieben am 30. Juli in Grosny entführten Männer bleiben weiter verschwunden, nicht einmal ihre Leichen wurden gefunden. Schatoi steht unter Schock, Tschetschenien ist im Krieg. Alles, wie es sein soll.

26. August 2002

DIE WUNDERFELDER

In einem weit entfernten Randbezirk von Argun, ungefähr fünf Kilometer von der Hauptstraße Richtung Grosny entfernt, befindet sich die bescheidene Einfahrt zu einer Kolchose. Ein unauffälliger Weg, der zu den Feldern führt. In einiger Entfernung ein Traktor, der neugierige Blicke ablenkt. Irgendjemand sammelt etwas auf. Weit und breit kein einziger Soldat, keine Postenstelle.

Dieser Mann da könnte der Wächter der Kolchose sein. Er hebt und senkt ein Seil mit roten Fähnchen. Neben dem erbärmlichen Wächterhäuschen steht ein ramponierter roter »Shiguli«. Sonst gibt es nichts Besonderes zu sehen, außer dass unser Auto von den vier Paar aufmerksamen Augen der »Shiguli«-Insassen beobachtet wird.

Auch wir wissen, dass wir nicht zu einem Picknick unterwegs sind. Die einstige Kolchos-Straße führt zwischen alten Birnbäumen direkt zu den hiesigen »Goldgruben«. Nach einigen Kilometern auf der mühsam befahrbaren Straße sehen wir die Wunderfelder von Argun. Im Klartext: die ausgegrabene Pipeline, einfach »das Rohr« genannt, die über und über mit illegalen Zapfstellen versehen ist. Aus den Löchern verschiedener Größe – ein Teil ist ganz klein, anscheinend durch Schüsse aufgerissen, andere sind breiter – fließt rund um die Uhr das tschetschenische Öl. Es kommt in natürliche Klärbecken, in Gruben von unterschiedlicher Breite und nicht zu bestimmender Tiefe. Im lokalen Slang heißen sie »Speicher«. Hier wird das gestohlene Rohöl erstmalig entgast und raffiniert.

Auf dem Wunderfeld der Kolchose kann man den ganzen Prozess des Öldiebstahls beobachten. Da sind die alten »Speicher«, die sind im Augenblick trocken und »erholen sich«. Etwas weiter die frisch ausgegrabenen, die auch noch leer sind. Anscheinend wurde hier in der letzten Nacht gegraben, und es müssen erst einige Tage vergehen, damit die Erde sich setzt. Dann werden auch die neuen »Speicher« an die Kette angeschlossen. Und da sind auch die wichtigsten Gruben – vollgefüllt mit Öl. Es schimmert grellgrün. Das heißt, es ist schon »gar«, und der Tankwagen wird bald kommen, um es abzupumpen. Das können wir leider nicht mehr beobachten. Der »Kolchos-Wächter« gewährte uns nur circa zehn Minuten für die Exkursion über die Felder. Die Stille der Einöde, die das Geheimnis der Klärbecken umgibt, wird von Hubschraubern zerrissen. Sie kreisen über der freigelegten Pipeline, und unsere Begleiter, die Bescheid wissen, empfehlen uns abzufahren. Die im Hubschrauber werden nicht lange fragen, warum wir uns die Anlagen ansehen. Sie werden einfach schießen. Zu viel Geld ist im Spiel, keine Zeit für überflüssige Fragen, einfacher ist es, sofort zu töten.

Ein paar hundert Meter weiter begegnen wir den hiesigen »Spähern«. Das sind sogenannte tschetschenische Polizisten im weißen Jeep ohne Kennzeichen, selbstverständlich mit Maschinengewehren bewaffnet. Die Türen des Autos stehen schon offen – sie sind bereit, auf uns zu schießen. Kein Zweifel, der »Wächter« hat die Maschinengewehrschützen gerufen, und auch die Leute im roten »Shiguli« haben sie verständigt.

Gott sei Dank geschieht ein Wunder. Die »Polizisten« geben uns frei, und wir rasen in hohem Tempo am »Wächter« vorbei, der uns verblüfft nachsieht, weil wir noch am Leben sind …

Solche Wunderfelder findet man in Tschetschenien überall, wo Öl vorkommt. Das ist ungefähr die Hälfte des Territoriums. Die neuere Geschichte des tschetschenischen Öls ist vor allem eine Geschichte des Diebstahls. Man kann stehlen, soviel man will, soviel man transportieren kann. Die illegale Ölförderung und -verarbeitung läuft wie am Schnürchen.

Aber die wichtigsten Schlachten werden nicht um die »Wunderfelder«, sondern um die Bohrlöcher geschlagen. Vielleicht wurden wir wegen unserer Exkursion zur Kolchose von Argun nur deswegen nicht umgebracht, weil es sich im Grunde um Lappalien, um das Eigentum der »niederen Klasse« handelte.

Offiziell, den Dokumenten nach, gibt es im Brennstoff-Energie-Komplex (TEK) der Republik neun Industriezweige, und alle sind staatliches Eigentum:

Erdöl- und Erdgasförderung
Erdölverarbeitung und Petrochemie
Herstellung von Erdölprodukten
Erdölleitungen (Trans-Öl)
Erdgasindustrie (Gasversorgung, Trans-Gas, Nutzbarmachung)
Energiewirtschaft
Ökologische Technologien
Topprom (fester Brennstoff)
Erdöl- und Erdgas-Forschungsinstitut (NII)

Das Wichtigste ist, dass der TEK praktisch stillsteht und das Ölgeschäft, das der Republik zugute käme, nicht funktioniert. Und gleichzeitig ist ALLES IN BETRIEB. Das heißt: Der ganze TEK arbeitet schwarz. Die Pipelines von Trans-Öl wurden unter den zahlreichen kriminellen Gruppen aufgeteilt, die von der tschetschenischen Polizei und den föderalen Streitkräften beschützt werden.

Wer den Auftrag hat, nicht in Betrieb stehende Objekte des TEK zu bewachen, bereichert sich stillschweigend und stiehlt in einem rekordverdächtigen Tempo. Obwohl in Tschetschenien alle Erdölraffinerien halb zerstört sind, gibt es dort trotzdem noch einiges zu holen. Die willkürliche Demontage der Einrichtung wird massenhaft betrieben. Hauptsächlich geht das so vor sich: In der Nacht, wenn eigentlich Ausgangssperre ist und die Kontrollposten ohne Vorwarnung auf alles, was sich bewegt, schießen müssten, fahren zivile Lastwagen mit tschetschenischen Kennzeichen voll beladen mit Maschinenteilen etc. Richtung Ossetien und in die Richtung der Region Stawropol. Normalerweise werden die Transporte mit dem gestohlenen Staatseigentum von Kontraktniks der russischen Truppen, denen es egal ist, womit sie ihr Geschäft machen, eskortiert.

Dieses Tandem ist perfekt eingespielt: Russische Militärs haben sich mit tschetschenischen Dieben zu effizienten kriminellen Banden zusammengeschlossen. Weder die Chefs der tschetschenischen Zivilverwaltung, die für den TEK verantwortlich sind, noch Angehörige anderer russischer Einheiten wagen es, diese neuen Banden anzutasten. Zum Beispiel die zur Kommandantur in Grosny gehörenden Einheiten, die dafür verantwortlich sind, dass die Betriebe auf einem ihnen zugeteilten Gebiet unbeschädigt bleiben. Sie befürchten, zufällig erschossen zu werden, was schon etliche Male passiert ist.

Natürlich haben sich die offiziellen tschetschenischen Behörden bemüht, die Wirtschaft anzukurbeln und sie im Rahmen des Gesetzes zum Laufen zu bringen. Aber das entpuppte sich als so schwierig, dass die Regierung rasch resignierte und die Sache auf bessere Zeiten verschob, zum Kriegsende hin – aber der Krieg will nicht enden ...

Die Flamme von Zozan-Jurt

Heute haben alle Bohrstellen in Tschetschenien einen Besitzer, obwohl sie auf dem Papier alle dem Staat gehören. Und je nach realem Besitzer gibt es zwei Arten von Bohrlöchern: brennende und normale. Die einen gehen plötzlich in Flammen auf, andere verlöschen, aber die dritten sind immer gleichbleibend.

Wenn einer Bohrstelle nichts passiert, bedeutet das, dass ihr Eigentümer ein angesehener reicher Mann ist, der seine eigene »Garde« hat und dessen Eigentum daher unumstritten ist. Um die übrigen Bohrlöcher tobt tagtäglich der unerbittliche Kampf unter Einsatz von Feuerwaffen.

Fährt man von Gudermes nach Osten ins Kreisgebiet Kurtschaloi, in die kleine Heimat des derzeitigen Leiters der tschetschenischen

Zivilverwaltung, Achmad-Hadshi Kadyrow, begreift man sofort, wo sich die wirkliche Hauptstadt des lokalen illegalen Ölmarkts befindet. Im Grunde existiert in Tschetschenien keine einzige Straße, auf der man nicht selbst hergestelltes Benzin kaufen kann, aber der Ölhandel in Kurtschaloi findet einfach vor jedem Haus und an jeder Ecke statt. Fast vor jedem Hof steht ein Tankwagen.

Auf der leeren Betonstraße fahre ich auf eine wild tobende Fackel zu. Das ist die sogenannte Bohrstelle Nummer sieben (so die offizielle Bezeichnung) nahe der Ortschaft Zozan-Jurt. Je näher ich an die »Nummer sieben« herankomme, desto mehr Ölhändler sehe ich am Straßenrand. Das gleiche Bild auch in der Kreisstadt Kurtschaloi. Und im Dorf Nowaja Shizn am Rand des Vorgebirges. Es ist klar, der Markt ist gesättigt mit fertiger Produktion, und das Angebot übersteigt um ein Vielfaches die Nachfrage.

Ein Getöse, vergleichbar nur mit dem Geheul eines Düsenantriebs, wird immer lauter. Jeder vernünftige Mensch begreift sofort, dass man hier nicht leben kann. Aber in den umliegenden Häusern sieht man Kinder und Erwachsene. Arme Familien, die nicht fortgehen können, keinen Ort haben, an dem sie wenigstens vorübergehend hausen könnten.

Die brennenden Bohrlöcher – sie gehören jenen Banden, die ihre Bohrstelle nicht vollständig kontrollieren können. Wenn sich zeigt, dass ein Besitzer der Sache nicht gewachsen ist (in der Regel wegen des Mangels an Bewachungspersonal), zündet er die Bohrstelle selbst an (selbstverständlich nicht eigenhändig), damit keiner ein Auge auf sie wirft. Das Argument, dass nebenan Menschen leben, es ihrer Gesundheit schadet und in einer Entfernung von 100 Metern Kinder spielen, interessiert niemanden.

Normalerweise jagen russische Soldaten die Bohrstellen in die Luft. Der Besitzer bezahlt sie dafür. Das ist auch deswegen bequem, weil sie sich selbst nicht verfolgen werden. Die neben den brennenden Fackeln lebenden Dorfbewohner sehen, wie das vor sich geht: Die russische Armee, hierhergekommen, um die tschetschenischen Kriminellen auszurotten, arbeitet in deren Auftrag. Wenn die Sache erledigt ist, legt »der Auftraggeber« 100 Meter von der Fackel entfernt ein neues »Wunderfeld« an, in der Art von dem in Argun. Falls aber so etwas wie offizielle Feuerwehrleute auftauchen und anfangen, die Flamme zu löschen, dann ist das für die Anrainer auch ein Zeichen. Das heißt, es gibt einen neuen Eigentümer, einen neuen Banditen, der den früheren Besitzer umgebracht oder ihm die Bohrstelle abgekauft hat und der sich sogar einen Feuerwehreinsatz leisten kann. Was hier viel teurer ist als eine Sprengung.

Die Statistik zeigt, dass während der schweren Kämpfe im Oktober und November 1999 in Tschetschenien nur drei Bohrlöcher brannten. Aber als sich die Front ins Gebirge verschob, die Zeit reif war, das Eigentum aufzuteilen, waren es schon elf. Kurz darauf achtzehn. Im Sommer 2000 kletterte die Zahl auf vierunddreißig. Dann sank sie ein bisschen und blieb stabil zwischen zweiundzwanzig und fünfundzwanzig. Das beweist, dass die Kontrahenten auf dem illegalen Markt sich miteinander arrangiert haben. Täglich schleudern die brennenden Bohrstellen rund um die Uhr bis zu 6 000 Tonnen Öl im Wert von einer Million Dollar in die Luft. Man kann sich lebhaft vorstellen, welche Unsummen, ja vielleicht sogar Hunderte von Millionen in kriminellen Geldbörsen landen, wenn es ihnen um eine Million pro Tag nicht leidtut! Dass der tschetschenische illegale Ölmarkt Supergewinne abwirft, erhärtet auch die Tatsache, dass rings um alle Bohrlöcher und sogenannte »Samoware« (Mini-Fabriken, die das Rohöl auf primitive Weise verarbeiten) die Felder voll mit verbranntem Masut sind. Nach dem Abfüllen von Benzin bleibt in den Behältern, wie wir wissen, Masut zurück, ein Stoff, der bei der Destillation von Erdöl entsteht und als Schmiermittel oder zur Beheizung industrieller Anlagen verwendet wird. Eine Tonne kostet 3 000 Rubel. Aber für Masut interessiert sich in Tschetschenien überhaupt niemand. Es wird entweder ohne Bedauern (für die Erde) weggeschüttet oder verbrannt. Die Diebe zerbrechen sich natürlich über ökologische Probleme nicht den Kopf, das ist nicht ihr Stil.

Die Straße zur »Nummer sieben« ist von Mini-Fabriken mit großen Apparaten zur Schwarzdestillation gesäumt, die aus zwei Tanks, einem Brenner und einigen großen Rohren bestehen. Ab und zu führen die Militärs Razzien in den krumm und schief gebauten Schwarzbrennereien durch, die gleich neben den Dorfhäusern liegen. Sie sprengen sie, beschießen sie, schlagen alles kurz und klein. Wenn der Besitzer zahlt, fahren sie weg. Das »Lösegeld« beträgt fünftausend bis zehntausend Rubel.

Und nach oben, zum Generalstab in Moskau, gehen unterdessen schöne Rapporte über weitere Operationen im Kampf gegen das illegale Ölgeschäft in Tschetschenien. Die Chefs der zuständigen Ministerien berichten der Öffentlichkeit vom nächsten Erfolg im Kampf gegen den »internationalen Terrorismus«.

Aber was geschieht in Wirklichkeit? Sogar wenn die Föderalen die sogenannten »Samoware« vernichten, lassen sie die Bohrstellen, die Quelle für das Wüten der Banditen, unbeschädigt. Sie bekämpfen die Folgen, aber nicht die Ursache. Vielleicht deswegen, weil sie daran interessiert sind? Und jemand seinen Anteil daran hat?

Wenn die russischen Militärs den kategorischen Befehl erhalten hätten, neben jedem Bohrloch Kontrollposten aufzustellen und nur die Mitarbeiter von »Grosny-Öl« durchzulassen, würden sie es auch tun. Auch die Tatsache, dass es in Dörfern mit Bohrstellen nie Kämpfe gegeben hat, beweist das besondere Interesse von Personen mit Schulterstücken am Öl. Hier wird nichts zerstört. Diese Ortschaften schützen beide kämpfenden Seiten – die tschetschenischen

Rebellen und die Föderalen. Die Armee führt hier erst Säuberungen durch, wenn sich die Volksmassen gegen die Barbarei der kriminellen Ölbanden empören.

Ali Abujew, ehemaliger Chef der Zivilverwaltung, galt zum Beispiel eine Zeit lang als Anführer der antikriminellen Bewegung von Zozan-Jurt. Und ausgerechnet er wurde bei der letzten Säuberung festgenommen. Kurz vor seiner Verhaftung hatten Männer aus dem Dorf unter seiner Führung die verdammte »Nummer sieben« mit einem in zwei Hälften zersägten Öltank dicht verschlossen. Ali Abujew ist kein Wahhabit, kein Rebell, weder für Russland noch für Achmad-Hadshi Kadyrow. Er steht für sich allein – als Verteidiger des Rechts der Dorfbewohner auf ein menschliches Leben. Ein anständiger mutiger Mann.

Aber dann muss man sich die Militärs anhören. Sie werden einem erzählen, dass Ali Abujew ein Freund von Omar Ibn al-Chattab und ein Feind Moskaus ist. Darum wird er so lange sitzen müssen, wie der Krieg in Tschetschenien dauert. Wenn man um Beweise seiner Schuld bittet, lautet die Antwort: »Wir haben spezielle Berichte unserer Agenten.« Beziehungsweise Denunziationen von Schuften, die Ali Abujews Bemühungen zunichte machen wollen.

Ali Abujew wurde verhaftet, die Bohrstelle wieder angezündet, am »Rohr« entstanden neue Anschlüsse, ringsum wurden Gruben für die Kläranlagen ausgehoben, und die »Samoware« waren auch wieder da. Das Leben in Zozaj-Jurt geht wieder seinen gewohnten kriminellen Gang.

»Komm her, sei nicht geizig«

Das letzte Glied in der Kette des illegalen tschetschenischen TEK ist die Börse. Am Ortsanfang von Zozan-Jurt befindet sich wie zu Maschadow'schen Vorkriegszeiten neben dem »Café Islam« die berühmte Ölbörse. Das ist der Umschlagplatz. Hierher werden Erdöl und Erdölprodukte gebracht und an die Großhändler verkauft. Und all das vor Augen des nur 100 Meter entfernten Kontrollpostens.

Wer bereichert sich?

Einer der frisch ernannten tschetschenischen Beamten, der von mir verlangte, seinen Namen unter keinen Umständen zu erwähnen oder besser noch in alle Ewigkeit zu vergessen, sagte: »Jede Nacht werden Tausende Tonnen Erdöl und Erdölprodukte illegal aus Tschetschenien ausgeführt. Und wir können uns nicht einmal Büromaterial leisten ...«

Tschetschenien heute, das ist eine endlose blutige Fehde um Bohrlöcher und »Wunderfelder«, doch davon wird die Republik kein bisschen reicher. Weder gibt es Geld für den Wiederaufbau der Industrie noch für den Bau von Häusern für die Obdachlosen. Jeder bereichert sich an Tschetscheniens Öl, nur das Land selbst hat nichts davon. Die Krise verschärft sich auch deswegen, weil das wirtschaftliche Chaos in Tschetschenien, abgesehen davon, dass es künstlich provoziert wurde, auch noch fleißig von Moskau unterstützt wird. Bisher gibt es keine einzige funktionierende Bank, keine einzige legale Finanzquelle. Das ganze Geld aus dem Ölgeschäft befindet sich in Sparstrümpfen oder im Ausland. Jeder Versuch, ein legales Finanzsystem zu installieren, scheitert an der offenen Sabotage durch ranghohe Beamte der Föderation. Moskau ist daran interessiert, dass Tschetschenien möglichst lange keine Banken, keine Finanzämter, keine funktionierende Justiz und keine zivile Staatsanwaltschaft hat, damit die unfassbaren Gewinne aus dem Ölgeschäft in die »richtige« Richtung fließen. Und daran, dass es keine staatlichen Organe gibt, die den Fluss der Gelder in die Kasse der Republik umlenken könnten.

Es ist völlig klar, dass alles oben Ausgeführte nur unter zwei Bedingungen existieren kann. Erstens braucht man ein »Schutzdach«.

(Das ist die russische Armee.) Zweitens darf man es nicht zulassen, dass die offizielle Verwaltung des tschetschenischen Erdöl-Komplexes funktioniert. (Das hat man geschafft.)

Wenn behauptet wird, die absolute Gesetzlosigkeit im Ölgeschäft habe mit dem Machtwechsel und der Konsolidierung der neuen tschetschenischen Administration zu tun, so braucht man das nicht zu glauben. Das Problem ist ja gerade die Sabotage, die hartnäckige Weigerung von Seiten Moskaus – der Regierung, der höheren Beamten und des Generalstabs –, Ordnung in die Wirtschaft zu bringen.

Moskau will von Tschetschenien nur eins – Chaos. Das organisierte Chaos ist am lukrativsten.

Deswegen rollen die Tankwagen Tag und Nacht. Die Kontrollposten salutieren. Das ist die ganze Geschichte mit diesem Krieg. Tausende Menschenleben wurden schon geopfert, damit die Bohrstellen und »das Rohr« neue Besitzer bekommen können. Und viele werden noch im Kampf für die Öl-Revolution in Tschetschenien geopfert werden. Denn es geht um Millionen von Dollar.

KRIEGSGESCHÄFTE

Das Verteidigungsministerium Russlands hat die Bestattung gefallener Soldaten perfekt kommerzialisiert.

Für die einen bedeutet der Krieg großes Leid, für andere schwere, gefährliche Arbeit. Für wieder andere ist er die reinste Goldgrube. Die Erstgenannten sind wir, die Bürger, zur zweiten Gruppe zählen die Soldaten an der vordersten Frontlinie. Die letztgenannte Kategorie aber bilden die Moskauer Generäle und deren »Geschäftspartner«. Sie machen mit jedem Sarg aus dem Kaukasus ihren Reibach.

Über diese Dinge zu schreiben kostet sehr viel Überwindung. Denn es ist ein heikles Thema, in welcher Art und Weise den gefallenen Soldaten und Offizieren, Veteranen des Zweiten Weltkriegs und all der lokalen Kriege des 20. Jahrhunderts, an denen unser Land beteiligt war, die letzte Ehre erwiesen wird. Trotzdem führt kein Weg daran vorbei, denn vor mir liegen Dokumente, aus denen hervorgeht, dass, während die einen taktvoll schweigen, andere nicht nur auf jegliche Moral, sondern auch auf die Gesetze pfeifen und sich dreist an ihren toten Kameraden bereichern.

Jedes Mal, wenn Sie im Fernsehen die Bestattung gefallener Militärangehöriger sehen, sollten Sie sich vergegenwärtigen, dass die Gelder, die der Staatshaushalt für diese traurigen Anlässe bereitstellt, umgehend auf den Konten der Militärischen Zeremonialgesellschaft (MZG) landen. Was ist die MZG für ein Unternehmen? Die 1997 ins Leben gerufene Geschlossene Aktiengesellschaft verdankt ihre Existenz dem Verteidigungsministerium der Russischen Föderation und der Militärversicherung, einem zum Zeitpunkt der Gründung der MZG bereits sehr erfolgreichen kommerziellen Unternehmen des früheren Verteidigungsministers Pawel Gratschow, das peu à peu von all seinen Nachfolgern im hohen Staatsamt unterstützt und fortgeführt wurde. Betrachten wir zunächst ein offizielles Schreiben des Militärhistorischen Zentrums der Streitkräfte der Russischen Föderation an die Verwaltungsabteilung des Regierungsapparats. Dieses Militärhistorische Zentrum ist eine staatliche Organisation, eine Unterabteilung des russischen Verteidigungsministeriums und eigentlich zuständig für das, womit heute die Militärische Zeremonialgesellschaft befasst ist. In dem von Generalmajor Alexander Kirilin, Leiter des Militärhistorischen Zentrums, unterzeichneten Dokument Nr. 328/427 betreibt der Absender ganz offen Lobbying für die Militärische Zeremonialgesellschaft, indem er der Regierung beteuert, wie vorteilhaft eine Zusammenarbeit insbesondere mit der MZG für sie wäre: »Gegenwärtig sind die von der MZG offerierten Dienste um 20 Prozent preiswerter als bei kommunalen Bestattungsinstituten.« Dabei betreibt Kirilin reinste Augenwischerei, erwähnt er doch mit keinem Wort, dass sich hinter dieser MZG eine Geschlossene Aktiengesellschaft verbirgt, sondern versucht nachdrücklich den Anschein zu erwecken, man habe es vielmehr mit einer Abteilung des Verteidigungsministeriums zu tun. Was das Täuschungsmanöver soll, lässt sich unschwer erraten. Alexander Kirilin weiß so gut wie jeder andere Staatsdiener, dass die Delegierung dienstlicher Obliegenheiten des Verteidigungsministeriums an wie auch immer geartete kommerzielle Strukturen strengstens untersagt ist.

Ein anderes wichtiges Detail vergisst der Generalmajor ebenfalls zu erwähnen: Die Rechnungen dieser MZG, für die er sich so sehr in die Bresche wirft, muss der Staatshaushalt bezahlen, niemand sonst. Und der zahlt tatsächlich, und wie! Beispielsweise produziert die MZG in einem dem Verteidigungsministerium unterstellten Betrieb – dem Stahlbetonwerk Nr. 340 – fleißig Bestattungszubehör (Särge, Grabsteine, Kränze, Schleifen usw.), obwohl Zivilisten, erst recht in kommerzieller Absicht, keinen Zugang zu diesem Militärobjekt haben. Doch die Patronage hoher Dienstränge des Verteidigungsministeriums macht es möglich, und so melkt die MZG den Staatshaushalt gleich doppelt. Zum einen, indem sie Staatseigentum – die Maschinen und Ausrüstungen des Stahlbetonwerks Nr. 30 – für sich arbeiten lässt, und zum anderen durch den Verkauf der Produkte an den Staat, zum vollen Preis natürlich.

Aber Generalmajor Kirilin weiß unguten Gedanken geschickt vorzubeugen, er rapportiert der Regierung: »1998 flossen aus Mitteln des Verteidigungsministeriums [des Staatshaushalts, A.P.] 9,2 Mio. Rubel in die Durchführung von Bestattungszeremonien für gefallene (verstorbene) Verteidiger des Vaterlandes. Für Grabsteine wurden Zahlungen in Höhe von 215,2 Mio. Rubel geleistet. Im Jahr 1999 sind für diese Zwecke 768,5 Mio. Rubel geplant.« Diese 768,5 Mio. würden natürlich durchgehen, denn allen war klar, dass ein Krieg vor der Tür stand. Also lieber schon einmal eine Gewinnsteigerung für die MZG einplanen!

Sie verstehen noch immer nicht, weshalb sich Generalmajor Kirilin, obwohl nicht Mitarbeiter der MZG, bei der Regierung so vehement für die Aktiengesellschaft einsetzt? Sein einziges Ziel besteht in der »Begründung der Zweckmäßigkeit« einer Aufstockung »der Kostennorm für die Finanzierung von Bestattungsdiensten sowie für die Fertigung und Aufstellung von Grabsteinen«. Nennen wir die Dinge beim Namen: Es handelt sich hier um unverblümte Lobbyarbeit für die finanziellen Interessen einer kommerziellen, zu 100 Prozent privatkapitalistischen Struktur vermittels des Einflusses und der Möglichkeiten eines ranghohen Vertreters der militärischen Staatsbürokratie.

Doch Alexander Kirilin ist lediglich ein Rädchen in diesem Getriebe, nicht er ist es, der den Prozess lenkt. Ich möchte aus dem Brief einer Gruppe von Reserveoffizieren an Andrej Nikolajew, den Vorsitzenden des Verteidigungsausschusses der Staatsduma, zitieren: »Gegenwärtig hat das Verteidigungsministerium mit der Geschlossenen Aktiengesellschaft MZG faktisch eine kommerzielle Struktur geschaffen und ihr durch eine Reihe von Anordnungen und Direktiven das Monopol für Bestattungsdienstleistungen gesichert.«

In der Tat sind drei Dokumente, die die MZG zum bevorzugten Kooperationspartner des Verteidigungsministeriums erheben, von Verteidigungsminister Marschall Igor Sergejew unterschrieben. Ein weiteres, analoges Dokument hat Generaloberst Wladislaw Putilin, Vizechef des Generalstabs der Streitkräfte der Russischen Föderation, unterzeichnet. Weshalb lassen sich diese Befehlshaber nach all den Skandalen, die das Verteidigungsministerium in den letzten Jahren erschütterten und in denen es gerade um Geschäftemacherei ging, noch auf so etwas ein? Immerhin ist es ja nicht wenig riskant für ihre Karriere.

Mit Moral hat das bestimmt nichts zu tun. Das kann zwar jeder sehen, wie er will, für mich aber wird die Generalsehre in der Direktive Nr. D-37 vom 22. Dezember 1999 »Über die Zusammenarbeit zwischen dem Verteidigungsministerium der Russischen Föderation und der Militärischen Zeremonialgesellschaft«, wiederum unterzeichnet von Igor Sergejew, endgültig zu Grabe getragen. Ohne jeden moralischen Skrupel ermahnt der Marschall seine Offiziere, die MZG wie die eigene Mutter zu lieben und zu achten, der Gesellschaft alle nur erdenkliche Unterstützung beim Aufbau von Filialen in den Militärbezirken zukommen zu lassen, den Armeeangehörigen und ihren Familien die Tätigkeit sowie die Dienstleistungen der MZG nahezubringen. Wobei Marschall Sergejew übrigens ebenso wie Generalmajor Kirilin mit keinem Wort erwähnt, dass es sich bei der MZG um nichts anderes als eine Geschlossene Aktiengesellschaft handelt. Damit führt Sergejew das Korps der ranghohen Offiziere des Landes bewusst in die Irre, und zwar durchaus nicht in einer Bagatellsache. Nennen wir die Dinge beim Namen: Der Marschall betrügt schlichtweg seine Untergebenen.

Und unsere Generalstäbler stehen dem Verteidigungsministerium in nichts nach. Als der Krieg in Tschetschenien bereits in vollem Gange war, als von dort Tag für Tag Soldatensärge ankamen und niemand außer dem Generalstab deren genaue Zahl kannte, erließ Wladislaw Putilin, Leiter der Hauptverwaltung Organisation und Mobilisierung des Generalstabs der Streitkräfte und zugleich Stellvertreter des Generalstabschefs Anatoli Kwaschnin, die Direktive D-314/8/3153, die die Wehrkreiskommandos der Subjekte der Russischen Föderation per allerhöchstem Befehl dazu verpflichtete, in ihren Sozialfürsorgeabteilungen 53 Stellen für Mitarbeiter der MZG zu schaffen. Als hätte ein Vizegeneralstabschef in dieser Zeit der blutigen Gefechte in Tschetschenien nichts Besseres zu tun als sich zum Interessenvertreter einer kommerziellen Struktur zu machen.

Aber vielleicht ist der Generaloberst ja so naiv, dass er nicht weiß, was geschieht, wenn man die Ziege in den Gemüsegarten lässt? Vielleicht hat er versehentlich falsch entschieden? Vielleicht wollte er Gutes tun und den Angehörigen der Gefallenen Scherereien abnehmen?

Pustekuchen! Der Generaloberst hat sich nicht geirrt. Der Generaloberst kennt das Sprichwort von der Ziege und dem Gemüsegarten sehr wohl und war trotzdem nicht abzuhalten. Weil ihm nämlich eine andere Volksweisheit noch viel besser gefällt: Schmiede das Eisen, solange es heiß ist! Wladislaw Putilin hatte es deshalb so eilig mit seiner Direktive, weil es für ihn keinen Zweifel gab: Während der Inthronisierung Wladimir Putins wird die Regierung keine Mittel scheuen, um den gefallenen Soldaten ein würdiges Begräbnis angedeihen zu lassen, und diesen günstigen politischen Moment muss man nach Kräften für den eigenen kommerziellen Vorteil nutzen. Und so standen denn den Mitarbeitern der MGZ in den Wehrkreiskommandos sämtliche Türen offen.

Wahrscheinlich sind hier noch einige Erläuterungen notwendig. Immerhin ist nicht auszuschließen, dass Menschen, wenn sie sich einmal Generalsepauletten an die Uniform heften, schlichtweg vergessen, welche bürgerlichen Gesetze in ihrem Land gelten. Erinnern wir sie also daran. Als wären die Anordnungen und Direktiven des Verteidigungsministeriums zur Beförderung der Geschäftstätigkeit der MZG nicht ohnehin schon anrüchig genug, verstoßen sie außerdem noch gegen die Verfassung und das Bürgerliche Gesetzbuch der Russischen Föderation sowie gegen das Gesetz »Über die Konkurrenz sowie die Einschränkung von Monopolen auf den Warenmärkten«.

Bekanntlich gibt es in Russland eine Antimonopolgesetzgebung, auch wenn sie mehr schlecht als recht funktioniert. Die Weisung des Verteidigungsministeriums an die Struktureinheiten in den Regionen, ausschließlich mit einer einzigen Geschlossenen Aktiengesellschaft zu kooperieren – zum Nachteil anderer Unternehmen gleichen Profils –, ist nichts anderes als eine erzwungene Monopolisierung des Marktes. Und die Folgen? Sie bestehen zum einen darin, dass die Preise für diese Dienstleistungen zwangsläufig steigen – was der MZG und ihren hochmögenden Lobbyisten im Verteidigungsministerium freilich zum Vorteil gereicht –, und zum anderen, dass die Qualität der Produkte sowie der Umfang des Angebots sinken.

Nun verletzten MZG und Verteidigungsministerium zwar geltende Gesetze, aber vielleicht tun sie es ja allein in der Absicht, unserem bettelarmen Staat Kosten zu ersparen? Vielleicht ist es für die MZG in kommerzieller Hinsicht gar nicht gewinnbringend, sich eine so große Verantwortung wie die Ausführung von Massenaufträgen des Staates aufzubürden? Da denken Sie allerdings sehr falsch. Um das zu beweisen, brauchen wir uns nur ein weiteres wichtiges Zitat anzuschauen. Der Auszug entstammt einem offiziellen Schreiben, das Boris Steblew, der für finanzielle und ökonomische Fragen zuständige Stellvertreter des Oberbefehlshabers des Moskauer Militärbezirks, an Generaloberst Georgi Olejnik, den Leiter der Hauptverwaltung Militärbudget und Finanzen des Verteidigungsministeriums der Russischen Föderation, richtete. General Steblew zeigt sich – um es vorsichtig auszudrücken – verwundert über die allseitige Unterstützung und Begünstigung der MZG seitens der Führung des Verteidigungsministeriums. Er schreibt: »Bei einer Überprüfung, die der Kooperation zwischen dem Militärkommissariat der Stadt Moskau und der Geschlossenen Aktiengesellschaft MZG bei der Fertigung und Aufstellung von Grabsteinen für gefallene (verstorbene) Armeeangehörige galt, wurde festgestellt, dass das Zentrum für Sozialfürsorge des Militärkommissariats der Hauptstadt vom 1. Februar bis 30. Oktober 1999 an die MZG 5,3 Mio. Rubel für die Fertigung und Aufstellung von 2 094 Grabsteinen gemäß 48 Namenslisten gezahlt hat. Aufgrund mangelnder Kontrolle durch die Verantwortlichen der MZG lagen jedoch Anfang November 1999 lediglich Dokumente über die Fertigung und Aufstellung von 1 258 Grabsteinen vor.«

Folglich streicht die MZG nicht nur horrende Summen aus unserem bescheidenen Staatshaushalt ein, sondern hat sich in eine Vormachtstellung manövriert, in der der Staat ihr obendrein Kredite gewährt. Etwas anderes als die Inanspruchnahme supergünstiger Kredite aus dem Staatshaushalt ist das Abrechnungssystem der MZG ja nicht! Immerhin beläuft sich der Anteil der Mittel, für die kein Gegenwert in Form entsprechender Dienstleistungen erbracht wurde und die von den Geschäftemachern der MZG für beliebige andere Zwecke eingesetzt werden können, auf 35 Prozent. 35 Prozent allein in einem einzigen Militärbezirk. Man kann lange darauf warten, dass ein Staat mit derartigen Streitkräften jemals die Chance hätte, es zu Reichtum zu bringen oder auch nur den unersättlichen Schlund seiner Militärmaschinerie zu stopfen. In so einem Staat wird stets Schmalhans Küchenmeister sein.

Lesen wir noch, was Generalmajor Steblew am Ende seines Briefes schreibt: »Was die zu den 48 bereits bezahlten Namenslisten gehörenden Grabdenkmale angeht, so ist kein einziger dieser Grabsteine komplett aufgestellt worden. Das Fehlen jeglicher Kontrolle hat dazu geführt, dass eine nicht gerechtfertigte Vorauszahlung in Höhe von mehr als 2 Mio. Rubeln an ein kommerzielles Unternehmen geleistet wurde ...«

Welche Antwort General Georgi Olejnik dem Verfasser des Schreibens zukommen ließ, ist der Redaktion der »Nowaja Gaseta« nicht bekannt. Gut möglich, dass überhaupt keine Reaktion erfolgte, denn seither hat sich an der Liebesbeziehung zwischen MZG und Verteidigungsministerium nicht das Geringste geändert. Außer, dass die Liebe noch inniger geworden ist, da die MZG allerorts Fuß fassen konnte. So hat sie beispielsweise – als »Verwalterin« der entsprechenden staatlichen Budgets für diese traurigen Einrichtungen – sämtliche 14 Militärfriedhöfe Russlands sowie alle 1 005 Gräberfelder der Armee auf öffentlichen Friedhöfen des Landes unter ihre Fittiche gebracht. Legt man Generälen keine Zügel an, sind sie schlimmer als durchgegangene Pferde.

Glauben Sie bloß nicht, im Verteidigungsministerium gäbe es niemanden, der das tun könnte, was derzeit die MZG tut. Es gibt schließlich das Militärhistorische Zentrum der Streitkräfte der Russischen Föderation, im Verteidigungsministerium kümmert sich eine gesonderte Abteilung um die Koordinierung und Kontrolle von Bestattungsdienstleistungen für Armeeangehörige und hat damit analoge Funktionen wie die MZG. Wozu braucht man dann überhaupt eine MZG? Beantworten wir die Frage mit einer Gegenfrage: Gibt es irgendeinen Zweifel daran, dass es weitaus lukrativer ist, Geld auf den undurchsichtigen Konten Geschlossener Aktiengesellschaften zirkulieren zu lassen, als es nach den transparenten Finanzreglements staatlicher Organisationen zu verwalten?

Der Strom der aus dem Nordkaukasus eintreffenden »Fracht 200« – wie die Leichen der Gefallenen in der Armeesprache heißen –

reißt nicht ab. Den Kriegs-Geschäftemachern, die das militärische Bestattungswesen fest in ihrer Hand haben, ist nichts lieber als diese großen Verluste. Wie widerwärtig nehmen sich da die Beschwörungen unserer Generäle aus, der Tschetschenien-Krieg müsse »bis zum siegreichen Ende« geführt werden, Opfer seien nun einmal unvermeidlich, die gefallenen Soldaten und Offiziere seien einen heldenhaften Tod gestorben. Jeder »Heldentod« bringt ihnen Profit. Jeder Sarg, jeder Grabstein Dividenden. Da lässt es sich gut endlos kämpfen, und glauben Sie mir, ein Vorwand, um das vieltausendköpfige Militärkontingent in Tschetschenien zu belassen, findet sich garantiert.

Noch etwas zum Schluss. Wir haben uns auf das anrüchige Finanzgebaren eines Oligarchen namens Boris Beresowski und seiner Kompagnons eingeschossen, dabei aber vergessen, dass es nicht um einzelne Namen geht, sondern um das grundlegende Wechselverhältnis von Staat und kommerziellen Unternehmen. Und das ist nach wie vor oligarchisch, also anfällig für Korruption. Was macht es da für einen Unterschied, dass der eine an Erdöl verdient und der andere an Särgen? Oligarch bleibt Oligarch, selbst wenn er einen Trauerkranz in der Hand hält. Hauptsache, es gibt da jemanden, an dem man sich festsaugen kann. Und es lässt sich darüber streiten, was abstoßender ist – Beresowskis Rolle als graue Eminenz hinter dem Jelzin-Clan oder die Militärische Zeremonialgesellschaft als »bevorzugte Kooperationspartnerin« des Verteidigungsministers Igor Sergejew.

13. März 2000

DIE ZENTRALFIGUR AUS ZENTOROI

Ein Interview mit Ramsan Kadyrow, der von sich behauptet, der Führer des tschetschenischen Volkes zu sein, und Wladimir Putin als Präsidenten auf Lebenszeit sehen möchte.

Tschetschenien hat einen neuen Präsidenten. Wie vom Kreml gewünscht – und erwartungsgemäß »mit überwältigender Stimmenmehrheit« – wurde Alu Alchanow gewählt. Der wahre Beherrscher Tschetscheniens aber ist Ramsan Kadyrow, der 27-jährige Sohn des am 9. Mai 2004 bei einem Terroranschlag getöteten Amtsvorgängers Achmad-Hadshi Kadyrow.
Wer ist dieser Ramsan Kadyrow? Während der vergangenen anderthalb Jahre war er Chef der Leibgarde seines Vaters. Die den tödlichen Bombenanschlag im Stadion von Grosny nicht verhindert hat. Was dem Sohn aber keineswegs eine Entlassung wegen Fahrlässigkeit im Dienst eintrug, sondern vielmehr die ehrenvolle Beförderung zum Ersten Stellvertreter des Premiers und damit zum Verantwortlichen für die bewaffneten Kräfte, zu denen die Miliz und die Sondereinheiten des Innenministeriums der Republik sowie die tschetschenischen Elite-Eingreiftruppen gehören.
Ramsan Kadyrow besitzt zwar keinerlei Bildung, dafür aber den Dienstgrad eines Hauptmanns der Miliz. Wie er dazu gekommen ist, bleibt sein Geheimnis, war Kadyrow jr. doch nie Milizionär, ganz abgesehen davon, dass man in Russland für diesen Rang eine abgeschlossene Hochschulausbildung nachweisen muss. Und diesem »Hauptmann« wird das Kommando über altgediente Generalmajore und Generäle übertragen. Und er kommandiert sie tatsächlich herum, und sie gehorchen. Warum? Weil sie wissen, dass sie einen persönlichen Favoriten Wladimir Putins vor sich haben.

Wie sieht so ein Favorit aus, welche äußeren und inneren Vorzüge besitzt dieser Mann, der Tschetschenien unterjocht hat wie ein feudaler Bei und vom ganzen Land Tribut erhebt?

Die meiste Zeit hält sich Ramsan Kadyrow in seinem Heimatort Zentoroi im Kreis Gudermes auf. Zentoroi (auch Chossi-Jurt genannt) ist heute eine der hässlichsten Siedlungen in ganz Tschetschenien, staubig, unwirtlich, abstoßend, und überall Heerscharen bewaffneter Männer, die wie Halsabschneider aussehen. Das Dorf ist eine Ansammlung enger, gewundener Gassen. Die meisten Häuser darin sind durch meterhohe Zäune abgeschottet und werden überwiegend von Mitgliedern des Kadyrow-Clans, Leibwächtern oder Angehörigen des »Sicherheitsdienstes des Präsidenten« bewohnt. Bereits vor zwei oder drei Jahren waren alle Familien, denen Kadyrow nicht traute, in andere Dörfer zwangsumgesiedelt worden. In ihre Häuser zogen die höheren Chargen des »Sicherheitsdienstes«.

Dieser »Sicherheitsdienst des Präsidenten« ist zwar nicht legal, aber exzellent ausgerüstet mit Waffen der föderalen Streitkräfte. Die Truppe wird nirgendwo geführt, untersteht keiner einzigen der »Machtstrukturen« wie Innenministerium oder Miliz. Eine typische illegale bewaffnete Formation, die sich von Schamil Bassajews Brigaden nur dadurch unterscheidet, dass an der Spitze ein Favorit Putins steht, was bedeutet: Sie kann sich alles erlauben. Bei Gefechtsoperationen agieren die Angehörigen dieser Privatmiliz gleichauf mit den Streitkräften des Verteidigungsministeriums. Sie verhaften und verhören Personen, als besäßen sie die Vollmachten von Mitarbeitern des Innenministeriums. Und kein einziger Staatsanwalt lässt sich in Zentoroi sehen, niemand unternimmt etwas dagegen. Als gäbe es eine stillschweigende Verabredung. So ist Zentoroi eine Zone außerhalb von Recht und Gesetz. Putin hält sich einen Statthalter, für den es keine Regeln gibt. Er darf alles, weil er angeblich den Kampf gegen die Terroristen führt, »mit seinen Methoden«.

Zentoroi ist heute die eigentliche Hauptstadt Tschetscheniens und Ramsan Kadyrows Anwesen – das Machtzentrum der Republik. Hierher kommen sämtliche tschetschenischen Offiziellen, wenn sie etwas von ihm erbitten, seine Erlaubnis für etwas einholen wollen oder von ihm herbeizitiert werden. Alle, einschließlich des jungen Premiers Sergej Abramow, der formal dem Ministerpräsidenten der Russischen Föderation und nicht einem Ramsan Kadyrow untersteht. Aber die Wirklichkeit sieht nun einmal so aus, dass die wichtigen Entscheidungen in Tschetschenien und über Tschetschenien in Zentoroi fallen. Hier wurde auch die Nominierung Alu Alchanows für das Amt des Präsidenten beschlossen. Ramsan Kadyrow fährt nur selten nach Grosny, weil er fürchtet, auf der ungefähr anderthalbstündigen Fahrt in einen Hinterhalt zu geraten. Lieber lässt er die Hauptstadt zu sich kommen, in sein zur Festung ausgebautes Zentoroi. Um das Dorf herum gibt es mehrere Sicherheitskordons, wie im Kreml. Die Kontrollpunkte liegen in Sichtweite zueinander.

Ich darf passieren und werde in das, wie es meine bewaffneten Begleiter nennen, »kleine Gästehaus« geleitet. Dort muss ich – ist das etwa ein Arrest? – ungefähr sechs, sieben Stunden ausharren. Es wird schon dunkel, um diese Zeit findet man in Tschetschenien nicht mehr so leicht eine Unterkunft. Alle ziehen sich zurück, sichern ihre Häuser, man weiß ja nie.

»Wo bleibt Ramsan?«, frage ich. Ich habe mit ihm einen Interview-Termin vereinbart. »Er kommt gleich, sofort«, murmeln seine und nun auch meine Bewacher. Ich werde nicht allein gelassen. Ein Wacha Wissajew stellt sich vor als Direktor des Unternehmens Jugoilprodukt, eines neuen Erdölverarbeitungswerks in Gudermes, der zweitgrößten Stadt Tschetscheniens. Er bietet mir einen Rundgang durch das »Gästehaus« an. Ein kleines, feines Herrenhaus, bestens hergerichtet. Im Hof gibt es einen Springbrunnen, abgrundtief hässlich, aber immerhin. Auf der säulenverzierten Terrasse stehen Rattanmöbel aus Hongkong. Wacha zeigt mir extra die Preisschilder, als sei ihm sehr wichtig, dass sie aus Hongkong stammen und nicht von irgendwo. Oder als habe er sie aus eigener Tasche bezahlt. Letzteres ist wahrscheinlicher, denn alle überbieten sich geradezu darin, Ramsan etwas zu spendieren. Eine Art Schutzgeld, damit er sie in Ruhe lässt. Jeder weiß noch, was passiert ist, als der Verwaltungschef des Kreises Schali, Achmed Gutijew, nicht mit Ramsan teilen, ihm nicht den üblichen Tribut zahlen wollte. Also wurde er von Kadyrows Leuten entführt und gefoltert. Mit Mühe bekam seine Familie die geforderten 100 000 Dollar Lösegeld zusammen. Nach dem Freikauf verließ Gutijew Tschetschenien sofort, und auf seinen Platz in der Verwaltung des nicht weit von Zentoroi entfernten Kreises Schali rückte der nächste Selbstmordkandidat nach. Ich habe Achmed Gutijew gekannt. Ein vielversprechender, kluger junger Mann, der große Stücke auf Putin hielt und dessen Entscheidung zugunsten Ramsan Kadyrows akzeptierte. Ramsan sei hinnehmbar für eine gewisse Zeit, solange es vor allem darum gehe, die Wahhabiten außer Landes zu jagen. Es wäre interessant zu erfahren, was Gutijew heute denkt. Aber dazu besteht keine Möglichkeit, er soll ins Ausland geflohen sein.

Die Besichtigung des »Gästehauses« geht weiter. Direkt gegenüber dem Haupteingang prunkt ein Kamin aus graugrünem Marmor. Links und rechts gibt es Saunen, einen Whirlpool und ein Schwimmbecken. Die größte Attraktion aber sind die beiden riesigen Schlafzimmer mit fußballplatzgroßen Betten. Das eine ganz in Blau, das andere in Rosa gehalten. Überall bedrückend massive Möbel aus dunklem Holz. Und immer hängen Preisschilder daran. Nicht bescheiden irgendwo an der Rückseite, nein, so auffällig platziert, dass einem die »Verrechnungseinheiten« mit ihren vielen Nullen förmlich in die Augen springen. Am Spiegel im Bad, am Toilettenbecken, am Handtuchhalter ... ein Preisschild! Unglaublich geschmacklos, aber offenbar jetzt große Mode in Zentoroi.

Die Exkursion führt auch in das kleine, sehr dunkle Arbeitszimmer. Es liegt neben einem der Schlafräume. Wichtigstes Schmuckstück ist hier ein dagestanischer Wandteppich mit einem Porträt Achmad-Hadshi Kadyrows in sozialistisch-realistischer Manier vor schwarzem Hintergrund. Das Werk stammt aus der Zeit, als Kadyrow sr. noch tagein, tagaus mit einer hohen Karakul-Pelzmütze herumlief.

Als es bereits stockdunkel ist, erscheint Ramsan. Umringt von einem Pulk bewaffneter Männer, wie sie mir auf Schritt und Tritt begegnet sind, im Hof des Gästehauses, auf der Terrasse, in den Zimmern. Einige von ihnen werden sich später in mein Gespräch mit Ramsan einmischen, mit scharfer Stimme aggressive Kommentare abgeben. Ramsan wirft sich in einen Sessel, schlägt die Beine übereinander, sodass sein Fuß ohne Schuh fast vor meinem Gesicht wippt. Was er nicht einmal bemerkt. Ramsan Kadyrow kennt kein anderes Benehmen.

»*Sagen Sie, warum zählen Ihre Leute jetzt zu den Mitarbeitern des Innenministeriums, weshalb wird aus ihnen jetzt sogar ein gesondertes Regiment formiert? Gibt es nicht schon genug Einheiten und Truppen verschiedenster Art in Tschetschenien? Wäre es nicht vielmehr an der Zeit, zu einem friedlichen Leben zurückzukehren?*«

»Das ist nötig. Wir wollen Ordnung schaffen, nicht nur in Tschetschenien, sondern im ganzen Nordkaukasus. Meine Leute werden als Mitarbeiter des Innenministeriums geführt, damit sie uns jederzeit nach Stawropol schicken können, oder nach Leningrad ... Wir werden überall in Russland kämpfen. Ich habe die Direktive, im gesamten Kaukasus zu operieren. Gegen die Banditen.«

»*Wen meinen Sie mit Banditen?*«

»Solche wie Maschadow und Bassajew.«

»*Die Aufgabe Ihrer Leute besteht also darin, Maschadow und Bassajew zu finden?*«

»Ja. Die Hauptsache ist, sie zu vernichten.«

»*Alles, was in Ihrem Namen geschieht, lässt sich bisher nur in solche Worte fassen wie ›vernichten‹, ›liquidieren‹. Meinen Sie nicht, dass es reicht mit dem Kämpfen?*«

»Doch, es reicht. 700 Mann haben sich uns schon ergeben, leben wieder normal. Wir wollen, dass auch die anderen den sinnlosen Widerstand beenden. Aber sie kämpfen weiter, deshalb müssen sie vernichtet werden. Vorgestern haben wir fünf von ihnen der Staatsanwaltschaft übergeben, heute drei gefangen genommen. Zwei von ihnen haben wir vernichtet. Darunter ein großer Emir, Naschcho, aus Doku Umarows Gruppe. Er war dort ein wichtiger Mann. Den haben wir vernichtet. In Inguschetien. Dort erholen sie sich jetzt alle.«

»*Wer gibt Ihnen das Recht, irgendjemanden umzubringen? Noch dazu in Inguschetien. Wo Sie doch der Sicherheitsdienst des tschetschenischen Präsidenten sind?*«

»Wir haben das Recht dazu. Die Operation wurde zusammen mit dem inguschetischen FSB ausgeführt. Wir besitzen die offizielle Erlaubnis.« Eine Lüge, Ramsan handelt absolut eigenmächtig.

»*Auf tschetschenischem Territorium operieren in jüngster Zeit außer Ihren Leuten noch die Einheiten Kokijews, Jamadajews und anderer.*«

»Du sollst nicht immer diese Namen nennen.«

»*Na gut. Aber könnten das nicht ein bisschen zu viele Einheiten sein?*«

»Was denn für Einheiten?! Der tschetschenische OMON hat bloß 300 Mann. In anderen Regionen sind es 700 bis 800. Und Kokijews Zeit ist fast um, seine Männer sind Soldaten, die werden abgezogen.«

»*Im März hat sich Ihnen Verteidigungsminister Magomed Chambijew ergeben. Was macht er jetzt? Stellt er auch eine Brigade auf?*«

»Wenn du willst, lasse ich ihn holen. Ein Wort von mir, und sie holen ihn her.«

»*Ist es nicht schon ein bisschen spät? Er schläft sicher.*«
»Wenn ich es sage, holen sie ihn aus dem Bett. Wir nutzen ihn als Unterhändler mit den Banditen. Die kennen ihn gut. Das hat er auch früher schon hingekriegt, bei Turlajew zum Beispiel. Den lasse ich auch gleich herbringen, wenn du willst. [Schaa Turlajew war Chef der Leibgarde Aslan Maschadows. Er ergab sich schwer verletzt, ihm musste ein Bein abgenommen werden. A. P.] Chambijew kriegt keine Einheit. Nur wir haben eine.«
»*In der Presse hat er zugegeben, ein Verräter zu sein ...*«
»Alles Lüge. Das schreiben die nur einfach so. Er ist kein Verräter.«
»*Wie stellen Sie sich Maschadows Kapitulation vor? Dass er zu Ihnen kommt und sagt: ›Hier bin ich‹?*«
»Ja. Genau so.«
»*Kann er das denn?! Er ist doch viel älter als Sie. Neben ihm sind Sie ein junger Spund.*«
»Doch, er kann. Was soll er denn machen? Wenn er nicht kommt, holen wir ihn. Er gehört unbedingt hinter Gitter.«
»*Vor kurzem haben Sie allen, die noch weitermachen, ein Ultimatum gestellt. Galt das Maschadow?*«
»Nein, das war für die 17- und 18-Jährigen bestimmt, die nichts kapieren. Maschadow hat sie eingewickelt, deshalb sind sie in den Wald gegangen. Die Mütter heulen und bitten mich: Hilf uns, Ramsan, bring uns unsere Söhne wieder. Die Mütter verfluchen Maschadow. Das ist auch ein Ultimatum an die Frauen, damit sie besser auf ihre Kinder aufpassen. Sie sollen versuchen, ihre Kinder so schnell wie möglich zu finden, hinterher kann ich für nichts garantieren. Wer sich nicht ergibt, wird vernichtet. Ganz klar. Daran gibt es nichts zu rütteln.«
»*Wäre es nicht Zeit, mit dem Töten aufzuhören und sich an einen Tisch zu setzen?*«
»Mit wem denn?«

»Mit allen Tschetschenen, die kämpfen.«

»Mit Maschadow? Der ist dort ein Niemand. Auf ihn hört keiner. Die Hauptfigur ist Bassajew. Das ist ein richtiger Krieger. Der kann kämpfen. Ein guter Stratege. Und ein guter Tschetschene. Maschadow ist ein alter Mann, ein armer Hund, der nichts mehr fertigbringt.« Ramsan wiehert wie ein Pferd, erstickt fast vor Lachen. Sofort grölen auch die anderen los. »Bei dem sind bloß noch zwei von den Jungen. Das kann ich beweisen. Ich schreibe alles auf. Der hat jetzt lauter Frauen. Ich kenne ein paar davon. Sie haben mir gesagt: ›Hätten wir uns geweigert, wären wir umgebracht worden. Wir hatten keine Arbeit, und er hat uns Geld gegeben.‹«

»Wollen Sie sagen, Maschadow befehligt ein Frauenbataillon?«

»Nein. Wir haben ihm das Kreuz gebrochen. Jetzt hat er andere Leute.«

»Ihren Worten entnehme ich, dass Sie Maschadow verachten, aber vor Bassajew große Hochachtung haben.«

»Ich respektiere Bassajew als Kriegsherrn, er ist kein Feigling. Ich bitte Allah darum, dass wir uns im offenen Kampf begegnen. Mancher will Präsident werden, ein anderer Pilot oder Traktorist. Mein Traum ist, im Feld gegen Bassajew zu kämpfen. Meine Leute gegen seine, sonst keiner. Er hat das Kommando. Und ich.«

»Und wenn Bassajew gewinnt?«

»Nein, ich gewinne, hundertprozentig. Im Gefecht gewinne ich immer.«

»In Tschetschenien redet man viel über Ihren Konflikt mit den Jamadajews.« [Die Brüder Jamadajew stammen aus Gudermes. Chalid Jamadajew sitzt für Einiges Russland in der Staatsduma, Sulim Jamadajew ist stellvertretender Militärkommandant der Republik Tschetschenien. Beide haben starke Brigaden. Es heißt, die Brüder würden mit dem militärischen Geheimdienst zusammenarbeiten, während Ramsan Kadyrow unter der Patronage des Inlandsgeheimdienstes FSB stünde. A.P.]

»Mit mir fängt keiner Streit an. Wer das tut, hat nichts Gutes zu erwarten.«

»*Wie schätzen Sie sich selbst ein? Was ist Ihre starke Seite?*«

»Was meinst du? Ich verstehe die Frage nicht.«

»*Worin Sie stark sind und wo schwach.*«

»Ich habe nirgends Schwächen. Ich bin stark.«

»*Dass Alu Alchanow zum Präsidentschaftskandidaten der Kadyrow-Anhänger gemacht wurde, wie sehr hing das von Ihnen persönlich ab?*«

»Ich bin nur Teil einer Mannschaft.«

»*Wer hat dann die Entscheidung getroffen?*«

»Alle. Wir haben lange überlegt, wer das könnte. Und dann Alu Alchanow ausgesucht, weil ich ihn für stark halte. Und ihm hundertprozentig vertraue. Denkst du etwa, das entscheiden die im Kreml? Das Volk entscheidet. Ich höre zum ersten Mal, dass irgendetwas im Kreml entschieden wird.«

(Ich für meinen Teil habe es leider nur zu oft gehört. Außerdem wird Ramsan Kadyrow kaum eine Stunde später das genaue Gegenteil behaupten: Dass der Kreml allein entscheidet, das Volk nur Kroppzeug ist, man ihn in Moskau sofort zum Präsidenten machen wollte, aber er, Ramsan, abgelehnt habe, weil er »kämpfen« wolle.)

»Wenn ihr uns in Ruhe lassen würdet, wären wir Tschetschenen uns schon lange einig.«

»*Wer ist ›ihr‹?*«

»Die Journalisten, solche wie du. Die russischen Politiker. Ihr verhindert, dass wir Ordnung schaffen. Ihr spaltet uns. Du hast dich auch zwischen die Tschetschenen gestellt. Du bist eine Feindin. Schlimmer als Bassajew.«

»*Wer ist noch Ihr Feind?*«

»Ich habe keine Feinde. Es gibt nur Banditen.«

»*Aber Malik Saidullajew ist doch offenkundig Ihr politischer Konkurrent?!*«

»Saidullajew ist doch ein Vorgeschobener, mehr nicht. Der ist einer von euch. Und du tanzt nach seiner Pfeife. Ich beweise, dass du lügst.«

»Was ist das, ein ›Vorgeschobener‹?«

»Ein Vorgeschobener eben, basta. Das kann ich nicht erklären. Vor drei, vier Monaten haben wir uns unterhalten, er hat gesagt, dass er mir keine Konkurrenz macht, es gäbe keinen zweiten wie Kadyrow, nicht bloß in Russland, sondern in der ganzen Welt. Das ist alles bei mir auf Tonband aufgezeichnet. Ich hatte schon Angst, er würde gar nicht mehr als Kandidat antreten, alle sollen sehen, dass er nicht gewählt wird.«

»Wollen Sie selbst Präsident von Tschetschenien werden?«

»Nein.«

»Was tun Sie am liebsten?«

»Kämpfen. Ich bin ein Krieger.«

»Haben Sie jemals einen Menschen eigenhändig getötet?«

»Nein. Ich befehle immer.«

»Aber Sie sind noch zu jung, um immer zu befehlen. Irgendjemand erteilt auch Ihnen Befehle.«

»Nur Kadyrow. Niemand anders hat mich jemals kommandiert. Und mich wird auch keiner kommandieren.«

»Haben Sie den Befehl zum Töten erteilt?«

»Ja.«

»Und, war das furchtbar für Sie?«

»Das bin nicht ich, das kommt von Allah. Der Prophet hat gesagt: Man muss die Wahhabiten vernichten.«

»Wortwörtlich? Und wenn keine Wahhabiten mehr da sind, wen bekämpfen Sie dann?«

»Dann züchte ich Bienen. Ich habe jetzt schon welche. Und Kaulköpfe. Und Kampfhunde.«

»Haben Sie kein Mitleid, wenn sich die Hunde gegenseitig umbringen?«

»Nein. Das gefällt mir. Meinen Tarsan respektiere ich wie einen Menschen. Ein kaukasischer Schäferhund. Der gerechteste Hund, den ich kenne.«

»*Haben Sie noch andere Hobbys, außer Hunden, Bienen und Kämpfen?*«

»Ich mache mir viel aus Frauen.«

»*Hat Ihre Frau nichts dagegen?*«

»Das läuft alles heimlich.« Ramsan lacht.

»*Welchen Dienstgrad haben Sie jetzt?*«

»Hauptmann der Miliz.«

»*Seit wann sind Sie Hauptmann?*«

»Seit einem Monat.«

»*Und wie lange waren Sie davor Oberleutnant?*«

»Nicht lange. Ungefähr eineinhalb Jahre. Alle haben sich dafür eingesetzt, dass ich Hauptmann werde.«

»*Sind Ihnen die Schulterstücke wichtig?*«

»Natürlich, ich bin Kämpfer und Milizionär.«

»*Kämpfer oder Milizionär?*«

»Das ist für mich dasselbe.«

»*Welche Bildung haben Sie?*«

»Ich studiere Jura. Bin fast fertig. Nur noch die Prüfungen.«

»*Was für Prüfungen?*«

»Wie, was für Prüfungen?! Prüfungen eben.«

»*Was ist das für ein Institut, an dem Sie studieren?*«

»Eine Zweigstelle des Moskauer Business-Instituts. In Gudermes. Also was Juristisches.«

»*Was sind Sie dann?*«

»Jurist.«

»*Auf welchem Rechtsgebiet erwerben Sie Ihr Diplom? In Strafrecht oder Zivilrecht?*«

»Das weiß ich nicht mehr. Hab mir das Thema mal aufgeschrieben, aber wieder vergessen. Es passiert jetzt so viel.«

»*Warum sind Sie wie ein Besessener auf dem Fußballfeld herumgerannt, als Terek Grosny Pokalsieger im Russland-Cup wurde?*«

»Ich war ganz verrückt vor Freude, ich erinnere mich an gar nichts. Ich schwöre. Erst hinterher haben mir andere erzählt, dass ich auf dem Spielfeld herumgelaufen bin, und dann kam es auch im Fernsehen. Kadyrows Vorgabe war: Unbedingt den Pokal holen!«

»*Weshalb denn?*«

»Weiß ich nicht. Aber sein Wort war Gesetz für mich.«

In diesem Augenblick wird Schaa Turlajew hereingebracht, ehemals Chef von Aslan Maschadows Leibwache, Major der Garde des Präsidenten, Träger der Orden »Ehre der Nation« und »Held der Nation«, also der höchsten Auszeichnungen der Republik. Turlajew, ein Mann von 32 Jahren, ist vollkommen ergraut, sein linkes Bein bis zur Hüfte amputiert. Sie halten ihn in Zentoroi fest, als Geisel, aber ohne Schläge und Folter. Später erscheint auch Magomed Chambijew. Chambijew spricht mit mir auf Russisch, während man Turlajew offenbar verboten hat, mit mir Russisch zu reden. Gewährsleute, die ihn von früher kennen, erzählen später, dass er die Sprache ausgezeichnet beherrscht.

Chambijew wirkt dreist und selbstzufrieden. Turlajew steht deutlich unter Druck, hält sich aber mit Würde. Chambijew liebedienert vor Ramsam, redet ihm beständig nach dem Munde. Schaa Turlajew schweigt stolz. Was er sagt, wird mir so übersetzt: »Ich habe seit 1991 gekämpft. War bis 2003 in Maschadows Leibwache. Jetzt habe ich ihn schon anderthalb Jahren nicht mehr gesehen. Ich hatte diese Wunde zwei Jahre. Es gab dort einen Arzt, auch einen Operationsraum. Ich hätte deshalb nicht weggehen müssen. Aber ich wollte schon vorher fort, weil Ramsan und ich einst zusammen gekämpft hatten. Ramsan hat persönlich Leute zu mir geschickt, aus unserem Dorf. Sie haben gesagt: ›Schließ dich Ramsan an, sein Weg ist der richtige.‹ Maschadow ist schwach. Man sieht keine Kraft. Er steht allein. Hat vielleicht 20, 30 Leute.«

»*Ist das wirklich ein Frauenbataillon?*«

Schaa Turlajew schweigt. Er wiegt den gesenkten Kopf hin und her, aber es ist nicht zu erkennen, ob er »Ja« oder »Nein« meint.

Die allgemeine Unterhaltung um uns herum gestaltet sich chaotisch, ein wirkliches Gespräch kommt nicht mehr zustande. Kurz darauf taucht ein älterer Mann auf, der sich als »Nikolai Iwanowitsch« vorstellt. Alle feixen, also steht fest, dass er auf gar keinen Fall so heißt. Dieser »Nikolai Iwanowitsch« soll Turlajews Antworten dolmetschen. Bald merke ich: »Nikolai Iwanowitsch« gibt Turlajews wenige Worte mit einem Schwall von Sätzen wieder. Und alle drehen sich darum, wie Schaa Turlajew begriffen habe, dass Maschadows Krieg verderblich sei. Als ich protestiere, springt mich »Nikolai Iwanowitsch« förmlich an wie ein von der Kette losgelassener Hund, wirft mir Beleidigungen ins Gesicht. Und niemand hindert ihn daran. Ramsan lacht laut und zufrieden, er ist bei seiner Lieblingsbeschäftigung, Menschen gegeneinander zu hetzen wie Kampfhunde. Das kann er gut, darin übertrifft er alle hier im Raum.

Das Gespräch schaukelt sich immer mehr auf. »Du bittest für Banditen«, »du bist eine Feindin des tschetschenischen Volkes«, »dafür wirst du bezahlen«. Das gilt mir. Ramsan brüllt, rutscht nervös in seinem Sessel hin und her, »Nikolai Iwanowitsch« gibt ihm noch Zucker. Wir sitzen um den großen, ovalen Tisch herum, und von der Seite wirkt diese »Versammlung« immer mehr wie ein Ganoventreffen. Ramsan gebärdet sich als Herr im Hause, obwohl er der Jüngste ist. Ständig lacht er an völlig unpassender Stelle. Kratzt sich. Verlangt, die Leibwächter sollen ihm den Rücken kraulen. Was sie natürlich tun. Dann springt er auf, reckt und streckt sich. Tänzelt. Wirft alberne Sätze in die Runde.

Ich versuche, doch noch mit Schaa Turlajew zu sprechen, bekomme aber nur seinen »Übersetzer« zu hören.

»*Ist eine Vereinigung mit Maschadow denkbar?*«
»Ja, ich wäre dafür. Aber die russischen Politiker stören. Wenn sie uns in Ruhe ließen ...«
»*Welche russischen Politiker stören?*«
»Die, die am meisten schwatzen.«
»*Putin?*«
»Nein, der ist unser Mann.«
»*Wann haben Sie sich losgesagt von der Idee der Unabhängigkeit für Tschetschenien?*«
»Als mir klar wurde, dass die Worte Bassajews und Maschadows nicht der Wirklichkeit entsprechen.«

Ramsan passt offenbar nicht, dass ich Schaa mehr frage als ihn. Er mischt sich wieder ein und verbietet Turlajew das Wort. Höchste Zeit, Schluss zu machen. Ich stelle eine letzte Frage. Es ist die einzige, auf die Schaa Turlajew selbst antwortet.

»*Wann waren Sie glücklich? Was war die glücklichste Zeit in Ihrem Leben?*«
»Es gab keine ...«

Ramsan fährt sofort dazwischen, fragt mich:
»Weißt du eigentlich, dass Chambijew für Putin gestimmt hat?«

Chambijew nickt zustimmend, auf seinem Gesicht liegt das sardonische Lächeln eines Lügners.

»Ja. Der säuft wenigstens nicht wie der vor ihm. Einer, der durchgreift. Er will Ordnung in Tschetschenien.«
»*Und was braucht Tschetschenien, damit wirklich Ordnung einzieht?*«
»Nicht mehr viel. Jandarbijew ist schon aus dem Spiel. Wenn Sakajew, Beresowski und Udugow auch noch weg sind, herrscht Ordnung. Das sind die Auftraggeber, Bassajew führt bloß aus, was sie wollen. Bassajew kämpft nicht für das tschetschenische Volk.«
»*Und wofür kämpfen und leben Sie?*«
»Für mich. Für mein Volk.«

»Wie wollen Sie diesem Volk dienen?«
»Wie es Ramsan für richtig hält.«
»Warum muss das Ramsan entscheiden?«
»Weil er der Erste unter den Tschetschenen ist. Er hat versprochen, dass ich Präsident der Ringkampf-Föderation werde.«
»Wie alt sind Sie?«
»Bald 42.«
»Wie stehen Sie dazu, dass Ramsans Leute Ihre Verwandten entführt haben, damit Sie sich ergeben?«
»Ich nehme es hin. Meine Neffen haben sich schuldig gemacht, deshalb sind sie entführt worden.«
»Worin besteht ihre Schuld?«
»Sie haben mir Kassetten von Maschadow gebracht, und Brot.«
Ramsan ist zufrieden, lacht unverschämt. Glücklich wirft er sich in seinem Sessel zurück. Geht dann, um sich selbst im Fernsehen zu bewundern, wo man ihn gerade sieht. Kommentiert beifällig, Putin habe einen Gang wie ein Mann aus den Bergen. »Ein schmucker Kerl!« Hinter den Fenstern ist tiefe Nacht. Ich muss so schnell wie möglich hier heraus, die Gemüter erhitzen sich immer mehr. Endlich befiehlt Ramsan, mich nach Grosny zurückzufahren. Am Steuer sitzt Mussa, ein abtrünniger Rebell aus Sakan-Jurt, neben ihm zwei Sicherheitskräfte. Ich steige in das Auto und denke, dass sie mich unterwegs, auf dieser Straße mit all den Kontrollpunkten, bestimmt umbringen. Aber sie bringen mich nicht um. Mussa scheint nur darauf gewartet zu haben, dass Ramsan außer Reichweite ist. Dann erzählt er mir seine Geschichte. Wie es ihm zu den Rebellen verschlagen hat, warum er zu Ramsan übergelaufen ist. Da begreife ich, dass sie mich nicht umbringen werden. Dieser Mussa will, dass die Welt seine Geschichte erfährt.

Ich begreife es, und sitze doch da und heule. Vor Angst und Abscheu. »Weine nicht«, sagt der Rebell aus Sakan-Jurt schließlich. »Du bist stark.«

Wenn alle Argumente erschöpft sind – und in Zentoroi versteht man nicht einmal, was das Wort bedeutet –, dann bleiben nur noch Tränen. Tränen der Verzweiflung, dass so etwas möglich ist. Dass die Wellen der Geschichte einen Ramsan Kadyrow nach oben spülen, dass er stark werden konnte. Und nun in eigener Machtvollkommenheit herrscht. Dass niemand, nicht ein einziger Mann in Zentoroi, mutig genug war, dem Blindwütigen Einhalt zu gebieten. Ihn, diesen Ramsan Kadyrow und keinen anderen, hat heute Abend – ich konnte es genau hören – »Wladislaw Jurjewitsch«, also Surkow, der Vizechef der Präsidialverwaltung, direkt aus dem Kreml am Telefon verlangt. Und es war der einzige Moment, in dem Ramsan keine Unverschämtheiten von sich gegeben, sich nicht gekratzt, nicht herumgebrüllt oder wie ein Gaul gewiehert hat …

Eine alte, uralte Story, wie sie die Geschichte dutzendfach kennt: Der Kreml züchtet sich einen kleinen Drachen, und als der kleine Drache heranwächst, muss man ihn unaufhörlich füttern, damit er kein Feuer speit. Das totale Versagen der russischen Geheimdienste in Tschetschenien. Das sie nun der Öffentlichkeit als Sieg und »Aufbau eines friedlichen Lebens« präsentieren.

Und die Menschen? Das tschetschenische Volk? Es nimmt den kleinen Drachen hin, um zu überleben.

Zuerst bekamen die Tschetschenen vorgeführt, dass unter Putin jeder Protest unmöglich ist. Und es hat gewirkt, die meisten von ihnen sind still geworden. Dann hat es der Rest des Landes nachgemacht.

29. August 2004

DIE HÜTTEN BRAUCHEN FRIEDEN, ...

... die Paläste: Krieg. Um den Terroranschlägen Einhalt zu gebieten, muss man aufhören, das Tschetschenien-Problem gewaltsam lösen zu wollen.

Die ersten drei Tage des Monats September 2004 haben es uns nochmals vor Augen geführt: Das moralische und intellektuelle Niveau der Kreml-Herrscher lässt kaum hoffen, dass sich Beslan nicht wiederholen könnte. Doch die Zeit unmittelbar nach der Tragödie hat noch mehr gezeigt: Die Staatsgewalt macht gar keine Anstalten, Lehren aus dem Geiseldrama zu ziehen. Man lügt und laviert wie bisher, versucht sich von aller Schuld reinzuwaschen. Damit sind unsere Kinder und Enkel weiter in Gefahr.

Die Reaktion der Staatsführung

Es ist prinzipiell wichtig zu fragen, wie die Staatsführung auf die Geiselnahme von Beslan reagiert hat, wie sie die Sicherheit ihrer Bürger zukünftig besser gewährleisten will.

Im Grunde gab es nur einen einzigen erkennbaren Reflex, nämlich eine administrative Umstrukturierung im Süden Russlands. In jeder südrussischen Region wurde ein hochrangiger »Antiterror-Offizier« aus dem Kontingent der Binnentruppen des Innenministeriums ernannt. In der Verwaltungsstruktur dieser Regionen bestanden auch vor Beslan bereits »Antiterror-Kommissionen«, die von den Vorstehern der Regionen – beispielsweise Murat Sjasikow in Inguschetien, Alu Alchanow in Tschetschenien oder Alexander Dsassochow in Nordossetien – geleitet werden und die die volle Verantwortung für die Terrorbekämpfung in den jeweiligen Territorien tragen. Die neu ernannten Antiterror-Offiziere sind dem Status nach die zweiten Männer hinter den Kommissionsvorsitzenden, und jedem von ihnen ist eine 70 Mann starke Sondereinheit zugeordnet.

Die nach Beslan in Aussicht gestellte Erhöhung der Sicherheit besteht also darin, dass es nun in den südrussischen Regionen je 71 Sicherheitskräfte mehr gibt. Soll das alles sein? Ja. Ein typisches Ablenkungsmanöver der Staatsbürokratie.

Schauen wir uns die Vorsitzenden der »Antiterror-Kommissionen« einmal näher an. Was sind das für Herren, deren persönliche Pflicht und Schuldigkeit es gewesen wäre, Beslan zu verhindern? Die, wenn sie Beslan schon nicht zu verhindern vermochten, persönlich an der Spitze des Kampfes um die Befreiung der Geiseln hätten stehen müssen.

Die Feiglinge

Jede Zeit hat ihre Muttermale. Die Ära Leonid Breshnews als Generalsekretär der kommunistischen Partei der Sowjetunion war gekennzeichnet durch einen allgegenwärtigen zynischen Marasmus. Unter der Herrschaft Boris Jelzins und seiner »Familie« galt es vor allem, sich skrupellos möglichst viel unter den Nagel zu reißen. Wladimir Putins Präsidentschaft ist eine Ära der Feigheit. Um das zu erkennen, braucht man nur seine Vasallen in den Blick zu nehmen.

Da ist zum einen Murat Sjasikow, seit reichlich zwei Jahren Präsident der Republik Inguschetien, nach einer langen Karriere beim KGB und FSB. Also ein Berufskollege Wladimir Putins. Es hegt wohl niemand Zweifel daran, dass es Putin und seine Leute waren, die Sjasikow in das hohe Amt hievten. In den zwei Jahren unter Sjasikow wurde Inguschetien zu einem Tummelplatz der Geheimdienste, die völlig außerhalb der verfassungsmäßigen Ordnung operieren. Die Antwort auf die Entführungen und Repressionen durch den Inlandsgeheimdienst FSB und die »Todesschwadronen« des Militärischen Nachrichtendienstes GRU war die Abwanderung junger Leute »in die Berge« sowie eine ganze Serie von Terroranschlägen. Und

Sjasikow? Leitet nach wie vor die »Antiterror-Kommission« der Republik und sitzt fest im Präsidentensessel, denn eine Geheimdienst-Krähe hackt der anderen kein Auge aus.

Was ich damit meine? Eigentlich nichts Schlimmes. Ein Geheimdienstler beobachtet die Welt und seine Mitbürger hinter fremden Rücken hervor. So ist dieses Metier nun einmal. Ein unsichtbarer Kämpfer bekämpft eine unsichtbare Gefahr. Das Unheil beginnt, wenn die Gefahr sichtbar und real wird, wenn der Präsident vortreten und den Widerstand gegen die Banditen anführen müsste. Wie beispielsweise in der Nacht vom 21. zum 22. Juni 2004, als Rebellen Inguschetien besetzten. Doch während draußen Dutzende Menschen starben, saß Murat Sjasikow im Keller des Regierungsgebäudes, um das Ende des Überfalls abzuwarten und sein wertvolles Nomenklatura-Leben nicht in Gefahr zu bringen. Zweifellos ist das Leben eines Präsidenten ein hohes Gut, das es zu schützen gilt, notfalls eben auch im Keller. Aber dieses Präsidentenleben kann nicht kostbarer sein als das aller anderen Menschen.

Die Bilanz der Besetzung Inguschetiens: 92 Tote. Völlige Desorganisation bei der Abwehr des Rebellenangriffs. Vor allem aber die Überzeugung der Terroristen, dass sich so etwas wiederholen lässt.

Auf Murat Sjasikow werden wir noch einmal zurückkommen. Doch schauen wir zunächst nach Grosny. Am 21. August 2004 wurde die Stadt von Rebellen erobert – haargenau nach dem inguschetischen Szenario. Und wo waren in dieser Nacht Putins Favoriten Alu Alchanow und Ramsan Kadyrow? Die so gern vor laufenden Kameras schwadronieren, dass sie demnächst sämtliche Banditen gefasst haben werden. Auch Alchanow und Kadyrow saßen in ihren Kellern, statt an der Spitze des Widerstands gegen die Besetzer zu stehen. Auch sie schonten sich lieber für künftige Schlachten gegen den »internationalen Terrorismus«. Die Bilanz wiederum: mehr als 50 Tote und die wachsende Gewissheit der Rebellen, dass man so weitermachen kann.

Dann die Geiselnahme von Beslan am 1. September 2004. Bestien in Menschengestalt verminen Kinder und fordern die Beendigung des verfluchten Tschetschenien-Kriegs. Murat Sjasikow, Alu Alchanow und ebenso Ramsan Kadyrow sind nicht nur die Hauptverantwortlichen für die Terrorbekämpfung in ihren Regionen, sondern haben sich wiederholt vor Putin gespreizt: »Der Feind kommt nicht durch.« Also hätten sie bereits am Morgen des 1. September in der Mittelschule von Beslan sein müssen, um ohne vorheriges Feilschen um persönliche Sicherheitsgarantien mit allen ihnen zu Gebote stehenden Mitteln die Geiselnehmer zur Freilassung der Kinder zu bewegen. Erst danach hätte man klären können, wer im Recht ist und wer im Unrecht.

Doch weder Sjasikow noch Alchanow oder Kadyrow ließen sich in Beslan blicken. Gleiches gilt für Aslan Maschadow, den die Geiselnehmer als Unterhändler ins Gespräch gebracht hatten. Feige hielten sie sicheren Abstand zum Ort des Geschehens, ihr eigenes Leben war ihnen mehr wert als das Hunderter Kinder. In meiner Wahrnehmung sind die Banditen und die Feiglinge vom selben Kaliber. Wenn ich mir anschaue, zu welchem Ergebnis das Handeln sowohl der einen als auch der anderen führte.

Kluge Leute sagen jetzt: Hätten Sjasikow, Alchanow, Kadyrow und Maschadow in Beslan verhandeln wollen, wäre das eine Dummheit gewesen, ein sicheres Todesurteil, sie würden die Schule nicht lebend verlassen haben. Nicht ausgeschlossen. Na und? Wer die Schuld trägt, hat auch die Konsequenzen zu tragen. So mussten unschuldige Kinder für die Feigheit und Borniertheit von Entscheidungsträgern büßen, die – erinnern Sie sich? – zu Wahlzeiten im Chor posaunten: »Wir übernehmen die volle Verantwortung.«

Und noch eine kleine Erinnerung. In der jüngeren Geschichte unseres Landes hat sich vor ihnen nur ein einziger Mann erlaubt, die eigene Haut um den Preis des Todes von Frauen und Kindern zu retten: Achmad-Hadshi Kadyrow, der am 9. Mai dieses Jahres bei einem Bombenanschlag im Stadion von Grosny getötete Amtsvorgänger Alu Alchanows und Vater Ramsan Kadyrows. Als im Oktober 2002 die Besetzer des Musical-Theaters »Nord-Ost« anboten, 50 Frauen freizulassen, wenn Kadyrow sr. nach Moskau käme, verweigerte sich Achmad-Hadshi. Kurz darauf präsentierte ihn Wladimir Putin demonstrativ als seinen Favoriten für Tschetschenien.

Heute sind Sjasikow, Alchanow und Kadyrow jr. Putins Favoriten, deshalb haben sie genau so gehandelt. Die wirklich Mutigen hat man ausgebootet. Deshalb besteht die neue »Antiterror-Initiative« darin, Feiglingen einen ranghohen Offizier der Binnentruppen des Innenministeriums nebst 70 Soldaten einer Sondereinheit zur Seite zu stellen. In der Hoffnung, sie würden nun weitere Anschläge verhindern.

Aber Feiglinge sind außerstande, Anschläge zu verhindern, und eine Politik der Feigheit ist machtlos vor Attentaten. Das liegt auf der Hand. Die ranghohen Antiterror-Offiziere können in der nächsten Stunde X lediglich dazu beitragen, das Leben Murat Sjasikows, Alu Alchanows oder Ramsan Kadyrows zu schützen. Uns helfen können sie nicht.

Daraus folgt ein simpler Schluss: Weder Sjasikow noch Alchanow oder Kadyrow jr. dürfen weiter an der Spitze von Regionen stehen, die in die »Antiterror-Operation« involviert sind. Dies wäre tödlich. Nicht für sie, sondern für uns. Das zum einen. Zum anderen gilt es zu fragen, was man dem Terror entgegensetzen kann. Was getan werden muss, damit die Welle der Terroranschläge allmählich verebbt.

Gefordert ist vor allem der Mut der Entscheidungsträger, ihr beherztes Handeln, gestützt auf ein transparentes Konzept zur Eindämmung des Terrors. Und darüber hinaus? Was muss im Nordkaukasus anders gemacht werden, um die Wahrscheinlichkeit weiterer Anschläge zu minimieren?

Was zu tun ist

An dieser Stelle möchte ich meinen Plan vorstellen. Den Plan einer Journalistin, die vielem, was in Russland während der ersten Amtszeit Wladimir Putins geschehen ist und heute noch geschieht, sehr kritisch gegenübersteht. Es sind meine Überlegungen, auf welchem Wege eine schrittweise Regulierung der Tschetschenien-Krise möglich wäre. Denn dass die Wurzeln der Ereignisse von Beslan und vor Beslan in Tschetschenien zu suchen sind, daran dürfte wohl niemand außer Präsident Putin ernsthaft zweifeln.

Was gibt mir das Recht, über diese Dinge zu urteilen und einen derartigen Plan vorzulegen? Allein die Erfahrung meiner langjährigen Arbeit in Tschetschenien. Natürlich sind das journalistische Erfahrungen, gesammelt vor allem in ständigen Begegnungen und unzähligen Gesprächen mit Vertretern ausnahmslos aller Schichten der tschetschenischen Gesellschaft. Mit pro-russisch und mit antiföderal eingestellten Tschetschenen, mit Aktivisten des tschetschenischen Widerstands und mit denen, die ihn bekämpfen, mit Kindern, Jugendlichen und alten Menschen, mit Frauen und Männern, mit den Sicherheitskräften des Kadyrow-Clans, mit den Milizionären, den OMON-Soldaten, den Staatsbeamten, Mullahs und Muftis. Kurzum, mit allen.

Diese Arbeit sah so aus: Ich bin von einem Dorf in das nächste gegangen, von einer Stadt in die andere gefahren, und habe gefragt, gefragt, gefragt, zu verstehen versucht, wie die Tschetschenen ihr Leben wahrnehmen. Was sie akzeptieren und womit sie sich nicht abfinden können.

So habe ich seit Sommer 1999 ununterbrochen, Monat für Monat in allen tschetschenischen Ortschaften im Grunde soziologische Umfragen durchgeführt. Meine Hauptthemen waren dabei: Was muss geschehen, damit in Tschetschenien Frieden herrscht? Wie sehen Sie Ihre eigene Rolle in diesem Prozess? Wie stellen Sie sich die Zukunft Tschetscheniens vor, mit oder ohne Russland? Und wenn mit Russland, wie könnte es dann perspektivisch zu einer Aussöhnung kommen?

VORSCHLÄGE ZUR BEILEGUNG DER TSCHETSCHENIEN-KRISE

1. Konstituierung eines Föderationsrates für die Beilegung der Tschetschenien-Krise. Unter der entscheidenden Voraussetzung, dass dieser gemeinschaftlichen, beratenden Körperschaft weder Vertreter der Machtministerien noch Staatsbeamte angehören, da sie kein Vertrauen genießen. Zugelassen sind nur Vertreter der Zivilgesellschaft aus dem Kreise derjenigen, die über die gesamten Kriegsjahre hinweg in Tschetschenien als Menschenrechtsbeobachter tätig waren, denn sie haben sich echtes Vertrauen erworben, sich nicht hinter den hohen Zäunen des Regierungskomplexes von Grosny versteckt. Mitarbeiten sollten ebenfalls Vertreter der tschetschenischen Öffentlichkeit, die ihr Fähnchen nicht nach dem Wind gehängt, sondern stets eine Antikriegsposition eingenommen haben, die für eine friedliche Lösung und einen realen politischen Prozess (im Unterschied zu den von der Bevölkerung nahezu ignorierten Quasi-Wahlen in Tschetschenien) eingetreten sind.

2. Ist dieser Rat konstituiert, darf keine einzige im Zusammenhang mit Tschetschenien stehende politische oder finanzielle Frage mehr ohne seine Zustimmung entschieden werden.

3. Der Rat erarbeitet einen Plan konkreter, plausibler, nach Wichtigkeit geordneter Maßnahmen und stellt ihn der Öffentlichkeit vor. Jedem in Tschetschenien müssen sämtliche Punkte des Planes uneingeschränkt klar sein: Was wird wann und mit welchen Erfüllungsfristen zur Beilegung des Konflikts unternommen.

4. Politische Verhandlungen mit Aslan Maschadow sind obligatorisch, auch wenn ihm die Mehrheit der Bevölkerung keine Achtung entgegenbringt. Doch diese Verhandlungen müssen erfolgen. Weshalb? Ihr Ziel besteht darin, Maschadow die Möglichkeit zu geben, sich bei seinem Volk zu entschuldigen und der juristischen Verantwortung zu stellen oder zu gehen. Das ist wichtig für die Menschen, die ihn seinerzeit gewählt haben. Hierin sehen die meisten den Ausgangspunkt für einen realen politischen Regulierungsprozess.

5. Das föderale Zentrum muss Reue zeigen für die Opfer, die der Krieg unter der Zivilbevölkerung gefordert hat.

6. Die Entmilitarisierung Tschetscheniens bildet die Grundvoraussetzung für eine politische Beilegung des Konflikts. Eine derartige Demilitarisierung ist undenkbar ohne den Abzug der Streitkräfte. Truppen dürfen lediglich an Orten ihrer ständigen Dislokation verbleiben, jedoch nur für eine genau festgelegte Übergangszeit. Wann sie endet, unter welchen Bedingungen der Abzug erfolgt und welche Sanktionen eine Verletzung des Demilitarisierungsgebots nach sich zieht, muss öffentlich bekannt gemacht werden.

7. Angesichts des tiefen Misstrauens, das die involvierten Seiten (föderale Streitkräfte und Geheimdienste; tschetschenische Bevölkerung; Kadyrow-Clan) gegeneinander hegen, erfordert die Entmilitarisierung Tschetscheniens die Anwesenheit internationaler Beobachter als Repräsentanten vertrauenswürdiger Organisationen und Gremien (UNO, OSZE, PACE o. a.). Internationale Beobachter werden als einzig verlässliche Garanten für eine gerechte, keine der Seiten begünstigende Demilitarisierung angesehen. Auch eine zwangsweise Entmilitarisierung wird die Bevölkerung akzeptieren, wenn diese Maßnahme unter internationalen Auspizien erfolgt, nicht jedoch, wenn föderale Militärangehörige beteiligt sind.

8. Die Anwesenheit internationaler Beobachter ist während der gesamten Übergangszeit – der Periode des Abklingens der wechselseitigen Animositäten – unerlässlich. Ein entsprechendes Gesuch an die Internationale Gemeinschaft wird nicht als Zeichen der Schwäche des föderalen Zentrums, sondern als ein Zeichen seiner Stärke angesehen.

9. Die politische Leitung der Übergangsperiode obliegt einem »russischen Statthalter« (so die von den Tschetschenen mehrheitlich gebrauchte Bezeichnung) im Range eines Bevollmächtigten des Präsidenten der Russischen Föderation zur Beilegung des Tschetschenien-Konflikts. Dies könnte ein mit besonderen Vollmachten ausgestatteter Vizepremierminister sein. Der zeitweilige Verbleib Alu Alchanows in einer derartigen Konstruktion ist wahrscheinlich. Während Ramsan Kadyrow definitiv in keinerlei Amt verbleiben darf, da er ausschließlich negativ wahrgenommen wird.

10. Bei diesem »russischen Statthalter« muss es sich unbedingt um eine Zivilperson handeln. Eine Persönlichkeit, die in der tschetschenischen Gesellschaft bekannt ist und Anerkennung genießt. Zu ihrem politischen Rüstzeug sollte deshalb eine dauerhafte, durch keinerlei »Parteilinie« ins Wanken geratene Ablehnung des Tschetschenien-Kriegs gehören.

11. Unabdingbar ist die Einrichtung eines lokalen Büros des »russischen Statthalters« in Grosny. Dort arbeiten Vertreter der russischen und der tschetschenischen Zivilgesellschaft, die die Lage in Tschetschenien und die Bedürfnisse der Menschen sehr gut kennen, während des gesamten Krieges als Bürgerrechtsbeobachter vor Ort, im Zentrum des Geschehens tätig waren und sich die Achtung der Bevölkerung erworben haben. Die Aufgaben dürfen nicht durch Beamte der Staatsbürokratie übernommen werden.

12. Die ökonomischen Verwaltungsstrukturen in Tschetschenien unterstehen dem Büro des »russischen Statthalters«. Der Fluss der Gelder wird durch die Zivilgesellschaft sowie durch in jeder Hinsicht untadelige Vertreter des Föderalen Rates kontrolliert.

13. Nach und nach wird eine gesamtgesellschaftliche Diskussion zur Zukunft Tschetscheniens in Gang gesetzt: Wie soll das Land aussehen? Soll es eine parlamentarische oder eine präsidiale Republik sein? Darüber kann nicht im föderalen Zentrum entschieden werden, denn Vorgaben aus Moskau stoßen auf Ablehnung und untergraben das nationale Einvernehmen.

14. Die gesamtgesellschaftliche Diskussion muss sich auch mit der Frage beschäftigen, welche Verfassung gelten soll. Ziel des offenen Meinungsaustauschs ist die Überwindung der konstitutionellen »Doppelherrschaft«, die sich darin äußert, dass ein Teil der Bevölkerung die Verfassung des Jahres 1992 nicht akzeptiert, während ein anderer Teil wiederum die Verfassungsvariante des Jahres 2003 ablehnt. Dieser gesamtgesellschaftliche Diskurs bildet die Grundlage für eine Normalisierung der Situation und ein Verfassungsreferendum, an dem sich tatsächlich jeder Tschetschene vorbehaltlos beteiligen kann.

15. Nach einigen Jahren der Befriedung und Entmilitarisierung werden freie Wahlen gemäß der von der Mehrheit der Bevölkerung befürworteten Struktur (einer parlamentarischen oder aber einer präsidialen Republik) anberaumt.

Möglicherweise gibt es andere Pläne. Oder Argumente, die sich von den meinen unterscheiden. Das ist gut und nützlich. Es gab bei uns in Russland bereits einmal eine Konstitutionelle Versammlung, mag nun eine Tschetschenische Versammlung ins Leben gerufen werden. Um alle Varianten zu erörtern. Um über die besten Lösungen zu streiten. Und zwar so schnell wie möglich, denn es bleibt nicht mehr viel Zeit. Notwendig ist ein baldiges, effektives Brainstorming. Frei von persönlichen Ambitionen. Ohne Gerangel, wer als Erster mitmachen darf und wer erst als Zweiter. Ohne die üblichen Ränkespiele unserer politischen Elite.

Jetzt gilt es zu denken. Um unser aller Überleben willen. Als Vermächtnis der Kinder von Beslan.

Den Feiglingen aber kann man nur zum Abgang verhelfen. Sie haben das Ihre bereits getan.

13. September 2004

**TEIL II
»NORD-OST«**

DIE RÜCKKEHR ANNA POLITKOVSKAJAS ...

... nach Moskau zu Verhandlungen mit den Terroristen gestaltet sich schwierig.

(redaktionelle Meldung)

12.30 Uhr

Die Reporterin der »Nowaja Gaseta« Anna Politkovskaja ist bereit, mit den Geiselnehmern im Moskauer Musical-Theater in Kontakt zu treten. Sie hat Verständnis für deren Forderungen nach einer Beendigung des Tschetschenien-Krieges, billigt jedoch nicht die Methoden, die diese Leute anwenden. Unbeteiligte dürfen nicht für Fehler der Machthaber büßen.

Anna Politkovskaja hält sich gegenwärtig in Washington auf. Sie war an Unterredungen mit ranghohen Vertretern des US-Außenministeriums und des Weißen Hauses über eine friedliche Lösung des Tschetschenien-Konflikts beteiligt. Zu den Teilnehmern dieses Dialogs auf Spitzenebene zählten Aslan Maschadows Außenminister Iljas Achmadow, ein Politiker, der unter den Tschetschenen großes Ansehen genießt, Zbigniew Brzezinski, Politikwissenschaftler und ehemaliger Sicherheitsberater des US-Präsidenten Jimmy Carter, sowie Lord Frank Judd, der als Berichterstatter des Europarats mehrfach in Tschetschenien weilte.

Damit wirkte Anna Politkovskaja – selbst weit von Russland entfernt – letztendlich im Sinne einer Erfüllung der Forderungen der Geiselnehmer.

Sobald Anna Politkovskaja eintrifft – frühestens in 13 Stunden, das nächste Flugzeug nach Moskau startet in viereinhalb Stunden –, wird sie sich sofort vor Ort begeben und mit den Geiselnehmern in Kontakt treten.

Allerdings gibt es ein Problem: Vertreter der amerikanischen

Botschaft haben uns gebeten, uns bis 9.00 Uhr Ortszeit (jetzt ist es in Washington 5.00 Uhr morgens) zu gedulden, damit die Frage von Anna Politkovskajas Rückreise geklärt werden kann. Wir meinen, dass es lediglich um ein kleines Entgegenkommen geht, nämlich Anna Politkovskaja im nächstbesten Flugzeug nach Moskau unterzubringen. Davon hängen Leben ab, auch die derjenigen amerikanischen Staatsbürger, die sich unter den Geiseln befinden. Anna Politkovskaja ist der einzige Mensch, dem die Geiselnehmer vertrauen, den sie als Unterhändler akzeptieren.

Wir bitten die amerikanische Seite, uns dabei behilflich zu sein, dass Anna Politkovskaja schnellstmöglich nach Moskau zurückkehren kann.

13.30 Uhr

Bis jetzt ist die unverzügliche Rückkehr der »Nowaja Gaseta«-Reporterin Anna Politkovskaja aus Washington nach Moskau nicht gewährleistet. Die Geiselnehmer haben den Wunsch geäußert, mit ihr zu verhandeln.

Da sich Anna Politkovskaja gegenwärtig in den USA aufhält, haben wir die amerikanische Botschaft um Unterstützung gebeten. Paul Carter, Mitarbeiter der Rechtsabteilung, erklärte uns, man sei bereit zu helfen, zunächst müsse jedoch das Außenministerium der Russischen Föderation bestätigen, dass es sich hierbei um eine Initiative der Regierung handele, die zu Verhandlungen mit den Geiselnehmern bereit sei und das Problem nicht auf gewaltsamem Wege lösen wolle.

Wir haben uns deshalb mit dem Nordamerika-Referat des russischen Außenministeriums in Verbindung gesetzt, wo wir die Auskunft erhielten, ein entsprechender Anruf Paul Carters sei eingegangen, die Rückkehr Anna Politkovskajas fiele jedoch nicht in ihre »Jurisdiktion«, weshalb sie nichts entscheiden und in dieser Angelegenheit nicht aktiv werden könnten. Wir sollten vielmehr die Abteilung Öffentlichkeitsarbeit des Außenministeriums kontaktieren. Wir telefonierten mit dem Leiter der Abteilung, Wladimir Oschurkow, der erklärte, über »keinerlei Informationen für die Massenmedien« zu verfügen. Wir fragten, ob wir dennoch darauf rechnen könnten, dass das Außenministerium die amerikanische Seite um Hilfe ersuche, worauf Wladimir Oschurkow erwiderte: »Was hat das Außenministerium überhaupt damit zu tun? Warum soll sich das Außenministerium damit befassen, Anna Politkovskaja nach Russland zurückzubefördern? Es gibt einen Stab der Sicherheitskräfte. Wenn man dort Anna Politkovskajas Anwesenheit bei den Verhandlungen mit den Terroristen für notwendig erachtet, wird sie hergeholt. Das Außenministerium hat damit nichts zu tun.«

Anna Politkovskaja benötigt mehr als 1 000 US-Dollar, um ihr Flugticket umbuchen zu lassen. Wenn sich das Außenministerium (als offizieller Repräsentant Russlands) dieser Angelegenheit nicht annehmen will – was mögliche Verhandlungen mit den Geiselnehmern und damit das Leben der Geiseln gefährdet –, werden wir die notwendige Summe selbst auftreiben.

14.30 Uhr

Seit kurzem steht fest, dass Anna Politkovskaja mit dem nächsten Flug aus Washington nach Moskau zurückkehrt.

24. Oktober 2002

DER PREIS DER VERHANDLUNGEN

Was meine persönliche Rolle in diesem Drama angeht, so begann alles am 25. Oktober gegen 14 Uhr. Um 11.30 Uhr hatte ich erstmals per Handy mit den Geiselnehmern gesprochen, sie waren zu einer Zusammenkunft bereit. Um 13.30 Uhr traf ich im Operativstab ein, eine halbe Stunde verging mit Abstimmungen: Irgendjemand entschied hinter knallenden Türen irgendetwas.

Schließlich bringt man mich zu der Absperrung aus Militärtransportern. Dann heißt es: »Geh, versuch dein Glück. Vielleicht klappt es.« Ich werde von Dr. Leonid Roschal, dem bekannten Kinderarzt und Vorsitzenden des Internationalen Komitees für Kinderhilfe bei Katastrophen und Kriegen, begleitet, um dessen Vermittlung die Geiselnehmer ebenfalls gebeten haben. Wir erreichen die Eingangstüren des Musical-Theaters, wie, weiß ich nicht mehr: Es ist beängstigend. Ungeheuer beklemmend. Jetzt betreten wir das Gebäude. Wir schreien: »Hallo, ist da jemand?!« Keine Antwort. Stille. Ein Gefühl, als ob sich im ganzen Gebäude kein Mensch aufhält.

Ich schreie noch einmal: »Ich bin Anna Politkovskaja! Politkovskaja!« Langsam gehe ich die rechte Treppe hinauf, Dr. Roschal sagt, er wisse, wohin wir müssten. Im Foyer des Obergeschosses ist es ebenfalls still, dunkel und kalt. Keine Menschenseele. Wieder schreie ich: »Ich bin Anna Politkovskaja!« Plötzlich löst sich vom Tresen der ehemaligen Theater-Bar eine Gestalt.

Der Mann trägt eine schwarze Maske, sie ist nicht ganz engmaschig, sodass die Gesichtszüge darunter relativ gut zu erkennen sind. Mir gegenüber verhält sich der Mann nicht feindselig, Dr. Roschal hingegen löst in ihm Aggressivität aus. Warum, verstehe ich nicht, versuche aber vorsichtshalber zu beschwichtigen. »Willst wohl Karriere machen, Doktor?«, schnauzt der Maskierte. Dabei ist Leonid Roschal 70 Jahre alt und Mitglied der Akademie der Medizinischen Wissenschaften Russlands, hat bereits so viel Wichtiges im Leben vollbracht, dass er nun wirklich keine Karrierepläne mehr zu verfolgen braucht. Er hat längst alles erreicht.

Das spreche ich aus. Es entspinnt sich ein kleines Wortgefecht. Mir ist klar, ich muss »die Temperatur herunterkühlen«, sonst ... Kein Zweifel, was sonst passieren kann.

Der Maskierte geht ein paar Schritte in die Tiefe des abgedunkelten Foyers hinein und raunzt weiter: »Warum sagst du, du hättest tschetschenische Kinder behandelt, Doktor?« Er bellt noch irgendetwas Ungutes, allerdings ziemlich undeutlich, sodass ich nur den Sinn wiedergeben kann: Du stellst die tschetschenischen Kinder besonders heraus, sie sind für dich also nicht wie alle anderen Kinder. Sind wir Tschetschenen für euch vielleicht keine Menschen?

Ein altbekanntes Lied. Ich mische mich ein, nicht weil mir das opportun erscheint, sondern weil ich es nicht mehr aushalte. Ich sage: »Alle Menschen sind gleich. Sie haben die gleiche Haut, die gleichen Knochen, das gleiche Blut.« Überraschenderweise stimmt dieser nicht sehr originelle Gedanke den Maskierten friedfertiger. Ich bitte darum, mich auf den einzigen Stuhl im Foyer – etwa fünf Meter vom Tresen entfernt – setzen zu dürfen, meine Beine sind watteweich. Es wird mir ohne Weiteres gestattet. Meine Schuhsohlen glitschen durch etwas Rotes, Widerwärtiges, das auf dem Fußboden verspritzt ist. Vorsichtig äuge ich nach unten, auf das grausige Etwas, voller Angst, allzu neugierig zu erscheinen. Noch größer aber ist meine Furcht, in eine Blutlache zu treten. Gott sei Dank handelt es sich nur um verschmiertes Zuckerwerk. Vielleicht Fruchteis. Das Zittern lässt nach, Hauptsache kein Blut.

Wir warten ungefähr zwanzig Minuten, weil »der Älteste« geholt werden soll. Er kommt und kommt nicht. Von oben, über die Brüstung des Ranges, beugen sich hin und wieder maskierte Köpfe herab. Manche Masken sind sehr engmaschig und bedecken das ganze Gesicht, sodass man keinerlei Gesichtszüge erkennt. Andere wirken eher locker, wie bei dem Mann vom Tresen.

»Bist du das, die in Chotuni war?«, fragen die Maskierten. »Ja.« Sie sind zufrieden. Auch dieses Chotuni – ein tschetschenisches Dorf im Kreis Wedeno – ist offenbar Teil meines »Passierscheins«: Wer dort war, mit dem kann man sprechen.

»Und woher sind Sie?«, frage ich den Mann vom Tresen. »Aus Towseni«, antwortet er. »Hier sind viele aus Towseni, überhaupt aus dem Kreis Wedeno.«

Wir nehmen die Tragödie im Musical-Theater als unerklärliches Durcheinander von Bewegungen wahr: Maskierte kommen und gehen, die im Nichts verrinnende Zeit legt sich lähmend mit bösen Vorahnungen auf mein Herz ... Der »Älteste« ist noch immer nicht da. Vielleicht werden sie uns jetzt einfach erschießen?

Schließlich erscheint ein Mann im Tarnanzug, das Gesicht vollkommen maskiert. Er ist untersetzt, kräftig und hat haargenau die gleiche Haltung wie die durchtrainierten Offiziere unserer Spezialeinheiten. Er sagt: »Mitkommen.« Meine Beine wollen mir den Dienst versagen, doch irgendwie setze ich mich in Bewegung. Dies ist, wie sich erweist, besagter »Ältester«.

Wir gehen in einen schmutzigen Wirtschaftsraum neben dem verwüsteten Theaterimbiss. In einem Winkel ist ein Wasserhahn zu sehen. Hinter meinem Rücken läuft jemand, ich drehe mich um. Ich bin mir bewusst, dass das nervös wirkt, aber ... ich komme nicht dagegen an. Wer sagt denn, ich hätte Erfahrung im Umgang mit Terroristen unter extremen Bedingungen?! Die nächsten Worte des »Ältesten« lassen mich die Selbstbeherrschung zurückgewinnen.

»Nicht umdrehen! Sie reden mit mir, also sehen Sie mich an!«

»Wer sind Sie? Wie heißen Sie?«, frage ich, ohne allzu sehr auf eine Antwort zu hoffen.

»Bakar. Abubakar.«

Er hat die Maske jetzt hochgeschoben. Sein Gesicht ist offen, mit stark hervortretenden Jochbeinen, und hat ebenfalls etwas typisch Militärisches. Auf den Schenkeln des Mannes liegt eine Maschinenpistole. Erst am Ende des Gesprächs wird er die Waffe hinter sich legen und entschuldigend sagen: »Ich habe mich so an sie gewöhnt, dass ich sie gar nicht mehr spüre. Ich schlafe mit ihr, esse mit ihr, sie ist immer da.« Auch ohne diese Erklärung sehe ich bereits: Der Mann gehört zur Generation jener Tschetschenen, die ihr Leben lang nur gekämpft haben.

»Wie alt sind Sie?«

»29.«

»In beiden Kriegen dabei gewesen?«

»Ja.«

»Zwischendurch nach Georgien zurückgezogen?«

»Nein. Ich war nie weg aus Tschetschenien.«

Bakar zählt zu denen, die über die letzten zehn Jahre hinweg nichts anderes gekannt haben als die Maschinenpistole und den Wald, davor haben sie gerade einmal die Schule abgeschlossen, und nun ist das Leben in den Wäldern für sie allmählich zum einzigen überhaupt möglichen geworden. Ein variantenarmes Schicksal.

»Kommen wir zur Sache?«

»Na gut.«

»Zuerst zu den älteren Kindern. Die müssen freigelassen werden, auch sie sind noch Kinder.« Dies als Erstes »bei denen« vorzubringen, darum hat mich Sergej Jastrshembski, der Sprecher Präsident Wladimir Putins, gebeten.

»Kinder? Hier sind keine Kinder. Ihr nehmt bei den Säuberungen unsere Kinder ab zwölf mit, also behalten wir eure.«

»Aus Rache?«

»Damit ihr spürt, wie das ist.«

Ich komme noch viele Male auf die Kinder zurück, bitte darum, ihnen wenigstens einige Erleichterungen zuzugestehen. Beispielsweise etwas zu essen. Das wird kategorisch abgelehnt.

»Unsere dürfen bei den Säuberungen nichts essen, also sollen das eure auch einmal zu spüren bekommen.«

Meine Bittliste enthält noch vier weitere Punkte: Verpflegung für alle Geiseln, Hygieneartikel für die Frauen, Wasser und Decken. Um es vorwegzunehmen: Einigen können wir uns nur auf Wasser und Saft. Ich soll die Getränke bringen und unten rufen, dass ich da bin, dann werden sie mich hereinlassen.

»Darf ich mehrmals kommen? Ich kann das nicht auf einmal tragen. Es sind ja viele Leute. Darf mich vielleicht jemand von den Männern begleiten?«

»Gut.«

»Einer unserer Journalisten vielleicht?«

»Ja. Und noch jemand vom Roten Kreuz.«

»Danke.«

Ich beginne zu fragen, was die Geiselnehmer erreichen wollen. Aber politisch »schwimmt« Bakar sehr. Er ist ein Kämpfer, mehr nicht. Das Warum und Wozu des Ganzen erklärt »der Älteste« langatmig und diffus. Seine Antwort lässt sich auf drei Nenner bringen. Erstens: Putin soll »ein Machtwort sprechen« und den Tschetschenien-Krieg für beendet erklären. Zweitens: In den nächsten vierundzwanzig Stunden muss die Regierung den Beweis antreten, dass es sich nicht um leere Versprechungen handelt. Beispielsweise durch Abzug der föderalen Truppen aus einem der tschetschenischen Verwaltungskreise.

»Aus welchem? Aus Ihrem eigenen? Dem Kreis Wedeno?«

»Bist du etwa eine von der Aufklärung? Du verhörst einen wie die vom Militärnachrichtendienst! Schluss jetzt, verschwinde!«

Ich weiß, dass ich jetzt nicht gehen darf, auch wenn ich nichts lieber täte. Deshalb höre ich mich fast entschuldigend – idiotisch, keine Frage – sagen:

»Bitte verstehen Sie, man muss doch wissen, was Sie wollen. Und zwar möglichst genau. Damit nicht …«

Ich stolpere immer wieder über mich selbst. Mein Gehirn ist damit beschäftigt, eine schier übermenschliche Aufgabe zu lösen –

nämlich: Wie kann ich, wo sich die Geiselnehmer nun einmal bereit gefunden haben, mit mir zu reden, das Maximum für die Geiseln herausschlagen, ohne mich zu entwürdigen? –, und streikt streckenweise. Oft weiß ich nicht, was ich weiter sagen soll, und gebe einfach irgendwelche Dummheiten von mir, nur damit Bakar nicht sagt: »Schluss jetzt!«, und ich gehen muss, mit leeren Händen ...

Wir nähern uns gerade dem dritten Punkt des »Plans« der Geiselnehmer, als Bakar von Boris Nemzow, dem Chef der liberalen SPS-Partei, angerufen wird. Das Handy haben die tschetschenischen Kämpfer einer der Geiseln, einem Musiker des »Nord-Ost«-Theaters, abgenommen und führen damit jetzt ihre Verhandlungen. Als das Telefonat mit Nemzow beendet ist, erhält Bakar Anrufe »von zu Hause«, aus dem Kreis Wedeno.

Während des Gesprächs mit Boris Nemzow wird Bakar zunehmend nervös. Anschließend sagt er mir, Nemzow führe ihn an der Nase herum, gestern habe er gesagt, der Krieg in Tschetschenien könne beendet werden, während heute, am 25. Oktober, die Säuberungen wieder aufgenommen worden seien.

Ich frage: »Wem würden Sie Glauben schenken? Wessen Wort trauen, wenn es um die Bestätigung des Truppenabzugs geht?«

Diese Vertrauensperson könnte, wie ich höre, Lord Frank Judd vom Europarat sein.

Der dritte Punkt des »Plans« der Geiselnehmer, auf den wir dann zu sprechen kommen, lautet schlicht: Wenn die ersten beiden Punkte erfüllt sind, werden die Geiseln freigelassen.

»Und Sie und Ihre Leute?«

»Wir bleiben, um zu kämpfen. Wir nehmen den Kampf auf und sterben im Gefecht.«

»Wer sind Sie und Ihre Leute eigentlich?«, frage ich und erschrecke: Großer Gott, wie konnte ich es nur wagen?!

»Ein Aufklärungs- und Diversionsbataillon.«

»Und das ganze Bataillon ist hier?«

»Nein, nur ein Teil. Es gab eine Auswahl für diese Operation. Nur die Besten durften mit. Wenn wir sterben, wird unsere Sache trotzdem weitergehen.«

»Unterstellen Sie sich Aslan Maschadow?«

Bakar gerät für einen Moment aus dem Konzept, sein Gesicht zeigt erneut den Ausdruck äußersten Unmuts. Die verworrene Erklärung, die ich zu hören bekomme, lässt sich auf folgende Formel bringen: Ja, Maschadow ist unser Präsident, aber wir kämpfen auf eigene Faust.

Das bestätigt meine schlimmsten Befürchtungen. Ich habe es mit einem der Kommandos zu tun, die in Tschetschenien auf eigene Rechnung kämpfen. Sie führen ihren autonomen Krieg, und das extrem radikal. Im Grunde pfeifen sie auf Maschadow, weil der nicht radikal ist. Ich sage:

»Aber Sie wissen doch, dass Iljas Achmadow in Amerika und Achmed Sakajew in Europa über Friedenslösungen verhandeln, als Abgesandte Maschadows. Vielleicht möchten Sie sich jetzt mit ihnen in Verbindung setzen? Oder soll ich gleich die Nummer wählen? Sie engagieren sich doch für ein und dieselbe Sache.«

»Wozu denn? Die passen uns nicht. Sie verhandeln so langsam, weil sie im Trockenen sitzen, während wir in den Wäldern krepieren. Die haben wir satt.«

Weitere Punkte enthält der »Plan« der Geiselnehmer nicht. Bakar schiebt noch ein paar starke Worte nach: »Anderthalb Jahre haben die Leute darum gebeten, Selbstmordattentäter werden und mitkommen zu dürfen« und »Wir sind gekommen, um zu sterben ...«

Ich zweifle nicht daran, dass es sich hier tatsächlich um Menschen handelt, die mit dem Leben abgeschlossen haben, die todesbereit sind und in deren Hand es jetzt liegt, so viele Menschen, wie sie wollen, mit in den Tod zu reißen.

Das Handy klingelt, Bakar hört zu, wird dann laut, schreit: »Ruft nie wieder hier an. Das ist ein Office. Ihr stört meine Geschäfte.«

»Kann ich mit den Geiseln sprechen?«

»Nein, das ist verboten.« Dann, nach fünf Minuten, gibt er dem »Bruder«, der fast hinter meinem Rücken sitzt, doch den Befehl: »Na gut, bring eine her.«

Der »Bruder« holt ein hübsches, völlig verängstigtes Mädchen namens Mascha aus dem Saal herauf. Mascha kann vor Angst und Schwäche kaum sprechen, die Geiseln haben seit langem nichts gegessen.

Bakar reizt ihr Stammeln, er befiehlt, sie wegzubringen: »Hol eine andere, ein bisschen älter.« Während der »Bruder« unterwegs ist in den Saal und wieder zurück, erklärt der »Älteste«, wie edelmütig seine Leute doch seien. Da hätten sie so viele hübsche junge Mädchen in ihrer Gewalt – Mascha war tatsächlich bildhübsch –, aber keine Lust, sämtliche Kräfte seien dem Befreiungskampf geopfert worden. Wie ich Bakar verstehe, soll ich ihm auch noch dankbar sein dafür, dass sie Mascha nicht vergewaltigt haben.

Wir kommen, wenn man es so nennen darf, auf Moral und Sittlichkeit zu sprechen.

»Sie werden es nicht glauben, aber moralisch fühlen wir uns hier besser als in den ganzen drei Jahren Krieg. Endlich tun wir etwas Richtiges. Hier sind wir, wo wir sein sollen. Es geht uns besser als je zuvor. Es wird gut sein zu sterben. Dass wir Geschichte schreiben dürfen, ist eine große Ehre. Sie glauben das nicht? Ich sehe, dass Sie mir nicht glauben.«

Dabei glaube ich ihm aufs Wort. Bereits seit einem Jahr werden diese Gespräche im militarisierten Milieu Tschetscheniens geführt. Angesichts der Untätigkeit ihres virtuellen Präsidenten Aslan Maschadow reißt vielen Kampftrupps, die den ganzen Winter über im Wald gesessen haben, der Geduldsfaden: In die Dörfer zurückkehren können sie nicht, und zu kämpfen gibt es nichts, es muss endlich irgendetwas unternommen werden, aber vom Oberkommandierenden kommt und kommt kein Befehl ... Infolge dieser wachsenden Frustration zerfallen die bewaffneten Formationen entweder, oder sie schlagen eine extrem radikale Richtung ein und beginnen faktisch auf eigene Faust Parallelkriege, in denen Aslan Maschadow keinerlei Autorität mehr darstellt.

Der »Bruder« bringt eine junge Frau aus dem Saal herauf. Auch sie ist sehr hübsch und nervlich aufs Äußerste angespannt.

»Ich bin Anna Andrijanowa, Reporterin der ›Moskowskaja prawda‹. Ihr da draußen müsst wissen: Wir machen uns schon darauf gefasst zu sterben. Uns ist klar geworden: Das Land lässt uns im Stich. Wir sind die neue ›Kursk‹. Wenn ihr uns retten wollt, dann geht auf die Straße. Wenn halb Moskau Putin bittet, überleben wir. Wir hier drinnen wissen: Wenn wir heute sterben, geht morgen in Tschetschenien ein neues Gemetzel los, und es kommt irgendwann wieder hierher zurück, fordert neue Opfer.«

Anna redet ohne Atempause. Bakar ist nervös, aber sie nimmt es nicht wahr. Wieder habe ich furchtbare Angst, Bakar könnte Stärke demonstrieren wollen. Schließlich wird Anna zurück in den Saal geführt.

Wir verständigen uns darauf, dass ich mich jetzt darum kümmere, Wasser zu besorgen und in das Gebäude zu bringen. Überraschend fügt Bakar von sich aus hinzu: »Auch Saft.«

»Für Sie und Ihre Leute?«

»Nein, wir bereiten uns auf den Tod vor, da isst und trinkt man nichts mehr. Für die unten.«

»Und Verpflegung? Wenigstens für die Kinder?«

»Nein, unsere Kinder hungern, es soll euren genauso ergehen.«

Ich trete ins Freie. Leonid Roschal hat das Gebäude bereits verlassen, wie ich erfahre. Es beginnt heftig zu regnen. Zum Teufel, das fehlt gerade noch. Ich denke: »Wieder keinen Schirm dabei, ich muss ja aussehen wie ein nasses Huhn.« Irgendetwas muss man schließlich denken.

Wir sammeln Geld, jeder gibt, was er gerade bei sich hat, die Männer gleich hinter der Absperrung leeren Taschen und Portemonnaies. Zuerst legen die Journalisten zusammen, dann die Feuerwehrleute. Jemand rennt los, um im nächstbesten Laden Tetrapacks mit Saft zu kaufen. Die Vertreter der Staatsmacht haben, wie sich herausstellt, keinerlei »staatliche Reserven« parat. Sehr seltsam, aber ich kann jetzt nicht darüber nachdenken. Mich bewegt nur eines: Schneller! Schneller! Bevor »die da drinnen« es sich vielleicht anders überlegen! Solange ihre Erlaubnis gilt!

Die Getränke sind da. Mein Kollege Roman Schlein, Ressortleiter bei der »Nowaja Gaseta«, und ich nehmen je zwei Kartons und versuchen loszugehen. Von rechts kommt ein Offizier des Innenministeriums, von links ein Offizier des Inlandsgeheimdienstes. Sie streiten miteinander. Der vom Innenministerium hat Befehl, uns durchzulassen, weil damit den Geiseln geholfen und der Kontakt zu den Geiselnehmern möglichst lange aufrechterhalten werden kann. Der Geheimdienstler hat Befehl, niemanden durchzulassen.

Die beiden Offiziere zanken sich lautstark. Es regnet in Strömen, wir stehen hilflos da zwischen all den Scharfschützen und warten. »Bis einer losballert«, geht es mir durch den Kopf. Endlich gibt der Inlandsgeheimdienst sein Okay: »Gehen Sie!«

Zweimal tragen wir Getränkepackungen in das Gebäude. Es ist schon dunkel. Die Banditen haben gesagt: »Sieh zu, dass du es vor dem Dunkelwerden schaffst.« Aber ehe endlich noch eine Ladung Saft »im Auftrag des Staates« eintrifft, vergeht sträflich viel Zeit.

Bei unserem dritten Gang führen die tschetschenischen Kämpfer mit gezogener Maschinenpistole ein paar männliche Geiseln vor sich her. Sie sollen uns die Kartons abnehmen. Ich habe Angst, irgendetwas zu sagen, um keinen Anlass zu einer Schießerei zu geben. Einfach nur »Guten Tag«, und die Geiseln antworten ebenso, wenn einer nach dem anderen herantritt. Ein junger Mann in schwarzem Konzertanzug und weißem Hemd geht an mir vorbei. Sicher einer der Orchestermusiker. Er flüstert abgehackt: »Sie haben gesagt ... ab zehn ... erschießen sie uns. Geben Sie das weiter dort ... bitte.«

Beim nächsten Gang nicke ich wortlos, bedeute ihm mit den Augen: Alles an der richtigen Stelle ausgerichtet. Wieder kommen die Geiseln im Gänsemarsch die Treppe vom ersten Stock ins Erdgeschoss herunter. Was ist das? Eine Vorführung, eine Demonstration? Als der Musiker seinen Karton mit Saftpackungen aufgenommen hat, flüstert er mir auf dem Rückweg zu: »Verstanden.«

Plötzlich werden die Banditen extrem nervös. Geschrei, hektisches Hin und Her. Von oben ruft eine Geisel: »Bringt Desinfektionsmittel! Unbedingt! Wir haben schon heute Morgen darum gebeten!« Der Mann wird verjagt. Ich bitte um Erlaubnis, das nächste Mal Desinfektionsmittel mitbringen zu dürfen, aber jetzt geht überhaupt nichts mehr.

»Wenigstens etwas zu essen, ein klein bisschen? Für die Kinder? Bitte ...«

»Wir krepieren vor Hunger, also sollen sie auch vor Hunger krepieren. Haut ab.«

Damit war dieser Tag in der Geschichte der Geiselnahme vorüber. Danach kam die Erstürmung des Theaters. Ich aber denke unablässig: Haben wir alles getan, um Opfer zu vermeiden? Sind »nur« 67 tote Geiseln (diejenigen, die später in Krankenhäusern starben, nicht mitgezählt) tatsächlich ein »großer Sieg«? Und hat mich ganz persönlich, mich mit meinen Säften und meinen Verhandlungsversuchen am Rande des Abgrunds, irgendjemand gebraucht?

Meine Antwort lautet: Ja. Aber wir haben nicht alles getan.

Weil uns noch sehr viel bevorsteht, auch wenn zu viel bereits hinter uns liegt. Die Tragödie im Musical-Theater »Nord-Ost« kam nicht von ungefähr, und sie bedeutet auch nicht das Ende. Von nun an werden wir jedes Mal in Angst leben, wenn unsere Kinder, unsere alten Eltern das Haus, die Wohnung verlassen. Sehen wir sie wieder? So, wie in all den letzten Jahren die Menschen in Tschetschenien gelebt haben.

Es gibt nur zwei Varianten, zwischen denen wir wählen können.

Die erste besteht darin, dass wir endlich begreifen: Je mehr übermäßige Gewalt es dort gibt, je mehr Blut, je mehr Tote, Entführte und Gedemütigte, desto größer wird die Zahl derjenigen, die sich dafür rächen wollen, um jeden Preis, ohne Rücksicht auf irgendjemanden oder irgendetwas. Desto mehr neue Rekruten für den selbst gewählten Tod bei Racheaktionen kommen hinzu.

Und da sich dieser Krieg nicht auf einem Schlachtfeld abspielt, sondern bei uns nebenan, und weil dieser Krieg nicht Halt macht vor völlig Unbeteiligten, vor uns allen, bedeutet das: Wir sind verdammt zu einem neuen »Nord-Ost«, dazu verurteilt, dass niemand nirgendwo mehr sicher sein kann, weder auf der Straße noch in den eigenen vier Wänden. Ein Mensch, der sich in die Enge getrieben fühlt, wird immer ausgeklügeltere Mittel und Wege der Rache finden.

Die zweite Variante ist schwierig und kräftezehrend, sie schafft aber zumindest die Voraussetzungen für eine Verbesserung der Lage: Man muss das Gespräch mit demjenigen suchen, dessen Macht in Tschetschenien am seidenen Faden hängt – mit Aslan Maschadow. Oder wir werden nur noch Verhandlungen vom Typ »Nord-Ost« zu führen haben, nach dem Muster der Hoffnungslosigkeit. Verhandlungen, bei denen das Leben Unschuldiger zur Disposition steht.

28. Oktober 2002

57 STUNDEN SPÄTER

Die letzten Tage sind wie im Fieber vergangen. Moskau beerdigt die Geiseln. Heute, gestern, morgen. Es ist unerträglich. Die Gesichter der Toten sind ruhig, durch nichts entstellt, so als seien sie einfach eingeschlafen. Sie sind ja tatsächlich auch einfach eingeschlafen, das Land hat ihnen eine falsche Dosis verabreicht ...

Ich schreibe niemals über Beisetzungen. Dies ist eine Ausnahme. Lena, meine gute alte Bekannte, musste ihren Sohn Andrjuscha und ihren Mann Sergej begraben. Am 23. Oktober waren sie gemeinsam in die Musical-Vorstellung im »Nord-Ost«-Theater gegangen, hatten nebeneinander gesessen, miteinander auf Hilfe gehofft, doch überlebt hat nur Lena.

In der Kirche stehen die Särge von Andrej und Sergej ebenfalls nebeneinander, nur durch einen schmalen Gang getrennt. Die Kirche ist überfüllt, man kommt kaum vorwärts. Niemand sagt etwas. Keinerlei politische Manifestationen. Lena geht durch den Gang, bewegt dann und wann die Lippen. Und als sie anhält, stützt sie die eine Hand auf den einen, die andere auf den anderen Sarg, um sich auf den Beinen zu halten, beugt den Kopf tief zwischen die Särge – und gleicht so einem Vogel mit ausgebreiteten Schwingen oder einem Verwundeten, der sich mühsam aufzurichten versucht.

Auch ich habe mich für immer zutiefst schuldig gemacht vor Lena. Nur ich allein weiß, worin meine Schuld besteht. Eine Schuld, die ich durch nichts mehr sühnen kann.

Die Totenmesse beginnt. Sie ruft einen eigentümlichen Eindruck hervor. Unerklärlicherweise bekreuzigen sich nur wenige Kirchenbesucher. Kein einziger offizieller Vertreter des Staates, der Duma, des Föderationsrates ist anwesend. Kein Repräsentant jener »Partei und Regierung«, die die Terroristen in die Hauptstadt gelassen hat. Ich bin wütend, sehr wütend, obwohl dies nicht der rechte Ort für Zorn sein dürfte. Das unstimmige Bild wird komplettiert durch den Geistlichen, der seine heisere, krächzende Stimme kaum im Griff hat. Und den Ton nicht trifft, wenn er den Gesang anstimmen muss. Sollte er erkältet sein? Anfangs begreife ich nicht, warum alles so ist, wie es ist, diese Totenmesse und dieser Geistliche in der Kirche des Kunzewo-Friedhofs. Erneut packt mich die Wut: Da sieht man es wieder einmal, nichts können sie richtig machen bei uns, typisch ...

Schließlich aber wird mir klar: Der Geistliche hat sehr viel Arbeit in diesen Tagen, er muss Totenmessen halten wie am Fließband, und jetzt ist er stockheiser von den endlosen Seelenämtern. Auch ein Geistlicher ist schließlich nur ein Mensch, seine Stimmbänder sind der Dauerbelastung nicht gewachsen. Und eine Ablösung hat er wahrscheinlich nicht.

Der Gottesdienst geht überraschend schnell zu Ende, nach ungefähr zwanzig Minuten. Am Schluss flüstert der Pope nur noch. Von nun an werden Lena, die mit ausgebreiteten Armen zwischen den beiden Särgen steht, und der Geistliche ohne Stimme für mich persönlich zum Inbegriff des »Nord-Ost«-Dramas. Weil die Folgen der Tragödie weitaus schlimmer sind als die Tragödie selbst. Lena und der Geistliche haben den Anblick der tschetschenischen Selbstmordattentäterin mit Pistole, am Daumen baumelnder Granate und um den Bauch geschnürter Sprengladung verdrängt, mein Gespräch mit einer dieser »lebenden Bomben« über ihre Familie in Grosny, die selbstgewisse Fröhlichkeit der Tschetschenin wenige Stunden vor dem Tod, die endlos im Fernsehen vorgeführten Bilder der überwältigten Rebellen in großen Blutlachen, die Zeitungsfotos vergifteter Geiseln hinter den Scheiben der Busse. Doch es bleiben Fragen, viele, viele Fragen ...

Warum wurden so wenig Giftgas-Experten in den Theatersaal gelassen, um die Geiseln zu reanimieren? Warum erhielten die Rettungswagen keine ausreichenden Mengen Gegengift? Warum »verordnete« der Kreml Geiseln und Geiselnehmern die gleiche Dosis? Wo sind die Vermissten abgeblieben? Warum händigen die zuständigen Ermittler des Inlandsgeheimdienstes FSB den Geiseln bei den Vernehmungen im Krankenhaus keine amtlichen Bescheinigungen aus, die ihren Status als Geschädigte bestätigen? Und wenn sie überhaupt etwas herausrücken, warum sind diese Papiere dann so mangelhaft ausgefertigt – beispielsweise ohne ordnungsgemäße Namensangabe –, dass man sie nicht vor Gericht verwenden kann? Ich schlage mich mit zahllosen unbeantworteten Fragen herum. Wie alle.

Und doch bleiben zwei Bilder, die sich mir als Ausdruck der Tragödie eingebrannt haben: »Lena zwischen den beiden Särgen« und »der Geistliche ohne Stimme«. Diese Eindrücke geben auch vor, woran wir jetzt in erster Linie zu denken haben: Unsere Sorge muss den Betroffenen gelten. Ihrem Los, ihrem Gesundheitszustand, ihrer medizinischen Betreuung, sozialen Unterstützung und psychologischen Rehabilitation. Ihrem Überleben nach dem Überleben. Wir müssen alles dafür tun, dass ihre zweite Geburt tatsächlich stattfinden kann.

Im Anschluss an die Beerdigung fliege ich für einige Stunden nach Paris. Ich bereue es schon bald. Frankreichs größter öffentlich-rechtlicher Fernsehsender France 2 lädt mich in die wichtigste Samstagabend-Sendung »Tout le monde en parle« des bekannten Moderators Thierry Ardisson ein. Ich sage nur deshalb zu, weil mir erklärt wird, man verstünde im Westen so schlecht, was »im Osten«, will heißen: bei euch da in Russland, passiert.

Vor mir kommt ein populärer französischer Sänger zu Wort, ich habe vergessen, mir den Namen zu notieren, und weiß ihn jetzt nicht mehr. Danach spricht noch Umar …, der Gesundheitsminister Aslan Maschadows, auch seinen Familiennamen habe ich mir nicht gemerkt. Es fließen Ströme von Worten über die Tschetschenen, die schon so lange unermüdlich für ihre Freiheit kämpfen (was Sänger und Moderator gleichermaßen begeistert). Mir bleibt nur ein kleiner Rest Zeit, um ...

Ja, um WAS überhaupt zu sagen? Selbst wenn dies ein Ort ist, AN DEM man etwas sagen kann. Ich rede schlecht, in halben Sätzen, am Eigentlichen vorbei. Dafür muss ich mich natürlich schämen. Denn wenn man schon einmal die Gelegenheit erhält, seine Meinung kundzutun, sollte man gewappnet sein. Aber sosehr ich mich bemühe, ich spüre mein Umfeld nicht. Diese Umgebung und ich, wir befinden uns in völlig verschiedenen Lagen. Niemand hier will irgendetwas von dem wissen, was mich persönlich am meisten bewegt. Ich komme von einer Beerdigung, mir geht es um die Opfer. Die furchtbaren Folgen der Tragödie. Der Gesundheitsminister der Republik Itschkerija (der nicht so recht weiß, wie ihm geschieht, und selbst etwas peinlich berührt ist) steht im Zentrum heftiger Gefühlswallungen seitens einiger hellauf begeisterter, exaltierter Französinnen meines nun weiß Gott nicht mehr jugendlichen Alters, von deren romantischer Oberflächlichkeit einem nach fünf Minuten übel wird. Weil diese Französinnen so weit entfernt sind von der Realität wie ...

Wie wir. Nur mit anderem Vorzeichen.

Am 1. November fliege ich zurück. Kurz nach der Erstürmung des »Nord-Ost«-Theaters hat in Kopenhagen der Weltkongress der Tschetschenen stattgefunden und im Kreml eine beispiellose Protestwelle in Form von Besuchsabsagen und gecancelten Gipfeltreffen ausgelöst, woraufhin sich Dänemark zu einer beschwichtigenden Geste – der Verhaftung Achmed Sakajews – veranlasst sah. Gemäß einem vom tschetschenischen Weltkongress mehrheitlich gebilligten Beschluss sollen die Moskauer Teilnehmer des Forums am 1. November einen Kranz am »Nord-Ost«-Theater niederlegen.

Ich bin auch eingeladen worden, daran teilzunehmen, gehe aber nicht hin. Aus zwei Gründen. Der erste ist simpel: Ich bewege mich prinzipiell nicht gern in einer Kolonne und habe niemals irgendwo irgendetwas zusammen mit vielen anderen Menschen niedergelegt. Der zweite ist noch simpler: Ich kann nicht teilnehmen, weil ich zu dem Zeitpunkt noch im Flugzeug sitze.

Aber es gibt noch einen dritten Grund. Und der ist der wichtigste. Ich weiß nicht, wie ich es ausdrücken soll. Es fällt mir schwer, diesen dritten Grund in Worte zu fassen, dennoch halte ich es für notwendig, mich zu erklären.

Irgendetwas an der Kranzniederlegung war unpassend, ungut. Keineswegs deshalb, weil, wie jetzt viele meinen, »die Tschetschenen an allem schuld sind«. Oder weil ich etwas gegen Tschetschenen hätte. Natürlich habe ich nichts gegen sie.

Aber es hat mir sehr missfallen, wie sich die meisten Tschetschenen, die ich kenne, in jenen 57 Stunden verhalten haben, als alles am seidenen Faden hing, als das »Nord-Ost«-Theater jeden Moment in die Luft fliegen konnte, als ein von Tschetschenen an Mowsar Barajews Tschetschenenkommando gerichtetes Wort entschieden mehr Gewicht gehabt hätte als jeder andere Appell, von wem auch immer. Zumindest war das mein Eindruck. Doch das WORT, es wurde nicht gefunden. Nicht gesprochen. Blieb aus. Und diese nun bereits Geschichte gewordene Tatsache dürfte ebenfalls zu meiner Aversion gegen die schwärmerischen Französinnen beigetragen haben.

Nur der tschetschenische Duma-Abgeordnete Aslambek Aslachanow, er allein ist direkt zu den Terroristen gegangen, ungeachtet der tödlichen Konsequenzen, die das für ihn, einen Milizgeneral und – nach den Denkmustern der Geiselnehmer – »Föderalen« reinsten Wassers, hätte haben können. Er ist zu ihnen gegangen, obwohl er kleine Kinder hat. Ist einfach zu ihnen gegangen, und fertig. Auch das gehört zu den historischen Fakten.

Und wo waren die anderen? Wo war der Unternehmer Malik Saidulajew? Wo waren die Umars ...? Ihr Familienname fällt mir gerade nicht ein, und ich will auch keine Zeit damit vertun, ihn aus dem Gedächtnis hervorzukramen. Ich meine diesen bärtigen Umar, dem das Hotel am Kiewer Bahnhof in Moskau gehören soll. Wo war Beslan Gantamirow? Chadshiew? Und ... und ... und.

Wo waren sie alle, bis hin zu Achmad-Hadshi Kadyrow, um den sich die Mehrheit der Moskauer Tschetschenen schart, wenn er in die Hauptstadt kommt, was einen argwöhnen lässt, es könne da materielle Interessen auf beiden Seiten geben. Achmad-Hadshi Kadyrow, der sich auf seine alten Tage mit der grenzenlosen Schande beladen hat, das eigene Leben höher zu veranschlagen als das von 50 unschuldigen Geiseln im »Nord-Ost«-Theater. Denn ihn, von Putins Gnaden Präsident Tschetscheniens, hatten die Terroristen um Vermittlung gebeten, ihm als einzigem der potentiellen Unterhändler dafür die Freilassung von 50 Geiseln angeboten. Aber Kadyrow kam nicht nach Moskau, erklärte später, er habe »nichts gewusst«.

In diesen 57 Stunden hockten die Tschetschenen wispernd in ihren Winkeln. Das war alles. Und es war sträflich wenig. Niemand missbilligte Kadyrows Haltung, niemand versuchte ihn zu bewegen, als Retter von 50 Frauen und Kindern in die Geschichte einzugehen. Die sogenannte tschetschenische Diaspora ist für diese 57 Stunden nahezu komplett abgetaucht. Und teilweise erst wieder in Kopenhagen aufgetaucht.

Für meinen Geschmack war das unwürdig. Nicht so, wie es unter zivilisierten Menschen sein sollte. Vielleicht sehe ich es aber auch ganz falsch, muss mir den Vorwurf gefallen lassen, nicht zu begreifen, dass die Tschetschenen – damals wie heute – nach derartigen gewaltsamen Aktionen panische Angst vor den Folgen haben, dass sie sich in einer noch mehr gegen sie aufgestachelten Gesellschaft um das eigene Überleben sorgen.

Sicher, das stimmt. Demnach sortiert sich also alles nach einer Art Preisliste? Und es gibt Panik, die mehr, und solche, die weniger wert ist? Die tschetschenische Diaspora hat im entscheidenden Moment nicht gespürt, dass die Geiseln eine noch panischere Angst vor ihrem nahezu unausweichlichen Tod hatten, dass für mehr als einhundert von ihnen (wie viele mehr, wissen wir bis heute nicht) diese 57 Stunden ununterbrochener Vorbereitung auf das Sterben die letzten Stunden ihres Lebens waren. Und deshalb sind wir heute ständig auf Beerdigungen, bei denen den Geistlichen die Stimme versagt, weil selbst die geübtesten Stimmbänder so viele Totenmessen hintereinander nicht aushalten ...

Ist es sinnvoll, die Angst der Diaspora als Rechtfertigung gelten zu lassen? Die eindeutige Antwort lautet: Nein. Sie müssen schon entschuldigen, aber diese Angst ist kein Argument. Angst hatten ausnahmslos alle. Einschließlich derer, die das Theater stürmten. Und derjenigen, denen der Sturmangriff galt.

Kehren wir also zum Ausgangspunkt zurück: Warum haben sich die Tschetschenen in diesen 57 Stunden so und nicht anders verhalten?

Weil sie der Mut verlassen hat. Massenhaft der Mut verlassen vor den eigenen jungen Leuten, die zu kompromisslosen Extremisten geworden sind. Weil sie sich von ihnen zurückgezogen, ja vielleicht sogar ein wenig auf sie herabgeblickt haben. Sie wollten höher stehen. Und sind tiefer gefallen.

Auch diese Tatsache gehört zu unserer Geschichte. Der Mythos von der beispiellos unerschrockenen Nation ist zerstört, seit »Nord-Ost«, seit dem 23. Oktober 2002 gibt es ihn nicht mehr.

In Tschetschenien hören die Säuberungen nicht auf. Die Menschen leiden, es geht ihnen so schlecht wie ehedem. Ihre Dörfer sind abgeriegelt. Das Land hinter dem Schlagbaum mit der Aufschrift »Tschetschenien« ist wieder zum Truppenübungsplatz geworden.

Und selbst vor dem Schlagbaum haben es die wenigsten besser.

4. November 2002

EIN MANN ...

aus der Gruppe der Terroristen lebt.

Unsere »Nowaja Gaseta« hat ihn ausfindig gemacht. Seit dem Terroranschlag auf das »Nord-Ost«-Theater vor einem halben Jahr stellen wir wieder und wieder dieselben Fragen: Wie war das möglich? Auf welchem Wege sind die Terroristen nach Moskau gelangt? Wer hat sie in die Hauptstadt gelassen? Weshalb? Nun also existiert ein Zeuge. Ein Mittäter.

Anfangs gab es nur die dürftige Information, dass einer derjenigen, die das Musical-Theater »Nord-Ost« in ihre Gewalt gebracht hatten, am Leben sein soll. Wir gingen den Hinweisen nach, überprüften mehrfach die in der Presse veröffentlichte Auflistung der Mitglieder des Barajew-Kommandos, zogen Erkundigungen ein. Und fanden ihn. Den Mann, dessen Name offiziell in der Liste der Geiselnehmer verzeichnet ist.

»Gehörten Sie bei der Besetzung des Musical-Theaters ›Nord-Ost‹ zur Gruppe Mowsar Barajews?«

»Ja.«

»Sind Sie zusammen mit allen anderen in das Gebäude gelangt?«

»Ja.«

Ich betrachte das Kärtchen. PRESSE steht in Großbuchstaben auf dunklem Grund. »Chanpasch Nurdyjewitsch Terkibajew. [Es folgt der Name einer Regierungszeitung. A. P.]

Sonderkorrespondent. Ausweis Nr. 1 165.« Dann die Unterschrift: »Gorbenko«. Tatsächlich, es gibt bei der »Rossijskaja Gaseta« einen Direktor dieses Namens.

»Zu welchen Themen schreiben Sie? Über Tschetschenien?«

Chanpasch Terkibajew schweigt.

»Sie haben dort Ihren Arbeitsplatz? In welchem Ressort? Bei welchem Redakteur?«
Wieder keine Antwort. Chanpasch Terkibajew tut so, als verstünde er schlecht Russisch. Aber kann es bei der wichtigsten Regierungszeitung des Landes einen Sonderkorrespondenten geben, der kein Russisch spricht? Chanpaschs nicht sehr tschetschenische Schlitzaugen drücken Verständnislosigkeit aus. Und das ist nicht einmal gespielt, er versteht wirklich nicht, worum es geht. Mit Journalismus kann er jedenfalls kaum etwas zu tun haben.

»Den Presseausweis haben Sie also bloß ›zur Deckung‹ von jemandem bekommen?«
Chanpasch grinst schlau:
»Ich hätte nichts dagegen, auch mal zu schreiben ... Ich bin nur einfach noch nicht dazu gekommen, mich so richtig zu orientieren. Den Ausweis habe ich ja erst seit dem 7. April. Sehen Sie das Datum? Ich muss da auch nicht hingehen. Ich arbeite in der Informationsverwaltung des Präsidenten.«

»Bei Porschnew? Als was arbeiten Sie denn dort?« [Igor Porschnew ist Leiter der Informationsverwaltung in Wladimir Putins Präsidialadministration und wäre damit der unmittelbare Vorgesetzte dieses dreißigjährigen Chanpasch Terkibajew aus der tschetschenischen Siedlung Mesker-Jurt. A. P.]

Doch auch der Name Porschnew sagt dem »Sonderkorrespondenten« nichts. Chanpasch hat keine Ahnung, wer das ist.

»Wenn nötig, gehe ich zu Jastrshembski. Bei ihm arbeite ich. Hier, sehen Sie mal, Jastrshembski und ich.«

Tatsächlich, das Foto zeigt Chanpasch mit Sergej Jastrshembski. Der schaut an der Kamera vorbei und sieht recht verdrossen aus. Dafür blickt der Mann, der jetzt im Hotel »Sputnik« auf dem Moskauer Lenin-Prospekt vor mir sitzt, demonstrativ in das Objektiv, als wolle er sagen: Seht her, ich und der Sprecher Präsident Putins. Ein ausdrucksstarkes Foto, das verrät, wie wenig diese Aufnahme

Sergej Jastrshembski in den Kram passt und wie unendlich viel Terkibajew daran gelegen war, zusammen mit dem Präsidentenberater abgelichtet zu werden.

Nun breitet Chanpasch seinen beschwerlichen Lebensweg vor mir aus, wobei er zur Untermalung der Schilderung zahlreiche Fotos aus einer Aktentasche hervorholt. »Ich und Maschadow. Ich und Jastrshembski. Noch mal ich mit Maschadow. Ich und Wacha Arsanow. Ich im Kreml. Ich mit Malik Saidulajew. Ich und Gil-Robles …« [Álvaro Gil-Robles, der Menschenrechtskommissar des Europarates. A. P.]

Ich sehe genauer hin und gewinne den Eindruck, dass es sich bei einem gehörigen Teil der Aufnahmen um plumpe Fotomontagen handelt. [Spätere Expertisen bestätigen diese Vermutung. A. P.]. Was soll das? Wieder tut Chanpasch so, als verstünde er nicht, kramt stattdessen erneut in der Aktentasche und zieht »ich zusammen mit Margaret Thatcher und Aslan Maschadow« heraus, als Beweis, dass er sich auch in London bestens auskennt. Die Aufnahme soll 1998 entstanden sein. In der Mitte steht die Eiserne Lady, flankiert von Maschadow auf der einen und Terkibajew auf der anderen Seite. Aslan Maschadow trägt eine hohe kaukasische Lammfellmütze und sieht aus, wie er vor dem zweiten Tschetschenien-Krieg ausgesehen hat, Chanpasch dagegen – wie jetzt. Kann das sein? Aber ich bekomme bereits wieder ein anderes Foto unter die Nase gehalten: Chanpasch und Maschadow in jetzigen Kriegszeiten. Maschadow im Tarnanzug mit stark ergrautem Bart, fürchterlich anzusehen, und auch Chanpasch etwas derangiert. Das ist echt.

»Haben Sie keine Angst, mit derartigen Fotos in Moskau herumzuspazieren? In Tschetschenien wird man für Maschadow ohne viel Federlesen erschossen, hier kriegt man eine Waffe untergejubelt und etliche Jahre Haft aufgebrummt …«

Chanpasch versetzt nur: »Außerdem stehe ich noch in Kontakt zu Surkow.« [Wladislaw Surkow ist der einflussreiche stellvertretende Leiter der Putin'schen Präsidialadministration. A. P.] Jetzt klingt der Tonfall meines Gesprächspartners prahlerisch. »Nach ›Nord-Ost‹ war ich bei ihm. Zwei Mal.«

»*Wozu?*«

»Um Surkow bei der Erarbeitung der Tschetschenien-Politik für Putin zu helfen, post ›Nord-Ost‹.«

»*Und? Haben Sie ihm geholfen?*«

»Wir brauchen Frieden.«

»*Ein ganz neuer Gedanke.*«

»Jetzt führe ich im Auftrag von Jastrshembski und Surkow Friedensverhandlungen. Die Idee besteht darin, mit denen zu sprechen, die in den Bergen sind.«

»*Ist das Ihre Idee oder die des Kreml?*«

»Meine Idee, und der Kreml unterstützt sie.«

»*Sie verhandeln also mit Maschadow?*«

»Nein. Maschadow lehnt der Kreml ab.«

»*Mit wem verhandeln Sie dann?*«

»Mit Wacha Arsanow. Den habe ich gerade getroffen.

»*Wo?*«

»Dort.«

»*Und was wird mit Maschadow?*«

»Den muss man dazu bringen, noch vor den tschetschenischen Präsidentschaftswahlen das Amt niederzulegen.«

»*Beschäftigen Sie sich auch damit?*«

»Ja, aber dazu habe ich keinerlei Vollmachten. Das mache ich von mir aus. Übrigens stehen die Wahlen ja noch in Frage.«

»*Wenn wir diese Wahlen nun doch erleben sollten, auf wen setzen Sie persönlich?*«

»Auf Ruslan Chasbulatow und Malik Saidulajew. Sie sind auf jeden Fall eine dritte Kraft. Gehören weder zu Maschadows noch zu Kadyrows Kreisen. So einer bin ich auch. Schließlich war ich es, der nach ›Nord-Ost‹ die Verhandlungen der tschetschenischen

Parlamentarier mit Putins Leuten, mit Jastrshembski organisiert hat.«

»*Ja, das hat seinerzeit viele verwundert*«, sage ich, »*dass Parlamentspräsident Issa Temirow und andere Abgeordnete ganz offiziell nach Moskau gekommen sind, bei der berühmt-berüchtigten Pressekonferenz in der Agentur Interfax dabei waren und die Tschetschenen aufgerufen haben, sich am Verfassungsreferendum zu beteiligen. Das ging gegen Maschadow, obwohl sie früher für ihn waren ... Dahinter stecken Sie also?*«

»Ja, ich«, bekräftigt Chanpasch stolz.

»*Haben Sie selbst beim Referendum am 23. März 2003 auch abgestimmt?*«

»Ich? Nein.« Er lacht. »Ich bin aus dem Tscharto-Tejp. In Tschetschenien nennt man unseren Clan ›die Juden‹.«

»*Kann man sagen, dass der ›Nord-Ost‹-Tragödie im Hinblick auf die Beendigung des zweiten Tschetschenien-Krieges dieselbe Rolle zugedacht war wie damals bei der Besetzung des städtischen Krankenhauses in Budjonnowsk im Juni 1995, bei der die Terroristen ebenfalls das sofortige Ende des – allerdings ersten – Krieges gefordert haben?*«

Ich stelle diese Frage nicht zufällig, sie führt zum Kern des Interviews. Denn Chanpasch Terkibajew mischt absolut überall mit, ist »der Mann für alle Fälle« unserer Politik. Kennt alle, hat allenthalben Zugang, mit so einem an der Seite lässt sich jedwede Wendung im Nordkaukasus in den Griff bekommen. Soll Maschadow ins Spiel gebracht werden, knüpft er die Kontakte. Braucht man Maschadow nicht mehr, erledigt er auch das. Wenn man seinen Worten denn trauen darf. Von Beruf, sagt Chanpasch, sei er Schauspieler, Absolvent der Fakultät für Bühnenkunst der Universität Grosny. Dass es dort überhaupt keine derartige Fakultät gibt, spielt ebenso wenig eine Rolle wie die Tatsache, dass er sich partout nicht erinnern kann, wie seine Schauspiellehrer hießen. Hauptsache, er kann verkünden: »Achmed Sakajew und ich sind befreundet, wir haben zusammen im Theater gearbeitet.« Während des ersten Tschetschenien-Krieges nahm Chanpasch eine Videokamera in die Hand und wurde Fernsehmann. Zog mit Schamil Bassajew nach Budjonnowsk, wurde allerdings nicht wegen Beteiligung an der Geiselnahme verurteilt, sondern vielmehr im April 2000 amnestiert.

»Wo sind die Papiere für die Amnestierung ausgestellt worden?«

»In der Abteilung Argun des Inlandsgeheimdienstes für Tschetschenien.«

Das ist ein eminent wichtiges Detail. Der FSB von Argun hat sich während des gesamten Krieges durch besondere Brutalität hervorgetan. Während der Zeit, als Chanpasch amnestiert wurde, führte der Weg aus der FSB-Abteilung Argun für die dorthin Verschleppten fast ausnahmslos ins Jenseits. Chanpasch ist der erste Überlebende, dem ich begegne. Und den der FSB von Argun obendrein – trotz seiner Beteiligung an einem blutigen Terroranschlag – mit einem Amnestiepapier ausgestattet hat.

Zwischen den beiden Tschetschenien-Kriegen avanciert Chanpasch als »Held von Budjonnowsk« zum führenden Mann des Pressedienstes ... Präsident Aslan Maschadows. Auf Maschadows Fernsehkanal hat er eine eigene Sendung, die zunächst »Das Herz des Präsidenten«, dann »Der Weg des Präsidenten« heißt. Später, noch vor Ausbruch des zweiten Krieges, wird Terkibajew allerdings abserviert und muss die Kreise des tschetschenischen Präsidenten verlassen. Doch mit Beginn der Kampfhandlungen kehrt er zurück, präsentiert sich erneut als »glühenden Dschihadisten«.

Erstaunlich, dass es Chanpasch vermochte – direkt vor der Nase der föderalen Truppen und sämtlicher Geheimdienste, inmitten schwerster Feuergefechte, als alle flohen, wohin sie nur konnten –, eine Sendung zu produzieren, deren Titel sich in etwa so aus dem Tschetschenischen übersetzen lässt: »Meine Heimat ist dort, wo der Dschihad ist.«

»Das habe ich damals wie heute nicht so gesehen.«

»*Wie meinen Sie das? Ihre Heimat ist also nicht dort, wo der Dschihad ist?*«

»Das war einfach so ein Fernsehprogramm.«

»*Maschadow soll vor kurzem erneut auf Distanz zu Ihnen gegangen sein.*«

»Nicht Maschadow, sondern seine Vertreter im Ausland. Aber ich glaube ihnen nicht. Duschujew hat mir in der Türkei gesagt, er habe eine Kassette von Maschadow erhalten, der Präsident wolle nicht mehr, dass ich mich als seinen Abgesandten bezeichne, aber ich habe diese Kassette weder selbst gesehen noch mit Maschadow gesprochen. Unlängst war ich in Dubai bei Kussama und Ansor. [Ehefrau und Sohn Maschadows. A. P.] Sie haben mich völlig normal aufgenommen. Ich habe bei ihnen übernachtet, gegessen ...«

»*Dubai, die Türkei, Jordanien, Straßburg ... Sind Sie die ganze Zeit auf Reisen? Erteilt man Ihnen denn immer ein Visum?*«

»Ich kenne sämtliche Tschetschenen. Deshalb reise ich umher und rufe alle zu Frieden und Zusammenschluss auf.«

»*Vor Dubai waren Sie in Baku?*«

»Ja.«

»*Und da sind Sie nach dem Moskauer Terroranschlag aufgetaucht? Haben die dort lebenden Tschetschenen um Hilfe gebeten, erzählt, Sie seien einer der überlebenden Geiselnehmer des Musical-Theaters ›Nord-Ost‹ und benötigten dringend Kontakte in die arabische Welt, um der Verfolgung zu entgehen?*«

»Woher wissen Sie das?«

»*Von Tschetschenen aus Baku. Und aus den Zeitungen. Ihr Name stand ja in der offiziell veröffentlichten Liste der Terroristen, die an der Geiselnahme beteiligt waren. Haben Sie die Presse danach verklagt?*«

»Nein. Wozu denn? Ich habe einfach Jastrshembski gefragt, wie das passieren konnte.«

»Und was hat er geantwortet?«
»Dass ich das gar nicht beachten soll.«
Der letzte Höhenflug in der politischen Karriere des Chanpasch Terkibajew ist in der Tat mit unser aller Leid, mit dem Terroranschlag vom 23.–26. Oktober 2002 verbunden, als ein Kommando unter Führung Mowsar Barajews, Neffe des Warlords Arbi Barajew, in den Gebäudekomplex des Musical-Theaters eindrang und über 800 Zuschauer als Geiseln nahm, als das ganze Land nicht wusste, wie es die Menschen retten sollte, fieberhaft nach Auswegen suchte, vor Entsetzen wimmerte, jeden Augenblick eine Detonation erwartete.
»Kennen Sie Barajew junior eigentlich schon lange?«
»Ganz lange. Ich kenne alle in Tschetschenien.«
»Gab es wirklich Sprengstoff im Theater?«
»Überhaupt nicht. Es gab keinen.«
Nach »Nord-Ost« ging es steil bergauf mit Chanpaschs Karriere. Er wurde wirklich und wahrhaftig »Mitstreiter« in der Präsidialadministration Wladimir Putins. Ausgestattet mit allen nötigen Dokumenten, um sich ungehindert überall dorthin zu bewegen, wo es nötig ist, und allenthalben zwischen Maschadow und Jastrshembski zu manövrieren. Chanpasch verhandelte namens der Präsidialadministration mit Abgeordneten des tschetschenischen Parlaments, als deren Unterstützung für das Referendum über die vom Kreml ausgearbeitete tschetschenische Verfassung gebraucht wurde. Bemühte sich um diplomatische Immunität für diese Abgeordneten, damit sie die Reise nach Moskau wagten. Und verschaffte ihnen tatsächlich die Sicherheitsgarantie. Chanpasch und kein anderer geleitete die Gruppe – im Range des Delegationsleiters – nach Straßburg, in die Hohen Häuser des Europarats sowie der Parlamentarischen Versammlung, wo die tschetschenischen Abgeordneten unter der Kuratel Dmitri Rogosins, des Vorsitzenden des Duma-Komitees für internationale Angelegenheiten, vorbildlich nur das Richtige sagten und taten.

Natürlich erhebt sich da die Frage: Warum? Weshalb gerade Chanpasch? Für welche Verdienste wurden ihm derartige Ehren zuteil? Womit hat er seine Loyalität bewiesen? Denn ohne Loyalitätsbeweise wäre sein Aufstieg einfach undenkbar gewesen.

Doch es fehlt noch etwas Entscheidendes: die Wiedergabe des Hauptteils unseres langen Gesprächs.

Wie es aussieht, ist Chanpasch Terkibajew genau derjenige, nach dem alle von der Tragödie im Musical-Theater »Nord-Ost« Betroffenen so lange gesucht haben. Jener Mann, der den Terroranschlag von innen heraus arrangiert hat. Die Redaktion der »Nowaja Gaseta« verfügt über Belege – und auch Chanpasch selbst verwahrt sich nicht gegen diese Lesart, sie schmeichelt seiner Eitelkeit –, dass es sich bei Chanpasch Terkibajew um einen von den Geheimdiensten eingeschleusten Agenten handelt.

Er hat zusammen mit den Terroristen das Gebäude betreten. Als Mitglied des Kommandos.

Hat, seiner eigenen Darstellung zufolge, dem Kommando in der Hauptstadt unmittelbaren Zugang zum Musical-Theater verschafft.

Hat den Terroristen versichert, es sei »alles unter Kontrolle«, es gäbe »jede Menge schmutziger Menschen«, die Russen hätten »wieder Geld mitgehen lassen«, wie damals, als sie das eingeschlossene Grosny, das belagerte Komsomolsk verließen, und man müsse nur »ein bisschen Krawall schlagen«, dann gäbe es »ein zweites Budjonnowsk«, man könne dadurch Frieden stiften, und dann, nach Erfüllung der Aufgabe, »lassen sie uns laufen«, nicht alle natürlich, aber immerhin.

Dieses Immerhin aber galt nur für ihn.

Terkibajew verließ das »Nord-Ost« vor der Erstürmung. Doch damit nicht genug. Über einen Plan des gesamten Theaterkomplexes, wie ihn Chanpasch Terkibajew besaß, verfügte weder Mowsar Barajew, der das Terrorkommando befehligte, noch zunächst die Spezialeinheit, die sich auf die Erstürmung vorbereitete.

Wie ist das möglich? Weil Terkibajew Teil jener Kräfte ist, die in der militärischen Machthierarchie weit über WITJAS und ALFA stehen, über allen Einsatzkräften, die den Kampf mit den Terroristen aufnahmen.

Ob es diesen Plan nun gegeben hat oder nicht, spielt im Grunde aber auch keine Rolle, das sind Nebensächlichkeiten.

Kann sein, es gab auch keinen derartigen Plan. Chanpasch nimmt es mit der Wahrheit nicht sehr genau, man braucht nur an die Fotomontagen zu denken. Und diejenigen, die bestimmte Details – wie etwa Terkibajews Feuerstellung im Theater – erhellen könnten, sind augenscheinlich tot. Oder weniger redselig. Halte ich es für möglich, dass nicht er allein eingeschleust wurde? Durchaus. Wenn einer, warum dann nicht auch zwei?

Doch substantiell geht es um etwas anderes. Wenn im »Nord-Ost«-Theater ein eingeschleuster V-Mann dabei war, dann heißt das: Die Staatsmacht wusste, dass ein Terroranschlag vorbereitet wird. Sie wirkte mit bei der Vorbereitung, und es kommt nicht darauf an, welche Absicht dahinterstand. Entscheidend ist vielmehr, dass diese Staatsmacht (welcher ihrer Teile?) in das Vorhaben eingeweiht war – lange bevor uns alle die Nachricht von der Besetzung erreichte –, und folglich die eigene Bevölkerung bewusst einem ungeheuren Schlag aussetzte, wohl wissend, dass sich Tausende davon nicht wieder erholen und Hunderte dabei umkommen konnten. Man nahm billigend in Kauf, dass es nach dem Untergang des U-Boots K-141 »Kursk« eine zweite »Kursk« geben würde. Erinnern Sie sich, welche Signale die verzweifelten Geiseln aus dem besetzten »Nord-Ost« nach draußen übermittelten? »Wir sind wie eine zweite ›Kursk‹«... »Das Land hat uns vergessen« ... »Das Land braucht uns nicht« ... »Das Land will, dass wir sterben«. Viele außerhalb des Theatersaals hatten sich damals darüber mokiert und gemeint, das sei nun aber wirklich ein bisschen zu vollmundig. Dabei traf es genau den Punkt, wie wir jetzt sehen.

Und immer bleibt die Frage: Weshalb? Weshalb mussten sie vor einem halben Jahr sterben?

Bevor wir versuchen, darauf eine Antwort zu finden, gilt es zunächst zu klären, was und wer unter dieser Staatsmacht zu verstehen ist. Der Kreml? Putin? Der Inlandsgeheimdienst FSB? Oder alle drei zusammen – die klassische Machttriade der Neuzeit?

Unsere Staatsgewalt ist nicht monolithisch. Und die Geheimdienste des Landes sind es ebenso wenig. Es wäre eine Unwahrheit zu behaupten, die meisten Offiziere hätten damals im Einsatzzentrum vor Ort nur so getan, als würden sie gegen die Tragödie ankämpfen, in Wahrheit jedoch gewusst, dass es um nichts anderes als eine Mystifikation ging. Die Mehrheit des Operativstabs handelte aufrichtig. Wie auch die Angehörigen der Sondereinheiten ALFA und WITJAS. Wie wir.

Aber! Wenn Chanpasch Terkibajew »mit dort war«, müssen wir dann nicht zwangsläufig annehmen, dass ein Teil, genauer: der eingeweihte Teil der Staatsmacht während unseres dreitägigen psychischen Ausnahmezustandes, in jenen drei Tagen der Tränen, Infarkte, Hilferufe, Heldentaten und Tode, lediglich Mitgefühl heuchelte?

Das jedoch wirft ein völlig neues Licht auf die Geschehnisse des 23.–26. Oktober 2002.

Welche »Spezialdienste« sind das nun, die Bescheid wussten?

Selbstredend nicht die beim Sturmangriff gegen die Geiselnehmer eingesetzten Sondereinheiten. Wäre den Elitesoldaten von ALFA oder WITJAS bewusst gewesen, dass ein falsches Spiel getrieben wird, hätte es womöglich eine Wiederholung des Oktober 1993 gegeben. Als sich die Spezialeinheiten im Machtkampf zwischen Boris Jelzin und Oberstem Sowjet nicht politisch instrumentalisieren ließen und den Befehl zur Erstürmung des Parlaments verweigerten, haben die Ereignisse einen anderen Verlauf genommen.

Es sind auch nicht die Offiziere des Inlandsgeheimdienstes sowie des Innenministeriums. Sie betrieben die Planung der Befreiungsoperation mit großer Ernsthaftigkeit. Nicht sie waren es, die Chanpasch einschleusten. Nicht sie stellten ihn nach »Nord-Ost« als Mitarbeiter ein.

Doch wer dann?

Chanpasch Terkibajew selbst ließ diese Frage unbeantwortet.

Waren Inlandsgeheimdienst und Innenministerium nur Erfüllungsgehilfen eines Szenarios, dessen Urheber anderswo zu suchen sind?

Während des zweiten Tschetschenien-Krieges hat sich der militärische Nachrichtendienst GRU gern derartiger Methoden bedient. Die Rädelsführer in den sogenannten Todesschwadronen waren Mitarbeiter des GRU. Hinrichtungen von tschetschenischen Mitbürgern außerhalb jeden Gesetzes gingen auf ihr Konto. Gegen diese Vorreiter im blutigen Handwerk kommen weder FSB noch Innenministerium, Staatsanwaltschaft oder Gerichte an. Und es zählt zur gängigen Praxis der GRU-Kommandos, tschetschenische Kriminelle für ihre Ziele einzuspannen. Ja sich selbst der Opfer der eigenen Untaten – jener tschetschenischen Witwen, die erst durch die GRU-Todesschwadrone zu Witwen wurden – zu bedienen, als bequemes Mittel, um die gesamte Gesellschaft in Angst und Schrecken zu versetzen.

War es also der GRU? Oder noch jemand anders, von dem wir bislang nichts wissen?

Ich habe keine Antwort. Doch es ist von größter Wichtigkeit, den Dingen auf den Grund zu gehen. Es ist unerlässlich.

Weshalb mussten Menschen sterben? Wofür dieser aberwitzige Preis von 129 Leben?

Was wird noch alles zum Vorschein kommen? Der Vorhang in dieser Geschichte eines kleinen Yevno Azef unserer Jetztzeit, eines eingeschleusten Agenten und Provokateurs, hat sich ja erst ein wenig gehoben.

Menschen haben ihr Leben verloren, aber der Provokateur prosperiert. Perfekt eingepasst in unser politisches Interieur. Ist wohlgenährt, sieht proper aus, und vor allem, er macht weiter. Will demnächst wieder nach Tschetschenien. Was es wohl diesmal vorzubereiten gibt?

»Mir reicht ein Tag, dann empfängt mich Maschadow«, sagt er.

»*Ach wirklich, bloß ein Tag?*«

»Na gut, zwei Tage.«

Chanpasch lässt Nachsicht walten gegenüber Naiven. Wie uns.

28. April 2003

DIE BOTSCHAFT IN DER HAND

Die Untersuchungen zum Geiseldrama im Musical-Theater »Nord-Ost« sind verlängert worden. Was die Angehörigen ein Jahr und vier Monate nach dem Terroranschlag in den Ermittlungsakten entdecken.

Vor 16 Monaten besetzte das Terrorkommando Mowsar Barajews den Theaterkomplex in der Ersten-Dubrowskaja-Straße ... In der Folgezeit wurde der Abschluss der Ermittlungen in der Strafsache Nr. 229133 »Nord-Ost« mehrfach vertagt, am 23. Februar 2004 war der Stichtag für eine neuerliche Entscheidung bezüglich der Beendigung oder Verlängerung der Untersuchungen. Die Staatsanwälte entschieden sich für Letzteres, der bei der Moskauer Staatsanwaltschaft angesiedelte Stab unter Leitung des Sonderermittlers Wladimir Kaltschuk wird bis Juni 2004 weiterarbeiten. Weshalb diese Verlängerung? Welche Materialien müssen die Ermittler noch auswerten? Worauf soll die Untersuchung hinauslaufen? Einige Angehörige von Opfern des Terroranschlags im »Nord-Ost« erhielten vor kurzem die Genehmigung, die Ermittlungsakten einzusehen, und zeigen sich erschüttert über das, was sie dort zu lesen bekamen. Obwohl man meinen möchte, dass diese Menschen nichts mehr erschüttern kann.

Die Geschichte einer Verschlusssache

»Wir werden nicht sterben. Dazu muss nur der Krieg aufhören.« Die Moskauerin Tatjana Frolowa, Mutter der 13-jährigen Dascha, die durch den Giftgaseinsatz starb, erfährt von dieser Botschaft ihrer Tochter erst jetzt, im Februar 2004.

»Ich habe es gefühlt, ich wusste, dass sie mir irgendetwas hinterlassen haben muss.« Tatjana sagt es entschieden, beinahe kategorisch, denn sie ist ein sehr willensstarker Mensch.

Dascha hatte die beiden Sätze in die Innenfläche ihrer linken Hand geschrieben, und der Gerichtsmediziner, der die Leichenschau durchführte, hielt sie im Protokoll fest. Das aber kam zu den Ermittlungsakten und wurde umgehend zur Verschlusssache erklärt. Daschas Mutter brauchte davon nichts zu wissen, entschieden die Untersuchungsbehörden für sie.

Warum das?

Daschas letzte Worte sind, wie mir scheint, der Schlüssel, um zu verstehen, warum unsere Staatsführung meint, dass die Angehörigen so wenig wie möglich erfahren sollten. Durch die dicken Aktenordner mit Berichten und Datenerhebungen, Gutachten und x-ten Neuaufgüssen der Expertisen verläuft die Frontlinie des Kampfes um eine entscheidende Wahrheit. Überlegen Sie doch einmal: Was hat Putin, was hat selbst er, der Präsident, Daschas scharfsichtiger, am Rande des Abgrunds gewonnener Einsicht entgegenzusetzen?

Nicht das Geringste. Der Präsident ist machtlos. Es gibt nichts, was er den zwei kurzen Sätzen hinzufügen, nichts, was er darin streichen könnte.

Genau deshalb tat Sonderermittler Wladimir Kaltschuk ein Jahr und vier Monate lang alles, um die Angehörigen von den Ermittlungsakten fernzuhalten. Es sollte nicht bekannt werden, was im Musical-Theater »Nord-Ost« wirklich geschah. Schließlich hatte Präsident Putin verkündet: »Das Gas war harmlos und konnte den Menschen keinerlei Schaden zufügen ...« Der Sonderermittler wusste: Das Gegenteil war der Fall. Aber wie sollte sich das mit den Worten seines Präsidenten vereinbaren lassen? Also hielt er die Ermittlungsakten fest unter Verschluss.

Ein Jahr und vier Monate lang bestürmten Mütter und Väter – nicht die Gesellschaft! – Wladimir Kaltschuk mit der Forderung nach Einsicht in die Ermittlungsergebnisse zum Tod ihrer Kinder. Nun endlich erhielten einige von ihnen Zugang zu den Unterlagen. Allerdings unter der Bedingung, dass das Material nicht kopiert werden darf. Deshalb schreibt ein Teil der Angehörigen jetzt die Akten von Hand ab. Das Fotokopieren oder Scannen der Dokumente ist untersagt. Damit es keine weiteren Gerichtsprozesse gibt …

Einsichten und Erkenntnisse

Üblicherweise läuft die Einsichtnahme so ab, dass der Ermittler (seltener einer seiner Assistenten) danebensitzt und die Lesenden permanent im Auge behält. Während die Mütter und Väter die gerichtsmedizinischen Gutachten zu den Todesursachen ihrer Kinder abschreiben. Vor allem den unmittelbar nach Eintritt des Todes fixierten pathologisch-anatomischen Befund, der da lautet: »Vergiftung durch eine toxische Substanz.«

Da steht es schwarz auf weiß: Es war Gift, kein harmloses Gas. In nahezu allen Fällen wird als Todesursache die Einwirkung einer »toxischen« beziehungsweise »unbekannten toxischen« Substanz genannt. Diese Substanz führte zu folgenden organischen Veränderungen: »… Leber – extreme Hyperämie … Herz – starke Hyperämie, kardiales Ödem … Lunge – starke Hyperämie mit Dominanz akuter Emphysemherde, verminderte Dichte der Gefäßwände … Syndrom eines unerwarteten Todeseintritts … ausgeprägte morphologische Merkmale einer Störung der zerebralen Blutzirkulation … Vergrößerung des Gehirnvolumens und der Gehirnmasse, deutlich manifeste Abplattung der Hirnwindungen und Verstreichung der Hirnfurchen, Einpressung der Furchen in die Kleinhirnbasis … Verflüssigung des Blutes … extreme venöse Hyperämie in den Organen …« Die Gutachten sind unterzeichnet mit »Gerichtsmediziner O. W. Kriger, Internist M. Lomowizki«.

Gibt es Anhaltspunkte dafür, den pathologisch-anatomischen Primärbefunden zu misstrauen? Beide Gutachter sind Ärzte mit mehr als 20 Jahren Berufserfahrung. Promovierte Mediziner. Bei der Leichenschau ging es ihnen ausschließlich darum festzuhalten, was sie sahen. Detailliert und genau. Was aber haben Sonderermittler Kaltschuk und sein Stab gemacht, als sie von den Befunden Kenntnis erhielten?

Die Spezialrezeptur

Als sich die Ermittler mit über einhundert nahezu gleichlautenden gerichtsmedizinischen Gutachten konfrontiert sahen, taten sie nicht, was in diesem Falle ihre vornehmste Pflicht gewesen wäre – nämlich die genaue Zusammensetzung der »unbekannten toxischen Substanz« festzustellen und zu klären, um welches Gas es sich handelte. Auf der Grundlage von Recht und Gesetz, im Rahmen der ihnen übertragenen Vollmachten. Vielmehr taten die Ermittler das genaue Gegenteil: Sie ordneten neuerliche Begutachtungen durch sogenannte externe Kommissionen an, und zwar für sämtliche Opfer.

Die Kommissionen gelangten zu folgendem Schluss: Alle Toten – mit Ausnahme der sechs Personen, die aufgrund nicht rechtzeitig erfolgter medizinischer Hilfeleistung starben – litten bereits an unheilbaren inneren Erkrankungen (!), waren also faktisch schon Invaliden, als sie in die Musical-Vorstellung kamen. Und durch den Stress, dem die tschetschenischen Terroristen ihre Geiseln aussetzten, führten diese Vorerkrankungen dann zum Tode.

Ginge es nicht um ein so tragisches Geschehen, müsste man lachen. Der absurden Darstellung der Kommissionen zufolge ist die 13-jährige Kristina Kurbatowa – eine der jugendlichen Mitwirkenden des Musicals, ein vor Gesundheit strotzendes Mädchen, bei dem seit seiner Geburt nie auch nur irgendeine Pathologie festgestellt worden war –, am 26. Oktober 2002 also daran gestorben, dass sich ihre Hirnwindungen abplatteten, weil das Gehirn bereits lange vor »Nord-Ost« unheilbar krank war ...

Doch auch die Ermittlungsakten selbst widerlegen diesen Aberwitz. Denn an einer Stelle haben sich die Geheimdienste verraten:

»... Um den Tod zahlloser unschuldiger Menschen zu verhindern ... wurde eine Spezialrezeptur auf der Grundlage von Fentalin-Derivaten eingesetzt. Derartige Präparate .... können eine sofortige anästhesierende Wirkung entfalten ... gemäß geltender Gesetzgebung unterliegen die Angaben bezüglich der chemischen Zusammensetzung sowie der Konzentration und Dauer der Einwirkung der Spezialrezeptur nicht der Verlautbarung ... W. N. Sacharow, Leiter der FSB-Verwaltung der Stadt und des Gebietes Moskau. Nr. 1/1471 vom 03.11.2003.«

Sehr spät hat der oberste Geheimdienstler der Hauptstadt damit dem Gesetz Genüge getan und den Angehörigen der Opfer – immerhin offiziell – eine Antwort zukommen lassen.

Als die Betroffenen das Schreiben Chefermittler Wladimir Kaltschuk vorlegten, warf er einen kurzen Blick darauf und sagte: »Kenne ich nicht. Weiß ich nichts davon. Fentalin? Nie gehört ...«. Ich war persönlich zugegen.

Dass Kaltschuk noch bis Juni weiterermitteln darf, hat zwei Gründe. Zum einen braucht er Zeit für die abschließende Bereinigung der Akten, die Entfernung zweifelhafter Details, die gegen den Staat verwendet werden könnten, weshalb einige Betroffene bereits Einsicht nehmen durften, während andere, in deren Unterlagen noch dies oder jenes zu entnehmen oder hinzuzufügen ist, bislang keinen Zugang erhielten.

Zum anderen wäre der 23. Februar für das Ende der Ermittlungen und die Veröffentlichung jener politisch motivierten Schimäre namens Abschlussbericht denkbar ungeeignet gewesen. Im Vorfeld der Präsidentschaftswahlen am 14. März? Das könnte zu viel Schaden anrichten.

Und so leben wir denn weiter in einem Milieu nachhaltiger politischer Verfälschung des tödlichen Dramas von »Nord-Ost«. Die Anwälte der Opfer sagen, Kaltschuk könne einem leidtun, er müsse tun, was man an bestimmter Stelle erwarte, dabei sei er als Ermittler und als Mensch nicht einmal der Schlechteste. Mag sein. Mir persönlich tun jedoch die Väter, Mütter, Großeltern, Witwen und Geschwister leid ... Kristina Kurbatowa und Dascha Frolowa kannten einander nicht. Dafür kennen sich Tatjana Frolowa und Natalja Kurbatowa – die Mütter der beiden 13-jährigen Mädchen – jetzt nicht nur, sondern kämpfen gemeinsam darum, die Wahrheit über den Tod ihrer Töchter zu erfahren. Zwei Frauen zusammen – gegen den Staat.

26. Februar 2004

**TEIL III
BESLAN**

WAS IST MIT ANNA POLITKOVSKAJA GESCHEHEN?

(Dmitri Muratow und Sergej Sokolow,
Sonderkorrespondenten der »Nowaja Gaseta«,
berichten aus Rostow am Don und Moskau)

In diesen dramatischen Tagen haben sich Hunderte Journalistenkollegen, Leser der »Nowaja Gaseta« sowie Vertreter verschiedener Behörden und Gremien nach dem Schicksal unserer Reporterin Anna Politkovskaja erkundigt. Sie vertraten die Auffassung, dass Anna Politkovskajas Anwesenheit in Beslan nutzbringend gewesen wäre. Anna Politkovskaja war unterwegs dorthin, kam aber nicht bis nach Nordossetien.

Am Abend des 1. September 2004 brachte unser Redaktionsauto Anna Politkovskaja zum Flughafen Wnukowo. Sie hatte sich zuvor mit einer Reihe von Politikern sowie mit Achmed Sakajew, dem Londoner Sondergesandten des tschetschenischen Präsidenten Aslan Maschadow, in Verbindung gesetzt und dabei nachdrücklich gefordert: Wer immer in Kontakt zu den Geiselnehmern treten kann, muss dies unverzüglich tun, ohne langes Zaudern und Abwägen der Konsequenzen. Zur Rettung der Kinder. »Aslan Maschadow soll nach Beslan kommen und mit den Terroristen reden«, hatte sie Achmed Sakajew erklärt, der kurz darauf ausrichten ließ, Aslan Maschadow sei dazu bereit, ohne jegliche Vorbedingung oder Garantie.

In Wnukowo waren alle Flüge nach Wladikawkas – dem Flughafen mit der kürzesten Entfernung nach Beslan – annulliert worden. Kurz darauf wurden auch sämtliche Flüge in Städte der weiteren Umgebung gestrichen. Dreimal checkte Anna Politkovskaja ein, dreimal blieb die Maschine am Boden. Aus der Redaktion der »Nowaja Gaseta« kam das Kommando: Nach Rostow fliegen und von dort aus weiter mit dem Auto. Anna Politkovskaja ging an Bord einer Maschine der Fluggesellschaft KARAT.

An dieser Stelle muss ein wichtiges Detail Erwähnung finden: Anna Politkovskaja hatte es tagsüber nicht geschafft, etwas zu essen. Auch im Flugzeug verzichtete sie (aus Erfahrung) auf die Bordverpflegung, aß lieber ihre mitgebrachten Haferflocken und ließ sich lediglich einen Tee bringen. Zehn Minuten, nachdem sie diesen Tee getrunken hatte, verlor sie das Bewusstsein. Sie konnte gerade noch die Stewardess rufen.

An alles Weitere erinnert sich Anna Politkovskaja nur bruchstückhaft. Die Ärzte der Sanitätsstelle am Flughafen von Rostow am Don unternahmen alle Anstrengungen, um sie aus dem Koma zu holen, was schließlich auch gelang. Die Mediziner der Infektionsstation Nr. 5 des Ersten Städtischen Krankenhauses in Rostow arbeiteten hoch professionell. Sie schafften es, Anna Politkovskaja wiederzubeleben, und das unter bescheidensten Bedingungen, mit den Mitteln, die ihnen gerade zur Verfügung standen. Beispielsweise Plastikflaschen voll heißen Wassers, die sie ihr auf den Körper legten. Nach einer Infusion und mehreren Spritzen war sie am nächsten Morgen dauerhaft bei Bewusstsein.

Der Vorsitzende der Jabloko-Partei, Grigori Jawlinski, Journalistenkollegen von der »Iswestija«, insbesondere Sonderkorrespondent Wladimir But, sowie befreundete Offiziere haben nach Kräften dazu beigetragen, dass die Ärzte die – aus medizinischer Sicht – »fast chancenlose« Aufgabe, Anna Politkovskaja zu retten, mit Bravour meisterten. Dafür gebührt ihnen höchste Anerkennung.

Am 3. September konnten wir, unterstützt von Freunden unserer Zeitung (Dank an die Herren Bankiers!), Anna Politkovskaja mit einem Privatflugzeug nach Moskau überführen. Die Befunde aus dem Krankenhaus in Rostow am Don liegen noch nicht vor. Die ersten, in der Sanitätsstelle des Flughafens durchgeführten Laboranalysen sind aus unerfindlichen Gründen vernichtet worden. Die Moskauer Ärzte konstatierten: Wir wissen nicht, um was für ein Toxin es sich handelt, aber es ist von außen in den Organismus gelangt.

Bis zur Klärung sämtlicher Umstände wollen wir keine Verschwörungstheorien in Umlauf bringen. Doch der Fall des Radio-Liberty-Journalisten Andrej Babitzki, der am 2. September ebenfalls auf dem Flughafen Wnukowo vor dem Abflug in den Nordkaukasus unter dem Verdacht festgenommen wurde, Sprengstoff (!) transportieren zu wollen (eine Anschuldigung, die sich natürlich als völlig haltlos erwies), und das Geschehen um Anna Politkovskaja geben Anlass zu der Vermutung, dass Journalisten, die in Tschetschenien Autorität genießen, daran gehindert werden sollten, über die Tragödie von Beslan zu berichten.

Anna Politkovskaja konnte die Klinik verlassen und wird jetzt zu Hause ärztlich betreut. Nach Meinung der Mediziner wurden Nieren, Leber und endokrines System durch das unbekannte Toxin ernsthaft in Mitleidenschaft gezogen. Wann Anna Politkovskaja völlig wiederhergestellt sein wird, lässt sich leider nicht sagen.

Sollten die Dienstgrade, die sich so sehr für Anna Politkovskajas journalistisches Wirken interessieren, nicht lieber ihren ureigensten beruflichen Pflichten nachgehen? Zum Beispiel, indem sie Terroranschläge verhindern?

6. September 2004

»DER PRÄSIDENT IST EINFACH AUS DER LISTE DER ZEUGEN VERSCHWUNDEN«

Ein Interview der »Nowaja Gaseta« mit Juri Iwanow, Mitglied der parlamentarischen Kommission, zur Untersuchung der Umstände und Ursachen der blutigen Geiselnahme von Beslan.

Am 26. Januar wird die sogenannte Torschin-Kommission – der von Präsident Wladimir Putin eingesetzte zentrale parlamentarische Untersuchungsausschuss zur Tragödie von Beslan – ihre erste Sitzung im neuen Jahr 2006 abhalten. Bekanntlich gab es in der Kommission eine Spaltung. Anstelle des seit längerem in Aussicht gestellten Abschlussberichts präsentierte der Ausschussvorsitzende Alexander Torschin am 28. Dezember 2005 einen Rapport über die während der vergangenen 16 Monate geleistete Arbeit. Dieser Rapport war offenkundig oberflächlich und wiederholte weitgehend die Feststellungen der offiziellen Ermittlung. Gleichwohl bewahren die meisten Kommissionsmitglieder nach wie vor absolutes Stillschweigen, haben sie sich doch per Unterschrift verpflichtet, keinerlei Informationen zu Dokumenten und Materialien oder zum Verlauf der Kommissionsarbeit weiterzugeben.
Einer derjenigen, die eine eigene Meinung vertreten, ist Juri Iwanow, der für die Kommunistische Partei der Russischen Föderation (KPRF) in der Staatsduma sitzt. Er beantwortet die Fragen der »Nowaja Gaseta«.

»Warum haben sich sämtliche Mitglieder der Kommission per Unterschrift zum Stillschweigen verpflichtet? Was für ein Geheimnis müssen sie denn alle miteinander hüten?«
»Ich verstehe das selbst nicht. Meiner Überzeugung nach hätten die Befragungen der Amtsträger durch die Kommission ohne jede Geheimhaltung, öffentlich und in Anwesenheit der Presse statt-

finden müssen. Das ist eine prinzipielle Frage. Der Arbeit der Kommission lag ein Reglement zugrunde, das Mironow [der Vorsitzende des Föderationsrates, Sergej Mironow. A. P.] einfach bestätigt hat, ohne dass es überhaupt in der Duma zur Diskussion gestanden hätte. Mir wurde dann erklärt: Sehen Sie, alle Mitglieder haben schon unterschrieben, dass sie Stillschweigen bewahren und im Falle der Verlautbarung von Informationen zur Verantwortung gezogen werden. Dabei enthält, wie ich bemerken möchte, das vor kurzem verabschiedete Gesetz über die parlamentarische Untersuchung des Geiseldramas von Beslan keine derartige Vorschrift. Das Reglement legt fest: Alle Sitzungen sind nichtöffentlich. Während das Gesetz genau das Gegenteil fordert, dass nämlich sämtliche Sitzungen öffentlich abzuhalten seien. Ausnahmen gelten nur für die Behandlung von Aspekten, die Staatsgeheimnisse berühren.«

»*Welcher Teil der Materialien, mit denen die Kommission befasst war, berührte denn Staatsgeheimnisse?*«

»Es gab überhaupt keine derartigen Aspekte, keinerlei Staatsgeheimnisse. Ich berufe mich hier auf den Ausschussvorsitzenden Alexander Torschin selbst, der nach einem halben Jahr Kommissionsarbeit erklärt hat, es habe bisher ein einziges Prozent an Geheimzuhaltendem gegeben. Soweit ich weiß, waren nur die Pläne für die Positionierung der Scharfschützen geheim, und natürlich deren Namen, ebenso die Namen der Panzerbesatzungen, die das Schulgebäude beschossen haben. Mehr nicht. Aber auch ohne die Unterschrift hätte sich niemand öffentlich darüber ausgelassen.«

»*Wozu dann diese Geheimniskrämerei um die Arbeit der Kommission?*«

»Einmal war der Duma-Vorsitzende Boris Gryslow anwesend. Bei dieser Sitzung wurden alle meine Eingaben abgelehnt. Unter anderem hatte ich beantragt, Sie und Babitzki zu befragen, wieso Sie beide damals nicht nach Beslan gelangen konnten und was das für eine Schlägerei war auf dem Flughafen Wnukowo, derentwegen man Babitzki festgenommen und am Abflug nach Wladikawkas gehindert hat. Außerdem habe ich Informationen zum Fall Pumane verlangt. Ich weiß nicht, ob Sie sich daran erinnern. Im Milizrevier der Moskauer Innenstadt hatten sich ein paar Dutzend Generäle des Inlandsgeheimdienstes und des Innenministeriums getroffen. Und danach war dieser Pumane umgebracht und dabei so zugerichtet worden, dass ihn weder die Ehefrau noch die Mutter identifizieren konnten, das war nur noch ein Brei aus Fleisch und Knochen, da musste erst eine DNA-Analyse her. Damals hieß es, Pumane habe geplant, auf dem Kutusow-Prospekt die Wagenkolonne des Präsidenten in die Luft zu sprengen, was ja in unmittelbarer Beziehung zum Terrorismus steht.

Aber Gryslow, der bei dieser Sitzung zugegen war, hat erklärt, das sei überflüssig, stünde in keinerlei Beziehung zur Kommissionsarbeit, und mein Antrag wurde nicht einmal zur Abstimmung gestellt. Dabei legt das Reglement fest, dass Alexander Torschin als Ausschussvorsitzender die Sitzungen leitet und Gryslow als Duma-Vorsitzender lediglich anwesend sein, nicht aber die Leitung übernehmen kann. Folglich durfte er meine Vorschläge gar nicht bewerten.

Zur Ehrenrettung Sergej Mironows sei gesagt, dass er zurückhaltender war. Der Föderationsratsvorsitzende ist mehrfach zu Sitzungen des Untersuchungsausschusses erschienen, hat ruhig dagesessen, zugehört und manchmal ums Wort gebeten, und natürlich durfte er sprechen. Andererseits war es aber gerade Sergej Mironow, der klipp und klar formuliert hat, was die Kommissionsmitglieder zu tun haben: ›Sie müssen kanalisieren, kanalisieren und nochmals kanalisieren.‹ Da gab es für mich keinerlei Unklarheiten mehr.«

»*Was sollte die Kommission denn kanalisieren?*«

»Die Stimmung in der Bevölkerung. Wir sollten die Leute beruhigen.«

»*Beruhigen kann man doch nur mit der Wahrheit.*«

»Ich denke, das Leid der Mütter von Beslan kann nicht einmal die Wahrheit lindern. Aber lassen Sie mich nochmals betonen: Für den Föderationsratsvorsitzenden bestand die Hauptaufgabe des Untersuchungsausschusses von Anfang an darin, die Bevölkerung zu beruhigen. Er hat die Kommissionsmitglieder als ›Kanalisatoren‹ betrachtet. Ich dagegen meine, dass die Kommission der Gesellschaft die Wahrheit zur Kenntnis bringen muss. Mir ist der Auftrag erteilt worden, die Ursachen und Umstände des Terroranschlags festzustellen, das habe ich zu tun und dann die Ergebnisse exakt darzulegen. Die Absicht, ›das Volk zu beruhigen‹, hat als böse Überraschung zu mehr als unschönen Formen der Interaktion zwischen Staatsgewalt und Öffentlichkeit geführt. So mussten beispielsweise am Anfang der Ermittlungen die Untersuchungsführer im Kulturhaus von Beslan den Überlebenden der Geiselnahme und ihren Angehörigen kollektiv Rede und Antwort stehen. Meiner Ansicht nach hätten sich hier vielmehr Putin und sein Stab verantworten sollen.«

»Welche wichtigen Fakten, die für die Bewertung der Geiseltragödie grundlegende Bedeutung besessen hätten, sind bei der Vorbereitung des Rechenschaftsberichts der Kommission vom 28. Dezember 2005 außen vor gelassen worden?«

»Die Untersuchungen zum Terroranschlag von Beslan unterteilen sich für mich in einen strafrechtlich-juristischen und einen parlamentarischen Part. Um die Gesamtheit der faktischen Umstände lückenlos festzustellen, fehlte und fehlt der Kommission das erforderliche Instrumentarium. So sind wir beispielsweise nicht befugt, rechtsverbindliche Belehrungen über die Konsequenzen von Falschaussagen vorzunehmen, Gegenüberstellungen anzuberaumen oder Expertisen durchzuführen. Hier beruhen sämtliche Schlussfolgerungen der Kommission zu 75 Prozent auf Informationen, die wir von den Ermittlungsbehörden erhalten haben, und diese Informationen können unvollständig oder verzerrt sein. Wir hätten uns vielmehr auf etwas anderes konzentrieren sollen, nämlich die Handlungsweise der Entscheidungsträger der föderalen Staatsgewalt. Die regionalen Aspekte hat – meiner Meinung nach mit Erfolg – die von Stanislaw Kessajew geleitete regionale Untersuchungskommission des Parlaments der Republik Nordossetien-Alanien aufgearbeitet. Ihr Abschlussbericht war offen und ehrlich, darauf kommt es vor allem an.

Wir hätten hingegen in erster Linie die Handlungsweise des Präsidenten der Russischen Föderation sowie des Direktors des Inlandsgeheimdienstes auswerten müssen. Leider hat die Kommission während der gesamten 16 Monate die Verantwortung Wladimir Putins für Beslan in keiner Weise thematisiert. Zuerst sollte Wladimir Putin befragt werden, ein ganzes Jahr lang stand sein Name auf der Liste der anzuhörenden Personen, war dann aber plötzlich daraus verschwunden.«

»Die Kommission hat also nicht den Beschluss gefasst, den Präsidenten aus der Liste zu streichen?«

»Nein. Die Kommission hat das nicht einmal diskutiert. Putins Name ist einfach aus der Zeugenliste verschwunden. Und noch ein außerordentlich wichtiger Aspekt, den ich immer wieder zur Sprache gebracht habe: die Anhörung von Repräsentanten der muslimischen Religionsführung im Kaukasus. Im Grunde war niemand in der Kommission dagegen, dass wir uns einen persönlichen Eindruck von den Wahhabiten verschaffen. Ich selbst habe über einen längeren Zeitraum hinweg versucht, entsprechende Kontakte aufzunehmen, mit ihnen ins Gespräch zu kommen, sie zu verstehen. Schließlich ist der Wahhabismus ja nicht verboten. Also bin ich auf die Suche gegangen. Als die Untersuchungskommission die Leiter des Inlandsgeheimdienstes sowie des Auslandsnachrichtendienstes angehört hat, wollte ich von den Herren wissen: ›Wer sind die kaukasischen Emissäre des Wahhabismus?‹ Doch entweder wussten es die Geheimdienstler wirklich nicht, oder sie wollten nicht mit der Sprache herausrücken. Ich bin aber überzeugt, dass wir uns mit den Religionsführern zusammensetzen, mit ihnen reden müssen. Ich weiß noch, wie ich das Duma-Komitee für Religionsfragen aufgesucht und darum gebeten habe, mir die Namen der geistlichen Oberhäupter des Wahhabismus zu nennen. Daraufhin erklärte mir einer der Vizevorsitzenden des Religionskomitees: ›Hier hast du die Telefonnummer des Oberwahhabiten, er kann dir alles auseinandersetzen.‹ Als ich die Nummer wählte, hatte ich den bekannten Moskauer Philosophen und Politologen Gejdar Dshemal am Apparat. So viel nur dazu, auf welchem Niveau wir mit diesem Problem umgehen.«

»*Wäre der Name des Präsidenten nicht aus der Zeugenliste verschwunden, was hätten Sie Putin dann gefragt?*«

»Die Untersuchungskommission des nordossetischen Parlaments konstatiert, dass Achmed Sakajew, der Sondergesandte des tschetschenischen Präsidenten, die Bereitschaft Aslan Maschadows zu Verhandlungen mit den Geiselnehmern signalisiert hat. Klar ist außerdem: Maschadows Erscheinen in der Schule hätte eine Freilassung der Kinder bewirken können. Ich bin überzeugt, die Rebellen würden sich seinem Wort nicht widersetzt haben. Schließlich hatten sie immer wieder erklärt, ihr Kommandeur sei Schamil Bassajew, ihr Präsident jedoch Aslan Maschadow, und mit ihm müsse verhandelt werden. Doch für Putin war Maschadows Präsenz in Beslan nicht opportun, wäre dadurch doch das Ansehen des tschetschenischen Präsidenten gestiegen und die Popularität des kremlnahen Kadyrow-Clans zwangsläufig gesunken.

Als die Kessajew-Kommission ihren Bericht vorlegte, stürzte sich die regierungsfreundliche Presse vor allem auf ein Detail der Darstellung. Dass sich nämlich Ruslan Auschew, der ehemalige Präsident Inguschetiens, sowie der nordossetische Präsident Alexander Dsassochow mehrfach mit Achmed Sakajew in Verbindung gesetzt und um Vermittlung eines Kontakts zu Aslan Maschadow gebeten hatten, der tschetschenische Präsident jedoch nicht erreichbar gewesen sei. Ich sehe darin den Versuch, bewusst von der Hauptsache abzulenken.

Meiner Meinung nach wäre ein ganz anderes Vorgehen erforderlich gewesen: Sämtliche Fernsehsendungen werden unterbrochen, Wladimir Putin erscheint auf allen Kanälen und erklärt, er gebe für Aslan Maschadow einen Korridor frei und gewährleiste die Unantastbarkeit des tschetschenischen Präsidenten. Ab sofort. Wo immer sich Aslan Maschadow aufhalte, er müsste nach Beslan kommen und den Terroristen befehlen, die Aktion zu beenden. Danach könne er gehen, wohin er wolle.

Doch ein solches Szenario lag nicht in Putins Interesse, hatte er doch zuvor mehrfach erklärt, Maschadow sei ein Bandit, dem man den Garaus machen müsse. Mit dem Ergebnis, dass Wladimir Putin nun, in den dramatischen Stunden von Beslan, zur Geisel des eigenen Starrsinns wurde. Die markigen Worte zurückzunehmen hätte an seiner Eigenliebe gekratzt, und dagegen erschien das Leben von über tausend Menschen sekundär. Also delegierte Putin das Problem von der föderalen auf die regionale Ebene, doch Alexander Dsassochow als Präsident einer Teilrepublik verfügte im Unterschied zum Präsidenten der Russischen Föderation nicht über die Vollmacht, einen Korridor für Aslan Maschadow freizugeben und dessen Unantastbarkeit zu garantieren.

Dann kam die Liquidierung Maschadows. Man hätte Aslan Maschadow später noch vieles fragen können, doch der Befehl lautete: keine Gefangennahme, sondern gezielter Granatbeschuss. Putin redet gern vom internationalen Terrorismus, doch wer, wenn nicht ein gefangen genommener Maschadow, hätte erhellen können, wer die Terroristen finanziert, ob sie Gewährsleute und bestochene Helfershelfer im Kreml haben, woher die Waffen stammen, die in Beslan zum Einsatz kamen. Doch offenbar brauchte Putin keinen lebenden, inhaftierten Maschadow.«

»Sie haben mehrmals erklärt, in Beslan gäbe es keine Spuren des internationalen Terrorismus. Worauf stützt sich Ihre Aussage?«
»Die Untersuchungskommission besitzt keinerlei Anhaltspunkte, die für eine Mitwirkung des internationalen Terrorismus sprechen würden. Die Geiselnehmer hatten russische Waffen, über die Finanzquellen des Kommandos ist nichts bekannt. General Sergej Lebedew, der Leiter unseres Auslandsnachrichtendienstes, hat bei seiner Anhörung vor der Kommission viel darüber gesprochen, was sie draußen und hier im Lande alles ›unterbunden‹ haben wollen. Aber was heißt ›unterbunden‹? Umgebracht? Vor Gericht gestellt? Wo sind die entsprechenden Dokumente der Ermittlungsbehörden, die Gerichtsurteile? Die Kommission hat nichts, worauf sie sich stützen könnte. Nur verschwommene Andeutungen. Bekomme ich etwas Konkretes in die Hand, will ich meine Meinung gern ändern. Bis jetzt ist alles leeres Geschwätz.«

»Bei wie vielen der von der Kommission befragten Zeugen hatten Sie ähnliche Zweifel? War die Qualität der Aussagen oft zweifelhaft?«

»Ich habe das nicht gezählt. Über die Anhörung von General Lebedew sprechen wir ja gerade. Auf meine Bitte, mir die wahhabitischen Emissäre in Russland zu nennen, hat er geantwortet, diese Frage falle nicht in seine Kompetenz. Dann ist uns noch berichtet worden, in Beslan seien arabische Söldner dabei gewesen. Ich habe den Vertreter der Staatsanwaltschaft immer wieder gefragt: Wenn Saudis beteiligt waren, warum wendet ihr euch dann nicht an die Botschaft Saudi-Arabiens? Wo ist die diesbezügliche Bestätigung der Botschaft? Solange die Antworten ausstehen, muss man mit kategorischen Behauptungen vorsichtig sein. Und selbst wenn Saudi-Arabien die Information bestätigt, was für eine Bedeutung hätte das schon? Meiner Meinung nach gar keine. Einzelne Terroristen können des Geldes wegen oder aus religiösem Fanatismus immer irgendwo mitmischen. Von diesen Typen findet man jede Menge in verschiedenen Ländern, doch das bedeutet nicht, dass sie Mitglieder des internationalen Terrornetzwerks Al Qaida sind.

Die geheimnisvolle Videokassette, die Alexander Torschin beim öffentlichen Rapport am 28. Dezember gezeigt hat? Nicht etwa die Ermittler sind darauf gestoßen, sondern irgendwelche Kinder sollen sie ›aufgelesen‹ und der amerikanischen Journalistin ›übergeben‹ haben. Angeblich ist darauf der Araber Abu Said zu sehen. Aber er palavert so perfekt auf Russisch, wie man es sich besser gar nicht vorstellen könnte. Also bitte, her mit einem Dossier zu diesem Mann! Wir können es doch nicht bei Behauptungen aus dem Ausland bewenden lassen. Aber eigenes Material haben wir nicht.

Ich halte noch einmal fest: Mir als Mitglied der offiziellen Untersuchungskommission wurde von den entsprechenden Geheimdiensten nichts Konkretes vorgelegt. Ich habe keinerlei Unterlagen gesehen, anhand derer für mich erkennbar gewesen wäre, wer dieser Abu Said ist. Und dann nehme ich den Bericht des amerikanischen Kongress-Ausschusses zum 11. September in die Hand und sehe, dass sich dort zu jedem der Selbstmordattentäter genaueste Angaben finden: Wo geboren, wo zur Schule gegangen, wo zum Piloten ausgebildet, wovon gelebt. Wir haben in unserer Kommission nur eine von der Staatsanwaltschaft zusammengestellte Namensliste. Stimmt sie überhaupt? Warum sind diese Leute Terroristen geworden? Was hat sie zu einem so ungeheuerlichen Terroranschlag getrieben? Die Öffentlichkeit erhält keine Antwort.«

»*Zu welchem Schluss sind Sie jetzt, nach Ihrer Mitwirkung in der Untersuchungskommission, für sich persönlich gelangt: Was führte zur Entstehung der Terrorgruppe, die die Schule in Beslan besetzt hat?*«

»Das ließe sich nur anhand einer Analyse der Gruppenzusammensetzung klären. Doch die Identität von acht Terroristen konnte überhaupt nicht festgestellt werden, zu den übrigen gibt es nur allgemeine Angaben: Name und Nationalität. Und dass gegen einen Teil von ihnen bereits in anderen Zusammenhängen ermittelt wurde. Und ein weiterer Teil drogenabhängig war. Doch wie haben es diese Drogenabhängigen geschafft, über mehrere Stunden hinweg erbitterten Widerstand zu leisten? Es gibt eine erschütternde Episode: Ruslan Chutschbarow, der Anführer des Kommandos, erschoss zwei Frauen und einen Mann aus der Gruppe der Terroristen, weil sie ihm den Gehorsam verweigerten. Als die Kinder in der Turnhalle vor Durst den eigenen Urin tranken und Höllenqualen litten, schrien die drei Chutschbarow an, so etwas dürfe man nicht tun, die Kinder müssten freigelassen werden. Die beiden Frauen und der Mann waren an der Vorbereitung und Ausführung des Anschlags beteiligt gewesen, doch in der besetzten Schule sagten sie sich von den vorherigen Zielen los – und wurden erschossen. Wer waren die drei? Vielleicht hätte man die Leichname den Angehörigen übergeben sollen? Zählen sie zu den Opfern oder zu den Terroristen? Es gibt schließlich den Begriff des freiwilligen Verzichts auf die Ausführung eines Verbrechens. Ein derartiger freiwilliger Verzicht befreit nicht von der Verantwortung, findet jedoch Berücksichtigung bei der Festlegung des Strafmaßes. Doch die Kommission hat keinen Versuch unternommen, Näheres zu den Personalien der Terroristen in Erfahrung zu bringen. Ich werde wohl noch einen entsprechenden Antrag stellen müssen.

Beslan ist nur ein Teil des tschetschenischen Massakers. Ein Geschehnis von vielen dieser Art. Sieht man die Aufgabe der Untersuchungskommission darin, die Ursachen für die Besetzung der Schule festzustellen, dann muss man klar sagen: Sie sind nicht in Ossetien zu suchen. Mich erschreckt, dass niemand die wirklichen Gründe aufdecken will. Hier befinde ich mich in einem prinzipiellen Dissens mit dem gerade vorbereiteten Abschlussbericht Alexander Torschins. Er enthält nämlich keine Aussage dazu, warum derartige Terrorgruppen entstanden sind. Warum sie Unterstützung in der Bevölkerung finden. Welche Rolle dabei die massenhafte Verletzung der Menschenrechte in Tschetschenien spielt.«

»Hat denn die Kommission zumindest die Umstände des Überfalls tschetschenischer Rebellen auf Einrichtungen von Polizei und Militär in Inguschetien in der Nacht vom 21. auf den 22. Juni 2004 untersucht? Dieser Anschlag ging ja der Geiselnahme von Beslan unmittelbar voraus.«

»Nein. Was sehe ich anders als die Kommission? Erstens: Putins Weigerung, Aslan Maschadows Unabhängigkeit zu garantieren, hat letztendlich zur Stürmung der Schule geführt. Zweitens: Anissimow und Pronitschew, die beiden von FSB-Chef Patruschew und Präsident Putin als Berater entsandten Vizedirektoren des Inlandsgeheimdienstes, sind Schlüsselfiguren im Geiseldrama von Beslan, wurden jedoch in keiner Weise zur Verantwortung gezogen. Drittens: Die Verletzung der Menschenrechte im Kaukasus bildet den Nährboden für den Terroranschlag in Beslan und bringt immer neue Rebellen hervor. Viertens: Die Ursachen der blutigen Tragödie sind nicht aufgearbeitet worden. Mit den Übergriffen der tschetschenischen Rebellen in Inguschetien oder anderen Terroranschlägen hat sich die Kommission überhaupt nicht beschäftigt, da sie angeblich in keinerlei Beziehung zu Beslan stehen.

Doch die ganze Verworrenheit der Vorgänge und dazu noch die Liquidierung Aslan Maschadows bieten Raum für eine ungeheuerliche Mutmaßung, die sich hartnäckig hält und in den Gesprächen der Abgeordneten untereinander kolportiert wird. Um zu verhindern, dass Maschadow nach Beslan kommt, soll angeblich irgendjemand die Explosion, den Sturmangriff auf das besetzte Gebäude und alles Weitere veranlasst haben. Die FSB-Berater Anissimow und Pronitschew hatten, wie aus dem Bericht der Kessajew-Kommission hervorgeht, einen gesonderten Arbeitsbereich im Operativstab. Was geschah dort? Welche Entscheidungen wurden gefällt? Wer soll jetzt noch daran glauben, dass die Detonationen Zufall waren? Umso mehr, als die Sprengsätze nicht auf dem Fußboden explodierten – dort gab es nicht einmal einen Bombentrichter –, sondern irgendwo oberhalb der Decke.

Den Boden für das Aufkommen einer derartigen Mutmaßung hat wieder Präsident Putin selbst bereitet. Diese Version, die man tunlichst totschweigt und nicht zur Kenntnis nimmt, ist natürlich beschämend für das Land. Deshalb möchte ich von Putin Antworten hören.«

»*Hat der Untersuchungsausschuss Anissimow und Pronitschew offiziell befragt? Was wussten sie zu sagen?*«

»Sie haben erklärt: FSB-Direktor Patruschew hat uns als Berater nach Beslan entsandt, damit wir Unterstützung leisten. Das war alles. Was sie dort getan oder nicht getan haben könnten, darüber lässt sich nur spekulieren. Ich vertrete den Standpunkt, dass durch Putins und Patruschews Handeln die Situation in Beslan aus dem Ruder gelaufen ist. Das Gesetz zur Bekämpfung des Terrorismus sieht keinerlei Berater vor. Vielmehr gibt es einen Stab, der die volle Verantwortung für sämtliche Entscheidungen trägt. In Beslan dagegen agierten parallel zur Führung des Operativstabs noch diese Berater. Wenn Valeri Andrejew, der für die Antiterror-Operation zuständige Direktor des nordossetischen Inlandsgeheimdienstes, als Berater zwei seiner Chefs vorgesetzt bekommt, wie soll er da Entscheidungen treffen?«

»*Könnten Sie auf der Grundlage der Materialien, zu denen Sie im Rahmen der Kommissionsarbeit Zugang hatten, eine persönliche Einschätzung der konkreten Handlungsweise der in die Tragödie von Beslan involvierten Schlüsselfiguren der Staatsgewalt vornehmen? Ich denke beispielsweise an Nikolai Patruschew. Hat er alles getan, was er konnte?*«

»Seinen Ausführungen vor der Untersuchungskommission zufolge war er die ganze Zeit in Moskau, vor Ort in Beslan ist er nicht gewesen. Aber man kann ihm etwas anderes zum Vorwurf machen:

Warum gibt es bis jetzt keine effektive Geheimdienstinfiltration in das terroristische Milieu? Weshalb war der FSB in Beslan, aber auch bei Terroranschlägen anderenorts, nicht vorbereitet? Beispielsweise, als in der Nacht vom 21. zum 22. Juni 2004 über dreihundert tschetschenische Rebellen die Stadt Nasran für mehrere Stunden besetzten, als Vertreter der Zentralgewalt und moskaufreundliche Inguschen dutzendfach umgebracht wurden. Das ist doch eine ebenso beschämende Tatsache.

Gleiches gilt für Russlands Innenminister Raschid Nurgalijew. Dem Innenministerium muss man vorwerfen, nicht einmal für eine elementare Absperrung des Schulgeländes gesorgt zu haben, angeblich, weil sich die hitzköpfigen Kaukasier den Anordnungen nicht fügen wollten. Minister Nurgalijew hat nur seinen Stellvertreter Pankow nach Beslan geschickt. Um die Schule herum stand eine Menschenmenge, selbst bei der Erstürmung der Schule machte diese Menschenmenge mit, die Feuerwehrautos konnten nicht an den Ort des Geschehens gelangen, weil unzählige Privatautos die Zufahrten versperrten. Und wo war die Miliz? Ich sage nicht, dass Nurgalijew dafür zur Verantwortung gezogen werden muss, aber Pankow auf jeden Fall. Stattdessen wird als Rechtfertigung in Umlauf gesetzt: Wie gut, dass so viele Zivilisten dabei waren, sie haben viele Verwundete herausgetragen, ohne sie wären noch mehr Menschen umgekommen. Was denn, heißt das für das nächste Mal: Liebe Angehörige der Geiseln, packt, was euch gerade in die Finger kommt – und auf zum Sturmangriff?«

»*Alexander Dsassochow. Wie bewerten Sie das Handeln des nordossetischen Präsidenten?*«

»Meinen Sie, ob er in die Schule hätte gehen sollen? Darauf weiß ich keine Antwort, denn im Grunde fragt man damit, ob er in den Tod gehen sollte oder nicht. Wer könnte das schon beantworten? Ganz klar ist, dass der frühere inguschetische Präsident Ruslan Auschew weniger riskiert hat, als er in das besetzte Gebäude gegangen ist. Bedenkt man Auschews Vergangenheit, dann war die Bedrohung für ihn geringer als etwa für Murat Sjasikow, den jetzigen Präsidenten Inguschetiens, oder für Dsassochow. Sjasikow und Dsassochow wären nicht lebend wieder herausgekommen, da bin ich mir ganz sicher. Meine feste Überzeugung ist, dass man die Präsidenten der Kaukasusrepubliken in derartigen Situationen schonen muss, sie können nicht bei den Antiterror-Operationen für alles und alle geradestehen. Ob Dsassochow getan hat, was er konnte? Was konnte er denn schon? Er hat die Verhandlungen mit Achmed Sakajew in Gang gebracht, ist vor Ort gewesen, bei den Leuten, hat sich nicht verkrochen. Wahrscheinlich war das der Rahmen des Möglichen.«

»*Und Murat Sjasikow?*«

»Wäre er zu den Terroristen hineingegangen, hätten sie ihn umgebracht. Er war für sie ein Verräter.«

»*Leonid Roschal. Hat der Kinderarzt in Beslan genug unternommen?*«

»Wir haben Roschal in der Kommission befragt. Er ist ein anständiger Mann. Wenn Sie meine Meinung hören wollen: Es hätte nichts gebracht, wenn Leonid Roschal hineingegangen wäre. Das einzige Gespräch, das er führen konnte, endete damit, dass ihm die Besetzer ›Judenfresse‹ an den Kopf geworfen haben. Eine unverschämte, hundsgemeine Beleidigung. Dabei hatten sie zuerst selbst seine Einschaltung gefordert, und er ist auch tatsächlich nach Beslan gekommen.«

»*Ruslan Auschew. Wie bewerten Sie sein Handeln?*«

»Ich sehe in Auschew eine Gestalt aus der kaukasischen Elite der Jelzin-Ära. In der Anfangsphase waren sie ja auch alle Präsidenten und Minister. Auschew, Maschadow, Dudajew und Bassajew saßen oft zusammen an einem Tisch. Als kaukasische Brüder. Später sind die Tschetschenen in den Untergrund gegangen und haben zu morden begonnen. Als dann der Krieg mit Russland anfing, ist Auschew beim Kernland geblieben. Ruslan Auschew hat in Beslan alles richtig gemacht. Wenn ich noch jemanden herausheben möchte, dann den Öl-Oligarchen Michail Guzerijew, der selbst in Beslan war und Geld geben wollte. Als wir Guzerijew in der Kommission angehört haben, hat er fast geweint, so nahe sind ihm die Ereignisse von Beslan gegangen.«

»*Und die sogenannten Berater? Anissimow und Pronitschew?*«

»Die Entscheidung, Berater nach Beslan zu schicken, haben FSB-Chef Patruschew und Präsident Putin getroffen. Entsprechend war dann auch der Auftritt von Pronitschew und Anissimow vor dem Untersuchungsausschuss: Wir hatten Befehl, sind losgefahren, haben beraten.«

»*Zu welchen neuen Erkenntnissen sind Sie persönlich durch die Kommissionsarbeit gelangt?*«

»Gänzlich unerwartet hat sich bei mir ein Umdenken im Hinblick auf die Tätigkeit der Menschenrechtsorganisationen vollzogen. Für mich waren sie vorher auch ›Schlangenbrut‹, wie es Ex-Verteidigungsminister Pawel Gratschow einmal ausgedrückt hat. Meine Einstellung zu dieser ›Schlangenbrut‹ ist in den Jahren 1993 bis 1995 entstanden. Damals hatte ich mit russischen Flüchtlingen aus Tschetschenien zu tun und habe es so gesehen, dass in Tschetschenien ein Genozid an den Russen stattfindet, die Menschenrechtsorganisationen aber nicht sie, sondern die Tschetschenen verteidigen. Das hat in mir Wut und Ablehnung ausgelöst. Heute haben, wie ich zugeben muss, die Menschenrechtsorganisationen diese Schlagseite überwunden. Sie kämpfen für die Rechte aller Menschen im Kaukasus, unabhängig von deren Nationalität, setzen sich ein für die normalen Menschen, nicht für die Neureichen. Die Bürgerrechtler schonen sich nicht, riskieren viel. Obwohl ihnen sehr leicht ein gezücktes Messer oder eine Kugel drohen kann ...«

»*Meine letzte Frage: Sie sagten, dass Boris Gryslow einmal in einer Kommissionssitzung faktisch die Leitung übernommen hat.*

Aber auch Ljubow Sliska, die Vizevorsitzende der Staatsduma, ist wiederholt aktiv geworden, um die Kommissionsarbeit in eine bestimmte Richtung zu lenken. Worauf zielten Sliskas Einmischungsversuche ab?«

»Im November 2005 sind Sliska und Mironow im Ausschuss erschienen und haben erklärt, dass es wünschenswert sei, den Abschlussbericht bis Jahresende vorzulegen. Die Öffentlichkeit wäre aufgebracht, es müsse schneller gehen ... Bei den Kommissionsmitgliedern fand die Initiative Unterstützung. Nicht umsonst ist unsere Ljubow Sliska eine sehr glamouröse Dame, wie selbst die Hochglanzjournale einräumen. Wie könnte man ihr etwas abschlagen? Geht es nach dem Reglement, dann hatte Boris Gryslow natürlich keinerlei rechtliche Handhabe, Sliska zu uns in den Ausschuss zu schicken. Aber ich würde das nicht Einmischung nennen. Sagen wir so: Es war keine Kommissionssitzung, sondern ein Treffen mit einer Glamourlady. Sie hat uns gebeten, die Arbeit zum Abschluss zu bringen. Alle waren einverstanden, eine entsprechende Festlegung wurde getroffen, doch dann haben die Kommissionsmitglieder ihre Meinung revidiert. Statt des Abschlussberichts legte Alexander Torschin am 28. Dezember lediglich einen Rapport über die bisherige Arbeit des Untersuchungsausschusses vor. Wobei im Übrigen weder Boris Gryslow noch Sergej Mironow oder Ljubow Sliska zu der Präsentation erschienen.

Ich habe Alexander Torschin ersucht darzulegen, dass ich, Kommissionsmitglied Juri Iwanow, gegen den Rapport bin, sowohl der Form als auch dem Inhalt nach. Torschin hat das nicht getan und mich dadurch faktisch gezwungen, selbst den Kontakt zur Presse zu suchen. Also gebe ich jetzt Interviews, wende mich direkt an die Öffentlichkeit.«

23. Januar 2006

TEIL IV
EIN »FRIEDLICHES LAND«

DIE NEONAZIS IN ST. PETERSBURG, ORJOL UND TAMBOW VERKÜNDEN GANZ OFFEN ...

»wir haben unseren eigenen Scharfschützen.« Obwohl die russischen Faschisten ihre »Todesurteile« bereits vollstrecken, zeigen Richter und Staatsanwaltschaft keinerlei Reaktion.

Gerade ist Nikolai Girenko zu Grabe getragen worden. Unsere Gesellschaft hat ihn nicht geschützt, nicht gerettet. Der 64-jährige Petersburger Anthropologe wurde von Nationalisten erschossen. Zur Abschreckung. Weil er in Gerichtsprozessen gegen extremistische Gruppierungen als Gutachter aufgetreten war. Und schon brüsten sich die russischen Neonazis – diesmal im zentralrussischen Orjol – ganz offen damit, den Nächsten »zum Abschuss freigegeben« zu haben. Es ist der Historiker und Bürgerrechtler Dmitri Krajuchin, der ebenso wie Girenko vor Gericht Sachverständiger und Zeuge in Extremistenprozessen war. Und was geschieht? Nicht das Geringste. Krajuchin beantragte beim Gericht des Stadtbezirks Sowjetski in Orjol Schutz vor den Neonazis. Als die Sache verhandelt wurde, füllten Mitglieder der militant nationalistischen Organisation »Russische Nationale Einheit« (RNE) den Saal, und vor diesen grinsenden Skinheads verkündete der Richter, Krajuchins Antrag sei abgelehnt. Daraufhin wandte sich Dmitri Krajuchin an die Staatsanwaltschaft der Stadtbezirksgerichte Sawodskoi sowie Sowjetski, später auch noch an das Gebietsgericht Orjol. Wieder geschah nichts. Eine »Reaktion« der Justizorgane, die einer Verhöhnung gleichkommt.

Das Drama hat folgende Vorgeschichte: Lange Zeit war Orjol keine rot-braune Stadt. Rot vielleicht doch, braun jedenfalls nicht. Im Sommer 2003 begann sich das gesellschaftliche Klima jedoch zum Negativen zu verändern, die russischen Neonazis wurden auch hier aktiver. Zunächst die von Alexander Barkaschow gegründete RNE, die überall in der Stadt Flugblätter gegen »Hatschiks« (Kaukasier), »Guks« (Menschen aus Zentralasien) und Juden klebte, ebenso aber auch gegen den Patriarchen der russisch-orthodoxen Kirche und seinen Klerus. An den Wochenenden versammelten sich Mitglieder und Sympathisanten der RNE auf den zentralen Plätzen der Stadt, um unter dem neuen russischen Prekariat Parteigänger für ihre Bewegung zu rekrutieren.

Krajuchin machte eine Eingabe bei der Staatsanwaltschaft des Stadtbezirksgerichts Sawodskoi und forderte von Staatsanwalt Sergej Nowikow, gegen die Verfasser der Flugblätter ein Strafverfahren nach § 282 des Strafgesetzbuchs der Russischen Föderation wegen Aufwiegelung zu Feindseligkeiten auf nationaler, rassischer oder religiöser Basis sowie wegen Verunglimpfung des Patriarchen einzuleiten. Denn man muss wissen, Dmitri Krajuchin ist nicht nur ein namhafter Bürgerrechtler, der an der Spitze einer Initiative namens »Institut für gesellschaftliche Probleme ›Einiges Europa‹« steht, sondern zugleich auch Mitstreiter des Vorsitzenden der kirchlichen Geschichts- und Archivgesellschaft, die seit 1905 existiert und deren Tätigkeit auf einem bereits im Gründungsjahr vom Heiligen Synod bestätigten Statut beruht.

Das Ermittlungsverfahren gegen die RNE kam erst nach Intervention der Staatsanwaltschaft des Gebietsgerichts Orjol in Gang. Was die Beleidigung des Patriarchen angeht, so unternahmen die Justizbehörden in dieser Sache bemerkenswerterweise überhaupt nichts. Im August 2003 wurde Strafantrag gegen zwei RNE-Mitglieder gestellt, die allerdings nicht aus Orjol, sondern vielmehr aus Brjansk stammten. Womit sich die ganze Angelegenheit als Werk auswärtiger Unruhestifter darstellen ließ.

Während des von Richter Igor Paukow geführten Prozesses vor dem Gericht des Stadtbezirks Sawodskoi wurde auch Dmitri Krajuchin als Sachverständiger gehört. Kurz darauf stellte sich heraus, dass die für die Ermittlungen zuständige Staatsanwaltschaft den RNE-Aktivisten sämtliche persönlichen Daten des Bürgerrechtlers zugänglich gemacht hatte – von der Adresse bis zu den Telefonnummern. Im März 2004 tauchten überall in Orjol Flugblätter auf, in denen es hieß, Krajuchins Auftreten sei gleichzusetzen mit Ketzerei, und was Ketzern blühe, wisse man ja. Dann folgten Krajuchins Wohnanschrift und Telefonnummer. Jeder, der wollte, sollte also hingehen und es dem Bürgerrechtler »heimzahlen« können.

»Natürlich fasste ich das als Drohung auf«, schildert Dmitri Krajuchin. »Ich war bei der Staatsanwaltschaft des Stadtbezirks Sowjetski, dort, wo ich wohne, um wegen der Weitergabe meiner persönlichen Daten Anzeige zu erstatten. Ich wurde abgewiesen. Mit der Begründung, in diesem Stadtbezirk seien ja nur sehr wenige Flugblätter verteilt worden. Nein, das ist kein Scherz. Dann habe ich zu Hause Briefe erhalten, auf den Umschlägen war der Stempel unserer Kreisverwaltung für die Bekämpfung des organisierten Verbrechens, und in den Umschlägen lagen RNE-Flugblätter mit Morddrohungen. Wieder habe ich die Staatsanwaltschaft um Hilfe gebeten und auch diesmal eine Abfuhr erhalten. Danach kamen Kopien von Pressemeldungen über die Ermordung Nikolai Girenkos. Ich solle mir gut merken, was mit Girenko passiert sei, hieß es. Ich habe beim Gericht Zeugenschutz beantragt. Ohne Erfolg. Noch fliegen die Kugeln der Killer nicht, aber ich lebe natürlich in ständiger Anspannung.«

»Vielleicht sollten Sie jetzt lieber wegziehen?«

»Nein, das habe ich nicht vor«, erklärt Krajuchin kategorisch. »Dies ist mein Land. Und meine Stadt. Ich möchte, dass darin Menschen mit sauberen Händen leben. Ich will weder meine Stadt noch mein Land preisgeben.«

Es ist wenig wahrscheinlich, dass der Bürgerrechtler Dmitri Krajuchin seinen Entschluss ändert. Doch wie soll es dann weitergehen? Gibt man »Krajuchin« als Suchwort ein, präsentiert einem das

Internet sofort mehrere Bilder, auf denen quer über Dmitri Krajuchins Gesicht geschrieben steht: »Erkenne deinen Feind! Stellt Fotos, Adressen und Telefonnummern von Russlandhassern ins Netz. Die Nation soll wissen, wie ihre Helden aussehen. Und unser Scharfschütze auch!«

»Unser Scharfschütze«, wer soll das sein? In wessen Diensten steht er? Das ist die Frage. Aber sollte das wirklich noch für irgendjemanden eine Frage sein?

Man braucht sich nur zu erinnern, wie sie begann – die Hetzjagd auf Nikolai Girenko, die schließlich zu seiner Ermordung führte. Schnell wird klar, dass im Fall Dmitri Krajuchins das gleiche Szenario abläuft. Die Internetseiten der russischen Neonazis bombardierten die Nutzer lange Zeit mit unverhohlenen Aufrufen, den Wissenschaftler umzubringen. Die Staatsanwaltschaften, ganz gleich, wo sie territorial oder in der Hierarchie des Justizsystems angesiedelt waren, taten nichts außer zu grummeln, die Bürgerrechtler würden übertreiben, nur ihre eigenen PR-Interessen verfolgen. Die Öffentlichkeit verharrte in intellektuellem Phlegma.

Das Ende ist bekannt: Girenko wurde erschossen. Der Vertreter einer neonazistischen Gruppe trat im Fernsehen auf und erklärte: »Wir waren es.« Nichts geschah. Die Rechtsschutzorgane schweigen. Ein Schweigen, das die Stimmen der Bürgerrechtsgemeinschaft nicht zu durchbrechen vermochten.

Schon bahnt sich unausweichlich die nächste Tragödie an – aus derselben Richtung. Die Justiz hält sich nur dann an Recht und Gesetz, wenn es um die Wahrung der Rechte neonazistischer Banditen geht. Und die Gesellschaft wartet tatenlos ab, was passiert.

In der russischen Bürgerrechtsbewegung scheint eine allgemeine Urlaubswelle ausgebrochen zu sein. Lediglich das Moskauer Menschenrechtsbüro wandte sich mit einem Schreiben an Generalstaatsanwalt Wladimir Ustinow: »… Wir bitten Sie, die Lage in Orjol unter Ihre persönliche Kontrolle zu stellen und von der Staatsanwaltschaft der Stadt eine adäquate juristische Reaktion auf die Ausschreitungen der nationalistischen Extremisten zu verlangen ... Wir dulden nicht, dass es zu neuen Tragödien kommt, und fordern, dem Hexensabbat der ›Braunen‹ in Orjol wie in anderen Regionen Russlands ein Ende zu bereiten.«

»Wir bitten Sie ...« Wer sind diese »wir«? Vorfälle wie die Morddrohungen gegen Dmitri Krajuchin offenbaren zwei Phänomene. Zum einen, dass die Exzesse des neofaschistischen Mobs immer ungezügelter werden. Und zum anderen, dass die Gesellschaft unfähig ist, dem wirkungsvoll entgegenzutreten.

Für Dshamal Edilsultanow, einen Schüler der elften Klasse der Landschule von Wtoroje Peresypkino im Kreis Gawrilowka, trat niemand ein, als es notwendig gewesen wäre. Ganz allein stand er einer aufgeputschten Clique von Nationalisten gegenüber.

Jeder von uns weiß, was das für Typen sind, denn es gibt heute keine Region, in der nicht derartige Schlägertrupps all diejenigen terrorisieren, die ihrer Meinung nach »nicht zu uns gehören«. Vorgeblich zum Schutze der »Unsrigen«. Nur allzu häufig zählen zu diesen – vom Fernsehen mit gebührender Aufmerksamkeit bedachten – Gruppen ehemaliger Soldaten, die in Tschetschenien gedient und dort Erfahrungen mit Hinrichtungen ohne Gerichtsprozess, ohne Verurteilung gesammelt haben. Kehren die Tschetschenien-Veteranen nach Hause zurück, juckt es ihnen in den Fäusten, ihr Mütchen an allen »Kaukasiern« zu kühlen. Sie trinken, sie lassen die »Bruderschaft im Kampf« hochleben, und dann ziehen sie los, um irgendjemanden zu verprügeln, der »hier frech geworden« ist. Eine triviale, alltägliche Facette unseres Lebens.

Gawrilowka ist eine kleine Kreisstadt im Gebiet Tambow. Hierher wurde die tschetschenische Familie Edilsultanow vom Staat geschickt. Zu Beginn des zweiten Tschetschenien-Krieges gab es folgende politische Linie: Personen, die vor dem Bombenterror geflohen waren, erteilten die Migrationsdienste den Rat, nicht ausschließlich in die Flüchtlingslager in Inguschetien zu strömen, sondern sich in eines der über ganz Russland verstreuten sogenannten Durchgangszentren (DZ) einweisen zu lassen. Ein derartiges Zentrum befindet sich auch in dem Dorf Wtoroje Peresypkino im Kreis Gawrilowka, und dorthin wurden die Edilsultanows geschickt.

Dshamal besuchte in Wtoroje Peresypkino die Schule, stand bereits kurz vor dem Abschluss. Bei seinen Klassenkameraden galt er etwas, weil sie wussten, dass er sich für Schwächere einsetzte. Am 16. Oktober 2003 fand man seine Leiche in einer Schlucht unweit des Dorfes Marjewka, das bereits zum benachbarten Gebiet Pensa gehört. Dshamal war ermordet, seine Kehle mehrfach durchschnitten worden, der Körper wies Spuren von Folter und schweren Misshandlungen auf.

Am 11. Oktober 2003 hatte es im Kulturhaus von Gawrilowka einen Herbstball gegeben. Im Grunde einen Disko-Abend. Irgendjemand trank dabei einen über den Durst, irgendjemand blieb irgendjemandem etwas schuldig, und schon begann eine Schlägerei »zwischen Dorfbewohnern und Personen kaukasischer Nationalität aus dem hiesigen Durchgangszentrum«, wie es im Antrag auf Einleitung eines Strafverfahrens heißt. Dshamal Edilsultanow versuchte zu schlichten, nahm einem der Beteiligten – einem jungen Mann aus Gawrilowka – ein schweres Eisenteil weg. Später begleitete Dshamal ein Mädchen nach Hause. Währenddessen trommelte derjenige, dem er den Eisenschläger abgenommen hatte, per Telefon seine »Kumpels« aus mehreren nahe gelegenen Dörfern und Kleinstädten zusammen.

Die »Kumpels« – der hiesige militante Schlägertrupp – hießen in der Umgebung nur Schulygin-Bande. Ihr Anführer Viktor Schulygin war als Soldat in verschiedenen Kriseneinsätzen gewesen, jetzt fühlte er sich berufen, in diesem Teil des Gebiets Tambow »für Ordnung zu sorgen«. Die Schulygin-Bande folgte dem Schlachtruf: »Unsere Leute werden verprügelt!«, und machte sich auf nach Gawrilowka. Als sie dort eintraf, waren die an der Schlägerei Beteiligten jedoch schon auseinandergegangen. Dafür fiel dem Trupp Dshamal Edilsultanow – der, nachdem er das Mädchen begleitet hatte, gerade in das Durchgangszentrum zurückkehren wollte – in die Hände. Er wurde erstochen, weil er ein Tschetschene war. Das gerichtsmedizinische Gutachten stellte fest, dass »die Klinge etwa 7 cm tief in den Körper eindrang« und »das Opfer sämtliche Traumata vor Eintritt des Todes erlitt«. Die Mörder verscharrten die Leiche einige Kilometer entfernt in einer Schlucht. Erst am 16. Oktober wurden die sterblichen Überreste Dshamal Edilsultanows entdeckt, und auch das nur zufällig.

Dshamals Vater Issa war Musiker und Schlagzeuger eines seinerzeit in ganz Tschetschenien bekannten Vokal- und Instrumentalensembles gewesen. Natürlich versuchte Issa Edilsultanow herauszufinden, wer seinen Sohn umgebracht hatte. Doch bei den Rechtsschutzorganen des Gebietes Tambow stieß er auf eine Mauer dumpfen Schweigens: »Eigene Leute« wegen »Fremden« zur Verantwortung ziehen, das will hier keiner. Oder kann es vielleicht auch nicht: Die Schulygin-Bande ist gefürchtet. Und im Endeffekt geschieht genau das Gegenteil von dem, was nach Gesetz und Recht hätte geschehen müssen: Zeugen werden unter Druck gesetzt, die Familie, die einen Sohn verloren hat, wird schikaniert, ein Strafverfahren ist zwar eingeleitet worden, aber offenkundig nur pro forma, wann und wie dieses Strafverfahren Nr. 45038 endet, weiß niemand.

Das war die ganze kurze Vita des Jungen Dshamal Edilsultanow, der unter die Räder einer Lebenswirklichkeit geriet, in der Strafverfolgungsbehörden und Justiz nicht nur keinen Finger zum Schutze des Gesetzes rühren, wenn nicht Geld fließt, sondern zudem noch paralysiert sind von einer nationalistischen Ideologie, die wiederum durch und durch kriminell geworden ist.

Nikolai Girenko, Dshamal Edilsultanow und Dmitri Krajuchin sind Opfer ein- und derselben Doktrin. Ihr Name lautet: Neofaschismus als Lebensprinzip. Früher hielten wir die nationalpatriotische Front »Pamjat« für etwas unsäglich Schauerliches, Obskures. Verglichen mit den Zuständen im Jahr 2004 nimmt sich »Pamjat« allerdings wie ein ethnografisch-kulturhistorischer Verein aus. Die heutigen Neonazis verfügen über eigene, »fest angestellte« Killer, und wir haben keinerlei Gewähr, dass deren Anstellung nicht von nur allzu bekannter Stelle abgesegnet wurde ...

19. Juli 2004

WIE DER SOLOWEZKI-GEDENKSTEIN AUF DEM LUBJANKA-PLATZ ERSTÜRMT WURDE

Moskauer Bürgerrechtler wurden wegen einer »nicht genehmigten Trauerbekundung« verhaftet.

In der Abteilung für Inneres des Stadtbezirks Kitai-gorod – er liegt unmittelbar im Zentrum, und die Milizverwaltung hat ihren Sitz direkt am Roten Platz – sieht es aus, als sei hier eine Gedenkstätte für die Opfer der Geiselnahme von Beslan eingerichtet worden. Auf dem Tisch – bunte Herbstastern, heruntergebrannte Kerzen, selbst gemachte Plakate. Mit schwarzer Tusche steht auf weißem Papier: »Herr, erlöse die Seelen derer, die ermordet wurden – von den Banditen und von unseren eigenen Leuten.« Daneben ein schwarzes Stück Papier mit weißer Schrift: »... gedenke...«. Natürlich hat der Schöpfer des Spruchbands geschrieben: »gedenken wir«, doch der grobe Riss, der durch sein Werk läuft, verschluckt die restlichen Buchstaben.

Die Plakate sind zerfetzt, die Blumen zerfleddert, die Kerzen zertreten. Zwischen all dem wüsten Durcheinander auf dem Tisch erkennt man eine völlig zerknüllte »Nowaja Gaseta«: die Ausgabe Nr. 65 mit dem Bericht des Duma-Abgeordneten Juri Saweljew, der in der parlamentarischen Untersuchungskommission zur Aufklärung der Hintergründe des Geiseldramas von Beslan mitgearbeitet hat und die offizielle Darstellung der Erstürmung der Schule widerlegt. Sein Bericht ist in aller Munde.

Wir schreiben den 3. September 2006. Und was auf dem Tisch der Milizverwaltung des Stadtbezirks Kitai-gorod liegt, das sind Beweismittel.

Wie und warum diese seltsamen Beweisstücke hierhergelangten, erklärt sich folgendermaßen: Am 1. September, als alle normal denkenden und fühlenden Menschen um die vor zwei Jahren in Beslan getöteten Geiseln trauerten, demonstrierten die hauptstädtischen Hüter der Rechtsordnung den Moskauern, wie man seine Trauer »ordentlich« zum Ausdruck zu bringen hat, was man über die Tragödie von Beslan denken darf und was nicht. Diejenigen, die sich an den behördlich festgelegten Orten für die Trauerbekundung versammelten, legten ihre Blumen an den eigens dafür hergerichteten Stellen nieder und gingen ruhig nach Hause. Diejenigen jedoch, die eigenständig entschieden, wo sie trauern wollten, wurden von Moskauer OMON-Spezialeinheiten des Innenministeriums vertrieben und verhaftet. Ihnen soll jetzt vor dem für den Gerichtsbezirk Nr. 369 zuständigen Moskauer Stadtbezirksgericht Twerskoi der Prozess gemacht werden.

Betroffen sind vor allem Moskauer Bürgerrechtler. Sie hatten die Behörden vorab davon in Kenntnis gesetzt, dass sie am 3. September 2006 um 13.05 Uhr, dem Zeitpunkt der Erstürmung der Schule in Beslan, auf dem Lubjanka-Platz eine Mahnwache abhalten würden. Am Solowezki-Gedenkstein. Einem Findling, der von den Solowezki-Inseln – wo 1918 das erste sowjetische Straflager errichtet worden war – nach Moskau gebracht und vor der einstigen KGB-Zentrale, vis-à-vis dem heutigen Geheimdienst-Hauptquartiers, aufgestellt wurde. An diesem traditionellen Ort für Trauerkundgebungen wollten sich die Bürgerrechtler versammeln, Kerzen anzünden, der Toten gedenken, miteinander schweigen, den Stein mit Blumen bedecken.

Als Antwort auf das Ankündigungsschreiben der Initiative »Für Menschenrechte« erklärte die Verwaltung des Moskauer Stadtbezirks Zentralny, sie werde derartige Aktivitäten unterbinden. Und das, obwohl der Exekutive laut Gesetz ein Verbotsrecht nicht zusteht. Zuerst begründete die Administration ihre Entscheidung offiziell damit, in diesem Zeitraum begehe Moskau »ein Fest mit feierlichen Veranstaltungen«. Gemeint war das Stadtfest. Als sich der Wind in den politischen Führungsetagen drehte, besagte Festivitäten auf den 2. September begrenzt und für den 3. September staatliche Gedenkfeiern für die Opfer der Geiseltragödie anberaumt wurden, führte man als zweiten Grund für das Verbot ins Feld, der Lubjanka-Platz müsse nach dem Stadtfest aufgeräumt werden.

Und dann kam der 3. September. 12.50 Uhr. Manches mag sich verbieten lassen, doch Trauer nicht. Die blutige Tragödie von Beslan hat alle erschüttert, und der Opfer des Geiseldramas zu gedenken steht ausnahmslos allen zu – denjenigen, die nicht offizielle Trauerfeiern verbieten, ebenso wie denen, die Schmerz und Betroffenheit auf ihre Weise ausdrücken wollen. Ungefähr 200 Personen kamen trotz des Verbots – mit Blumen, Plakaten und Fotos der getöteten Kinder. Auf dem Lubjanka-Platz wurden sie erwartet von ... Militärkordons. In einiger Entfernung vom Solowezki-Gedenkstein bildeten junge Milizionäre aus einer Milizschule die erste Postenkette. Hinter den Milizschülern hatten – in völlig unangemessener Anzahl – »Personen in Zivil« Aufstellung genommen und ließen niemanden an den Solowezki-Stein heran. Wovor haben sie denn bloß Angst? Es mutete schon äußerst seltsam an, wie diese »Zivilisten« mit deutlich übertriebenem Einsatz den Gedenkstein für die Opfer der Repressionen schützten ... vor den Verteidigern der Menschenrechte. Das ist vollkommen widersinnig und in etwa so, »als würden die Bürgerrechtler das Denkmal des ersten KGB-Vorsitzenden Felix Dsershinski gegen die Mitarbeiter des Inlandsgeheimdienstes FSB verteidigen«, wie Juri Samodurow, der Direktor des Moskauer Andrej-Sacharow-Museums und des Sacharow-Zentrums, treffsicher bemerkte.

Viele der »Zivilisten« hatten Funkgeräte im Ohr, über die sie unablässig mit gedämpfter Stimme irgendwohin Meldung erstatteten. Um die Anweisungen der unsichtbaren Koordinatoren verstehen zu können, hielten sie sich den anderen Gehörgang zu. Lautstark stachelten sie die Milizionäre an: »Na los doch! Auseinanderjagen!«, und zeichneten alles mit ihren Kameras auf. Wobei es die »Kameramänner« augenscheinlich auf Großaufnahmen abgesehen hatten: Damit die Gesichter derjenigen, die zur falschen Zeit am falschen Ort trauerten, schön ordentlich archiviert werden konnten. Einige »Kameramänner« filmten direkt in der Menge, wo viele die Beslan-Sonderausgabe der »Nowaja Gaseta« mit dem Bericht des Duma-Abgeordneten Juri Saweljew zu den Ereignissen in Beslan in der Hand hielten. Später würde genau das in den Milizprotokollen stehen: »... hatte Ausgabe Nr. 65 der ›Nowaja Gaseta‹ in der Hand.« Ist das etwa verboten?!

Die Demonstranten diskutierten über Saweljews Schlussfolgerungen, die meisten stimmten ihm zu. Man hörte: »Die wollten stürmen, koste es, was es wolle, das hatten wir schon mal ...«. Die »Zivilisten« hielten ihnen die Kameras direkt vor das Gesicht, grinsten hämisch: »Verrückte! Los, auseinandergehen!«

Um 13.05 Uhr, also auf die Minute genau, als vor zwei Jahren in Beslan die unsinnige Erstürmung der Schule begann, befahlen die »Zivilisten« – ohne das geringste Gefühl für die schändliche Parallelität der Ereignisse – den OMON-Spezialeinheiten, die Mahnwache der »nicht konform« Trauernden aufzulösen.

Es springt ins Auge, dass die OMON-Soldaten diesmal besonders brutal vorgingen. Rücksichtslos zerrissen sie die Plakate, trampelten mit den Absätzen ihrer Armeestiefel direkt auf dem handgeschriebenen »Wir gedenken eurer, wir beten und trauern ...« herum. Die Menge skandierte: »Schande! Schande!« Einige Frauen gingen zu den Einsatzkräften, redeten ihnen ins Gewissen: »Was tut ihr denn da, Jungs! Später werdet ihr euch dafür schämen!« Doch die Männer in den asphaltgrauen Tarnanzügen knurrten nur: »Sie lügen! Die Zeitungen lügen. Alles Lüge!«, und droschen und traten weiter nach links und rechts.

Um 13.10 Uhr war alles vorüber. Dreizehn Personen wurden in zwei Partien in bereitstehende Busse verfrachtet und landeten mitsamt Blumen und Plakaten im Milizrevier des Stadtbezirks Kitai-gorod. Vom Lubjanka-Platz vertrieben, zündeten Frauen in der nahe gelegenen Lubjanski-Durchgangsstraße wieder Kerzen an, direkt auf dem Bürgersteig. Jemand setzte einen Plüschbären und einen Hasen dazu, ein Kind legte ein Stück Konfekt neben die Spielzeugtiere, eine Plastikflasche mit Wasser wurde hingestellt, als Erinnerung daran, dass die Geiseln von Beslan furchtbarer Durst quälte. So entstand ein Beslan-Altar, wie es ihn an diesem Tag und zu dieser Stunde in Tausenden Städten der Welt gab. Die Menschen beteten still, weinten. Die Milizschüler aus der ersten Postenkette hielten die Augen gesenkt. Zwei Abgeordnete der Moskauer Stadtduma – Iwan Nowizki von der Union der Rechten Kräfte (SPS) und Sergej Mitrochin von der Jabloko-Partei –, die ebenfalls bei der Mahnwache anwesend waren, machten sich auf den Weg zum Milizrevier Kitai-gorod, um den Festgenommenen beizustehen.

Dort hatte sich unterdessen eine spontane Diskussion zwischen den Teilnehmern der Mahnwache, die darauf warteten, vernommen zu werden, und den OMON-Einsatzkräften, die als Zeugen für die »Massenunruhen« fungieren sollten, entsponnen. Der ebenfalls festgenommene Juri Samodurow zog die Beslan-Sonderausgabe der »Nowaja Gaseta« aus der Tasche seines Jacketts und hielt sie den OMON-Soldaten hin: »Verstehen Sie doch! Das hier ist der Bericht eines Abgeordneten der Staatsduma! Der Mann ist selbst Sprengmeister, hat eigene Untersuchungen angestellt. Juri Saweljew weiß, wovon er redet. Lesen Sie nur! Er weist nach, dass der Brand in der Turnhalle ausgebrochen ist, weil die Einsatzkräfte das Schuldach mit Flammenwerfern beschossen haben. Deshalb sind die Geiseln verbrannt ...«

Die OMON-Soldaten zeigten wenig Einsicht: »Das stimmt nicht! Das kann nicht sein! Die Massenmedien lügen alle! Den Bericht hat überhaupt nicht der Duma-Abgeordnete geschrieben, den haben die Journalisten selbst verfasst. Typisch ›Nowaja Gaseta‹! Man hat uns erklärt ...«

So, so, man hat es ihnen »erklärt« ... Der brutale Umgang der OMON-Kämpfer mit den »nicht richtig« Denkenden war also durch die Lügen ihrer Vorgesetzten provoziert, eine Art Rache an denjenigen, die die »schlechte« Version des Duma-Abgeordneten Juri Saweljew unterstützten? Die Gewaltorgie am Solowezki-Gedenkstein einfach eine Schlacht zur Verteidigung des »guten« Inlandsgeheimdienstes und seiner Spezialkräfte, die natürlich nicht mit Flammenwerfern auf die Kinder von Beslan gefeuert haben können? Ein Abwehrkampf gegen »falsche« Informationen?

Die Diskussion auf dem Milizrevier wie auch die arglosen Äußerungen der OMON-Kämpfer werfen ein bezeichnendes Licht darauf, wie Russland den zweiten Jahrestag der Geiselnahme in Beslan begangen hat. Die Machthaber sind entschlossen zum Gefecht angetreten, um diejenigen mundtot zu machen, die zu diesem für Regierung und Staatsapparat heiklen Thema eine andere Auffassung haben. Es darf eben keinen Saweljew-Bericht geben ... Sie wollen alles für sich vereinnahmen: die Trauer, die Ideologie, und jetzt sogar noch den Findling von den Solowezki-Inseln.

Doch im Zeitalter des Internets muten derartige Ambitionen ausgesprochen töricht an. Was macht es, wenn der Inlandsgeheimdienst FSB am 2. September auf dem Flughafen von Wladikawkas 300 Exemplare des Saweljew-Berichts konfisziert? Gar nichts, denn man kann ihn sofort aus dem Netz in unbegrenzter Menge ausdrucken. Die Sonderausgabe der »Nowaja Gaseta« mit Juri Saweljews Text wird zerrissen? Macht nichts, auch hier hilft das Internet ... Die großen Tiere, die hinter den »Verteidigern des Solowezki-Gedenksteins« stehen, scheinen sich noch nicht so perfekt mit den modernen Informationstechnologien auszukennen.

Das ist vielleicht ganz gut. Solange sie nämlich unbeleckt sind, haben wir Zugang zu Terrains, wo sie nicht verkehren.

7. September 2006

EINE REISE IN EINE STADT, DIE ES NICHT GIBT
Nishni Gorki.

Am späten Abend des 21. Dezember 2005 fahren die dunkelgrünen Waggons eines Zuges langsam auf Gleis 1 des Kursker Bahnhofs in Moskau ein. Hinter der Glaswand des Wartesaals gleich nebenan hastet ein braungebrannter, nicht mehr ganz junger Ausländer aufgeregt hin und her, unverkennbar ein Geschäftsreisender, der in Russland einen Deal vorhat. Das Problem ist nur: Der Mann weiß nicht, zu welchem Bahnsteig er muss. Die Abfahrtszeit rückt immer näher, aber er kann den Zug Nr. 22 Moskau – Nishni Nowgorod nirgendwo finden. Auf sämtlichen Anzeigetafeln steht Moskau – Gorki. Der Ausländer schreit panisch irgendwelche Worte in einer wenig verbreiteten westeuropäischen Sprache – vielleicht Portugiesisch? –, bis schließlich ein mitfühlender Zeitgenosse den Widerstrebenden – er will ja nicht nach Gorki! – fast auf den letzten Drücker in unseren Zug verfrachtet.

Das voll belegte Schlafwagenabteil in Wagen 17 versucht eine ganze Weile, dem ausländischen Mitreisenden auseinanderzusetzen, dass es sich bei Nishni Nowgorod und Gorki um ein und dieselbe Stadt handelt, nur in verschiedenen historischen Epochen, dass der Kursker Bahnhof einfach seit zehn Jahren seine Anzeigetafeln nicht umgestellt hat ... Aber der mutmaßliche Portugiese ist völlig entnervt, und wir lassen ihn schließlich in Ruhe.

Der Zug setzt sich in Bewegung. Unser Ziel: eine Stadt, die es auf der Landkarte gar nicht mehr gibt. Als wir am nächsten Morgen um 7.18 Uhr auf den Bahnsteig treten, empfängt sie uns mit Schauern von Winterregen. Der Ausländer mischt sich unter die Menge der Reisenden, stößt hoffnungsvoll hervor: »Now-go-rod?« Hätten wir ihm doch bloß nicht dieses »Nowgorod« eingeredet, denn jetzt bekommt er zur Antwort: »Nishni!«, und versteht wieder einmal die Welt nicht mehr in Russland. Mir aber geht durch den Kopf, dass die hohen Herren der russischen Eisenbahnen vielleicht richtig handeln, wenn sie sich mit Änderungen in ihrer Datenbank Zeit lassen. Der Fahrkartenautomat druckt Tickets »Moskau – Gorki – Moskau«. In allen offiziellen Fahrplänen steht dasselbe, ebenso auf den Anzeigetafeln. Und Nishni Nowgorod, dieses »Nishni«, wie wir es liebevoll nennen? Ist es womöglich nichts als eine Illusion, unser Spielzeug, ein winziges Zugeständnis an unsere Eigenliebe, damit wir stolz sein können, die verfluchte Vergangenheit überwunden zu haben?

Kein Zweifel, wir haben uns ein Land ausgedacht, in dem wir gern leben würden. Nur zu gern leben möchten. Ein freies Land, hell, sauber, europäisch. Ein Land, in dem es keine Lügen gibt, in dem die Form dem Inhalt entspricht und vice versa. Wir haben es erfunden und uns eingeredet, alles sei bereits Wirklichkeit, das reichhaltige Wurstangebot in den Läden eine Gewähr für die Unwiderruflichkeit des Wandels. Das Volk, wie es so schön heißt, würde kein Zurück zulassen. Wir haben gelebt, als gäbe es dieses lichte, saubere Land schon, haben uns jeden Tag der angenehmen Beschäftigung hingegeben, in unserer Fantasie den Bau der Luftschlösser voranzutreiben. Und dann dachten wir noch: Diejenigen, die nicht wollen, was wir wollen, sondern das genaue Gegenteil, würden sich wenn schon nicht kampflos, so doch ohne ernstliche Gegenwehr ergeben. Wir würden unweigerlich siegen, mit Unterstützung des Volkes.

Doch die anderen lieferten uns eine Schlacht. Und gewannen sie. Endgültig anno 2005. Wenn wir in diesem ganzen Jahr überhaupt etwas getan haben, dann bestand unser Tun darin, die massiven Angriffe auf die Bürgerrechte zu dokumentieren, festzuhalten, wie die Menschen auf Schritt und Tritt betrogen werden, wie Eigentum schamlos zugunsten der Stärkeren zweckentfremdet wird, wie Gerichte und Miliz das Recht im Dienste derjenigen beugen, die sich in den Machtpositionen festgesetzt haben, wie der Flächenbrand des Neofaschismus rasend schnell um sich greift. Dem Jahr 2006 nähern wir uns so, wie es in der Reklame eines Fernsehsenders für seine Silvestershow heißt: »Neujahr wie in der Kindheit«. Meiner sowjetischen Kindheit auf jeden Fall.

Und die Bevölkerung hat all das geschluckt. Selbst massenhafte HIV-Infektionen durch verseuchte Blutkonserven aus der staatlichen Blutbank. Nicht einmal der Minister für Gesundheitswesen ist zurückgetreten.

»Am liebsten würde ich abhauen ... an den Don!«, erklärte mir vor kurzem ein Bekannter seine Befindlichkeit angesichts der Ereignisse des zu Ende gehenden Jahres 2005. Der Mann ist ein sehr guter Journalist.

Also auf, auf, Brüder, ab an den Don! Für die Freiheit. Die unsrige und die eure. Wenn ihr es nicht mehr aushaltet. Vorwärts, zum Don, als ginge es in den Untergrund. In einen Widerstand, der sich nicht nur in Worten, sondern auch in Taten ausdrückt.

Doch was für ein Jammer: Wir haben ihn nicht, diesen unseren »Don«. Wir können nirgendwohin zurückweichen. Da ist keine Weiße Garde, die unseren Rückzug decken würde. Sie hat sich längst in alle Winde zerstreut. Und es fehlt der unverzichtbare Kampfgeist. Wenn er denn einmal dagewesen sein sollte. Auch wir selbst haben nicht das Format, dass man noch nach Jahrzehnten von uns hingerissen wäre, Material und Geschichten über uns zusammentrüge, unsere Asche kilometerweit transportierte, um sie dort zu bestatten, wo wir es uns erträumten. Denn im Jahr 2005 ist es selbst in demokratischen Kreisen plötzlich aus der Mode gekommen, demokratische Prinzipien zu vertreten. En vogue sind Kompromisse zwischen Weiß und Rot. Potpourris von Meinungen und Zielen, wo heute das eine hervorgezogen wird und morgen ... dasselbe, allerdings in veränderter Form. Ja, freilich sind wir alle noch die Alten, aber man ist schließlich kein Unmensch, wenn Sie verstehen ...

Selbst bei anständigen Herrschaften gilt Kompromissbereitschaft als Markenzeichen für Lebenserfolg. »Wir arbeiten mit der Staatsmacht zusammen, um etwas für die Menschen erwirken zu können«, lautet ihre Rechtfertigung. Die ihnen allein im zu Ende gehenden Jahr 2005 drei Plätze in der Moskauer Stadtduma eingetragen hat. Obendrein wurden einige der anständigen Herren eingeladen, in Präsident Putins Gesellschaftskammer mitzuarbeiten, und sie nahmen die Offerte dankend an. Da haben Sie unseren ganzen Don.

Und diese Reise, sie führt bereits nicht mehr nur in ein Land, das es nicht gibt. Sondern das es auch 2006 nicht geben wird. Wir sind bewusst unterwegs nach Nishni Gorki. Angesichts eines solchen Neuen Jahrs vergeht einem jede Lust zu geistreicher Spöttelei.

26. Dezember 2005

EINE UNPASSEND UNANGEPASSTE GENERATION

Zwanzigjährige stürmen die Arbeitsräume von Ministern, während ihre Eltern weiter am Küchentisch nach der Wahrheit suchen.

Russland hat ein Problem: seine Natbols, will heißen: die Nationalbolschewisten der von Eduard Limonow gegründeten NBP. Diese Natbols – überwiegend junge, aktive Leute – verbringen einen Großteil ihrer Zeit damit, durch die Straßen zu ziehen, zu randalieren, unflätig zu fluchen, Prügeleien anzuzetteln, zu demolieren und zu verwüsten. Was viele ihrer Mitbürger gewaltig gegen sie aufbringt. Eine Zeit lang ließ der Staat die Natbols gewähren: Sollten sich die Rowdys doch austoben. Bis die Nationalbolschewisten begannen, den Machthabern absolut demokratische Losungen – im Stile der Jabloko-Partei oder der Union der Rechten Kräfte – entgegenzuschleudern und vom Kreml einzufordern, was früher die Demokraten gefordert hatten. Gegenwärtig wird vierzig NBP-Aktivisten der Prozess gemacht. Für die Vergehen, die ihnen die Anklage zur Last legt, drohen Haftstrafen zwischen 12 und 20 Jahren. Ein völlig überzogenes Strafmaß, das in keinem Verhältnis steht zu dem, was sie getan haben: Ende 2004, genauer gesagt: am 14. Dezember (weshalb sie in einer historischen Parallele auch als »Dekabristen« bezeichnet werden) hatten sie mit einer spektakulären Aktion gegen die Abschaffung der Vergünstigungen für Rentner, Veteranen und Invaliden des Zweiten Weltkriegs protestiert sowie den Rücktritt Präsident Putins verlangt.

Wer sie sind

Wladimir Angirow (19 Jahre; Student aus Wolgograd)
Semjon Wjatkin (20 Jahre; Bühnenarbeiter aus Jekaterinburg)
Iwan Drosdow (20 Jahre; Student aus Moskau)

Alexej Senzow (22 Jahre; Student aus Nowosibirsk)
Iwan Koroljow (21 Jahre; Student aus Moskau)
Wladimir Lind (23 Jahre; Student aus St. Petersburg)
Sergej Resnitschenko (22 Jahre; Bauarbeiter aus Barnaul)
Dmitri Sewastjanow (20 Jahre; Student aus Odinzowo, Gebiet Moskau)
Juri Starowerow (22 Jahre; Student aus Nishni Nowgorod)
Maxim Fedorowych (24 Jahre; Student aus Jekaterinburg)
Lira Guskowa (22 Jahre; Programmiererin aus Kasan)
Valentina Dolgowa (18 Jahre; Studentin aus Moskau)
Marina Kurassowa (30 Jahre; Krankenschwester aus Rostow am Don)
Jekaterina Kurnossowa (20 Jahre; Studentin aus Odinzowo, Gebiet Moskau)
Alina Lebedewa (19 Jahre; Studentin aus Riga)
Jelena Mironytschewa (22 Jahre; Studentin aus Nishni Nowgorod)
Anna Nasarowa (19 Jahre; Studentin aus Moskau)
Jewgenija Taranenko (23 Jahre; Soziologin aus Moskau)
Natalja Tschernowa (24 Jahre; bildende Künstlerin aus Moskau)
Juri Bednow (22 Jahre; Funkingenieur aus Kischinjow)
Damir Walejew (21 Jahre; Arbeiter aus Moskau)
Michail Gangan (18 Jahre; Arbeitsloser aus Samara)
Andrej Gorin (19 Jahre; Schauspieler aus Barnaul)
Alexej Kolunow (21 Jahre; Arbeiter aus Moskau)
Jewgeni Koroljow (19 Jahre; Student aus Moskau)
Denis Kumirow (20 Jahre; Arbeiter aus Samara)
Kirill Manulin (19 Jahre; Student aus Moskau)
Denis Osnatsch (22 Jahre; Historiker aus Kaliningrad)
Artjom Perepelkin (18 Jahre; Student aus Nishni Nowgorod)
Julian Rjabzew (21 Jahre; Student eines Priesterkollegs aus Nishni Nowgorod)
Alexej Tonkich (31 Jahre; Jurist aus Orenburg)

Wladimir Tjurin (20 Jahre; Arbeiter aus Moskau)
Maxim Baganow (17 Jahre; Arbeiter aus Nishni Nowgorod)
Ilja Gurjew (17 Jahre; Student aus Togliatti)
Alexej Dewjatkin (17 Jahre; Berufsschüler aus Nishni Nowgorod)
Iwan Petrow (15 Jahre; Schüler aus Twer)
Alexej Roshin (16 Jahre; Berufsschüler aus Nishni Nowgorod)
Sergej Ryshikow (17 Jahre; Berufsschüler aus Moskau)
Alexej Solowjow (16 Jahre; Berufsschüler aus Nishni Nowgorod)

Was man ihnen zur Last legt

Am 14. Dezember 2004 betrat eine Gruppe von Studenten und Schülern, die sich als Mitglieder der nicht offiziell zugelassenen Nationalbolschewistischen Partei (NBP) verstanden, das frei zugängliche Gebäude des Bürgeramts der Präsidialverwaltung in der Bolschaja-Tscherkasskaja-Gasse 13/14 in Moskau. Sie verbarrikadierten die Tür des Büros Nr. 14 im Erdgeschoss mit einem Safe, den sie dort vorgefunden hatten, befestigten Spruchbänder mit der Aufschrift »Putin, geh von allein!« und »Putin, tauch ab zur ›Kursk‹« am Fenster, skandierten Parolen. Nach 45 Minuten nahmen Soldaten einer OMON-Spezialeinheit des Innenministeriums sowie Sicherheitskräfte des Föderalen Dienstes für Personen- und Objektschutz alle vierzig Demonstranten fest. Bald darauf wurde gegen sie Anklage erhoben wegen »gewaltsamer Ergreifung der Staatsgewalt« gemäß § 278 des Strafgesetzbuches der Russischen Föderation.

In dem (übrigens bei allen 40 Beschuldigten gleichlautenden) Erlass über die Anklageerhebung heißt es: »Auf dem 5. Gründungsparteitag der informellen Vereinigung NBP vom 29. bis 30. November 2004 wurde ein Programm angenommen, das die gewaltsame Ergreifung der Staatsgewalt in der Russischen Föderation vorsah ... Laut Plan sollte eine organisierte Gruppe von 40 NBP-Mitgliedern illegal in das Gebäude des Bürgeramts der Präsidialadministration eindringen ... die Mitarbeiter, darunter führende Vertreter des Staatsapparates der Russischen Föderation, daran hindern, die ihnen übertragenen Vollmachten auszuüben ... und vermittels gesetzwidriger Ultimaten, Demonstration von Transparenten und Verteilung von gegen den Präsidenten sowie die Verfassung gerichteten Flugblättern ... widerrechtlich die Staatsgewalt in der Russischen Föderation ergreifen ... Am 14.12.2004 gegen 12.30 Uhr drangen die oben genannten 40 NBP-Mitglieder ... unrechtmäßig in das Gebäude eines Zentralorgans der Präsidialmacht der Russischen Föderation ein ... besetzten widerrechtlich das Dienstzimmer Nr. 14 im Erdgeschoss, ließen die Übrigen an der gewaltsamen Inbesitznahme der Staatsgewalt in der Russischen Föderation beteiligten Mitglieder der NBP durch ein Fenster einsteigen, wonach sie die Tür mit einem Metallsafe von innen verbarrikadierten ... und ein Spruchband aus dem Fenster hängten sowie gegen Präsident und die Verfassung gerichtete Flugblätter verteilten, Losungen analogen Inhalts skandierten und unbegründete Forderungen nach Rücktritt des Präsidenten der Russischen Föderation erhoben ...«

Gegenwärtig steht der »Prozess der Vierzig« unter der besonderen Aufsicht von Generalstaatsanwalt Wladimir Ustinow, ist der Aktion der NBP-Aktivisten doch von allerhöchster Stelle der Status äußerster Sozialgefährlichkeit verliehen worden (was beispielsweise bei der strafrechtlichen Aufarbeitung der beiden zeitgleichen Sprengstoffanschläge in zwei Verkehrsflugzeugen am 24. August 2004 nicht der Fall war). Das Untersuchungsverfahren liegt in der Verantwortung der Moskauer Staatsanwaltschaft, als neuer Leiter des Ermittlerstabes fungiert Jewgeni Alimow. Jener Jewgeni Alimow, der sich bei den Untersuchungen zur Geiselnahme im Moskauer Musical-Theater »Nord-Ost« im Oktober 2002 sowie der Besetzung der Diensträume des Gesundheitsministers Michail Surabow am 2. August 2004 durch NBP-Aktivisten – als Zeichen des Protestes gegen die Überführung der sozialen Vergünstigungen für Rentner und Invaliden in geringe Geldleistungen – den traurigen Ruf erworben hat, eine besondere Antenne für Hinweise »von oben« und die Erwartungen seiner Dienstherren zu haben. Auf der Grundlage der »Ermittlungen« Alimows wurden die sieben NBP-Mitglieder, die das Gesundheitsministerium besetzt hatten, in erster Instanz zu je fünf Jahren Straflager verurteilt. Zwar befindet sich das Urteil jetzt in der Revision, doch als die Besetzer des Bürgeramts der Präsidialverwaltung am 14. Dezember unter anderem lautstark »Freiheit für die politischen Gefangenen!« forderten, meinten sie natürlich zuvörderst ihre sieben Gesinnungsgenossen, deren Prozess damals gerade vor dem Abschluss stand.

Die faktische Seite der NBP-Aktion sieht so aus: Flugblätter, zwei Spruchbänder, ein von seinem Platz verschobener Safe. Und dafür bemüht man § 278, der »Straftaten gegen die Grundlagen der verfassungsmäßigen Ordnung und die Sicherheit des Staates« ahndet und ein Strafmaß zwischen 12 und 20 Jahren Freiheitsentzug vorsieht. Diese juristische Qualifizierung fand zuvor lediglich Anwendung im Prozess gegen die führenden kommunistischen Funktionäre des Staatskomitees für den Ausnahmezustand, die im August 1991 Michail Gorbatschow aus dem Amt zu putschen versuchten.

Ein groteskes Missverhältnis zwischen Tat und drohender Strafe, wie Sie sicher einräumen werden. Ein Missverhältnis, das jedem ins Auge springt, auch denjenigen, die weder Ideologie noch Methoden der NBP gutheißen. Es ist doch schlichtweg dumm, ein muffiges Dienstgebäude für die Annahme und Verteilung von Schreiben – etwas anderes war das Bürgeramt ja nie – als »zentrales Organ der Präsidialmacht« und die Sachbearbeiter, die dort Petitionen entgegennehmen, als »führende Vertreter des Staatsapparates der Russischen Föderation« zu bezeichnen. Dennoch lautet die Anklage genau so.

Wir aber müssen uns fragen: Was geschieht hier? Was ist aus uns und unseren Kindern geworden? Ja, unseren Kindern, denn sämtliche Natbols, die am 14. Dezember verhaftet wurden, könnten vom Alter her auch meine Kinder sein. Was ist das für eine Jugend, die für die Politik ins Gefängnis geht?

Die Mütter und Väter

Natürlich raufen sich die Eltern jetzt verzweifelt die Haare angesichts der drakonischen Haftstrafen, die ihren Kindern drohen. Viele verdammen Parteigründer Eduard Limonow, werfen ihm vor, ihre Kinder hineingezogen und instrumentalisiert zu haben, um Publicity für sich zu schinden, schmähen ihn als mediengeilen, selbstverliebten Provokateur. Doch bald wird klar: Die meisten Eltern wussten, dass ihre Söhne und Töchter Natbols sind.

»Wir haben es sogar gern gesehen, dass unser Kirill bei diesen Jungs und Mädchen ist«, erzählt die Moskauerin Ljudmila Manulina, die Mutter des 19-jährigen Studenten Kirill Manulin. »Er wollte Gerechtigkeit. Ein anständiger, guter Junge. Dort hat er Gleichgesinnte gefunden.«

Kirills Lieblingstante Aljona pflichtet ihr bei. »Er hat angefangen, viel zu lesen, sich für Geschichte zu interessieren«, fügt sie hinzu . »Man konnte sich auf einmal gut mit ihm unterhalten. Und die anderen jungen Leute waren auch so belesen. Wir haben nichts Aggressives an ihnen bemerkt. Im Gegenteil. Wer hätte denn gedacht ...?!«

Kirills Mutter und seine Tante sind Menschen von unserem Schlag. Nicht reich, aber auch nicht arm. Gebildet, intelligent. Solche Leute haben es heute schwer, sich im Leben zu behaupten. Mutter und Tante beschreiben Kirill als jemanden, der außerordentlich sensibel auf Ungerechtigkeiten reagiert und viel darüber nachgedacht hat, was in Russland geschieht. Der sich damit nicht abfinden konnte. Vor den Nationalbolschewisten hatte er es bei den Kommunisten versucht, aber da war »alles hohl«.

Ljudmila Kalaschnikowa, die Mutter des 22-jährigen Iwan Koroljow (Student der Funkelektronik im 6. Studienjahr, im Februar hätte er seine Diplomarbeit verteidigt), macht überhaupt die Gesellschaft verantwortlich. »Unsere Kinder haben sich doch für die Pensionäre engagiert. Und alles abgekriegt. Wenn sich doch nur eine einzige Rentnerorganisation mit einem Gesuch bei der Staatsanwaltschaft für sie eingesetzt hätte!«

Iwan gehört bereits seit fünf Jahren zu Eduard Limonows Nationalbolschewisten. Sein Vater Stanislaw Koroljow – ein renommierter Historiker und Religionswissenschaftler – leitet die Kommission für Probleme der ethnischen Psychologie an der Akademie der Wissenschaften der Russischen Föderation. Professor Koroljow ist jetzt 72 Jahre alt und schwer krank. Obwohl es ihm sehr schlecht geht, zeigt er Verständnis für seinen Sohn.

»Konnten Sie Iwan im Gefängnis besuchen?«

»Ich habe keinen Besuchstermin beantragt.«

»Weshalb?«

»Ich bin noch nicht imstande, mit ihm zu reden. Da sind noch zu viele Emotionen.«

Auch Stanislaw Koroljow fand nichts daran auszusetzen, dass sich sein Sohn Limonows Natbols anschloss. Zur Jugend gehört nun einmal Protest. Der Professor war überzeugt, Iwan würde sich zu keinerlei Gewaltaktion hinreißen lassen. Die jungen Leute, mit denen er verkehrte, waren schließlich gebildet ...

»Wenn ich Ihnen so zuhöre, denke ich, Sie reden von meinem Sohn.« Wera Gurjewa aus der Wolga-Stadt Togliatti weint. Ihr Sohn, der Student Ilja Gurjew, ist 17 Jahre alt, wird am 1. Februar 18. Was sie über Ilja erzählt, klingt überschwänglich. Noch ein Kämpfer gegen Ungerechtigkeit. »Er ist ein Idealist«, sagt sie, »ein lauterer Mensch, der Wahrhaftigkeit wollte.«

Ilja hatte vor den Natbols ebenfalls Selbstverwirklichung in verschiedenen anderen Parteien und Bewegungen gesucht, doch sämtliche demokratischen und oppositionellen Kräfte waren seiner Meinung nach »heruntergewirtschaftet«. Bevor er im Dezember nach Moskau fuhr, erzählte er seiner Mutter ganz offen, er habe dort in NBP-Angelegenheiten zu tun.

»Hatten Sie denn nichts dagegen, dass es ausgerechnet die NBP sein musste?«

»Nein, bei denen sind wirklich sehr ordentliche Jungs.« Wera Gurjewa wiederholt nahezu wortwörtlich, was auch die anderen Eltern gesagt haben. »Sie lesen viel, interessieren sich für Geschichte. Ich könnte ihnen nichts Schlechtes nachsagen. Unser Togliatti ist eine Verbrecherhochburg, mir hat gefallen, dass Ilja mit anständigen Leuten zusammen ist, etwas gegen die Banditen unternehmen will.«

Die Eltern, mit denen ich sprechen konnte, kommen nicht etwa aus sozialen Randgruppen. Es sind Menschen meiner Gesellschaftsschicht. Die meisten mit Hochschulbildung. Die Perestroika hat es ihnen nicht leichtgemacht hat, doch sie haben sie angenommen, sich eine Zeit lang gefreut, dass es einen Boris Jelzin gibt, dann nolens volens Wladimir Putin akzeptiert, danach aber ...

Danach haben sie sich von der Politik abgewandt, sich in ihr Schneckenhaus verkrochen. Und genau da liegt das Problem ihrer Kinder. Man braucht nur fünf Minuten mit den Eltern zu reden, und schon bricht es aus ihnen heraus: »So wie unsere Söhne und Töchter denken doch jetzt fast alle! Wir auch!« Und das ist die reine Wahrheit. Die Losungen der nationalbolschewistischen »Dekabristen« sind die Parolen der Mehrheit. Einer Mehrheit, die zermürbt ist von dem System, das Wladimir Putin etabliert hat. Der Beschneidung der Meinungsfreiheit. Der Zerschlagung der Opposition. Der Bevormundung des Parlaments. Dem Fehlen jeglicher Öffentlichkeit für Andersdenkende.

In all meinen Gesprächen mit Vätern und Müttern der inhaftierten Natbols schwang unüberhörbar eine Note der Anerkennung mit, des tiefen Respekts vor den eigenen Kindern. Weil die Söhne und Töchter aktiv gehandelt haben. In der Sache – der Wahrnehmung der Realität in Russland – gibt es einen Konsens zwischen Eltern und Kindern. Nur dass die Eltern nach alter Gewohnheit aus Sowjetzeiten lieber am Küchentisch philosophieren. Ihre Kinder, die nicht mehr sowjetisch sozialisiert sind, wollen mehr, in ihnen lodert bereit ein anderes, intensiveres Feuer. Will man es auf den Punkt bringen, dann sind die nationalbolschewistischen »Dekabristen« Kinder des zerschlagenen Jabloko-Blocks, der gescheiterten Parteien der Rechten und der Kommunisten. Kinder, die sich – im Unterschied zu ihren Eltern – nicht abfinden wollen mit diesem Bankrott. Fast alle von ihnen haben zuvor ihre politische Heimat und eine Plattform für das Ausleben ihres Oppositionsgeistes in den Jugendorganisationen der Jabloko-Partei, der Union der Rechten Kräfte, der Kommunistischen Partei der Russischen Föderation gesucht ... und nicht gefunden.

Deshalb ist es zu diesem 14. Dezember 2004 gekommen. Unsere Kinder sind losgezogen, um für uns zu kämpfen: mit ihren Methoden und mit offenem Visier. Doch mit unseren – demokratischen – Losungen. Für uns haben sie das Gefängnis auf sich genommen. Für uns, die wir unfähig sind, auf »zivilisiertere« Art und Weise unsere Stimme zu erheben. Die wir in Lethargie verfallen sind und dem System keinen Widerstand entgegensetzen. Der Radikalismus der Jungen ist die Antwort darauf, dass wir wieder die innere Emigration gewählt haben. Ja mehr noch, unser gewohnheitsmäßiges Schweigen, unser Küchentischgewissen macht es erst möglich, dass Staat und Justiz den Natbols jetzt Haftstrafen anhängen können, die sich höchstens mit denen der Stalinzeit vergleichen lassen. Das ist beileibe keine Übertreibung. Unter Stalin gab es 25 Jahre, unter Putin gibt es 20.

Stünde nicht Eduard Limonow an der Spitze der Nationalbolschewistischen Partei, was wäre anders im Leben einer Lira Guskowa? Eines Ilja Gurjew? Eines Kirill Manulin? Wo wären sie jetzt? Würden sie Bäume pflanzen? In der Bibliothek sitzen und Bücher lesen? Mama und Papa nicht durch radikale Aktionen Kummer bereiten?

Augenscheinlich besteht die Tragödie gerade darin, dass man nicht alles auf Limonow abschieben kann. Er ist nur so etwas wie ein Behelfsmittel für die Jungen. Eine mögliche Fasson für den Ausdruck ihrer Überzeugungen. Tatsächlich aber haben wir es mit weitaus komplexeren Phänomenen zu tun: Die Jugend in Russland wird zusehends radikaler. Je mehr die politischen Schrauben angezogen werden, desto weniger Luft bleibt den Andersdenkenden zum Atmen. Die jungen Radikalen, deren Zahl stetig wächst, das sind diejenigen, die unseren luftleeren Raum nicht mehr ertragen können, unsere gesellschaftliche Ausweglosigkeit, die ständige Ersetzung eines echten Dialogs zwischen Exekutive und Gesellschaft durch Placebos, durch eine Quasi- und Pseudokommunikation, die die Jungen nur noch wütender und aggressiver macht. Und das nicht etwa, weil sie dumm wären. Sondern gerade, weil sie klug sind. Mit seinem krampfhaften Bemühen, »Ordnung zu schaffen«, schafft das existierende System vielmehr sämtliche Voraussetzungen dafür, dass neue Sozialrevolutionäre vom Schlage einer Wera Sassulitsch, eines Iwan Kaljajew, eines Boris Sawinkow geboren werden. Nicht mehr lange, und wir werden wissen, wie sie heute heißen.

17. Januar 2005

WIEDER POLITISCHE GEFANGENE
Nach bewährter Manier. Ohne Bewährung.

Am 8. Dezember 2005 verurteilte Richter Alexej Schichanow vom Moskauer Stadtbezirksgericht Twerskoi 31 der 39 wegen Besetzung des Bürgeramts der Präsidialverwaltung angeklagten Nationalbolschewisten nach § 212, Abs. 2 des Strafgesetzbuches der Russischen Föderation zu Bewährungsstrafen bis zu drei Jahren und setzte sie noch im Gerichtssaal auf freien Fuß. Gegen 8 Angeklagte verhängte das Gericht Freiheitsstrafen bis zu dreieinhalb Jahren, zu verbüßen in einem Straflager. Und wie geht es jetzt weiter? Welche wichtigen Lehren lassen sich aus diesem Prozess ziehen?

Lehre 1: Opposition ist strafbar

Natürlich applaudierten die Eltern der zu Bewährungsstrafen Verurteilten dem Gericht und vergossen Freudentränen. Natürlich wollten sie sich bei Richter Schichanow für die »Milde« bedanken. Der aber versetzte kurz angebunden, für Dankbarkeit bestünde kein Anlass, schließlich seien auch Bewährungsurteile Schuldsprüche.

Man kann nur wünschen, dass Nüchternheit bei der Betrachtung und Bewertung von Dingen in unserem Leben zur Regel wird. Nüchtern betrachtet ist nämlich tatsächlich fraglich, ob diese Bewährungsstrafen Anlass zur Dankbarkeit geben. Vor allem angesichts der Tatsache, dass die Urteilsbegründung des Richters ganz im Einklang mit der juristischen »Mode« der letzten Jahre steht und weitestgehend die Ausführungen der Anklageschrift übernimmt. Zudem erhebt sich die Frage, wozu fast ein halbes Jahr lang ein bombastisches Verfahren durchgezogen, eine Vielzahl von Zeugen bemüht werden musste. Die zivilrechtlichen Ansprüche der Präsidialverwaltung sowie des Föderalen Dienstes für Personen- und Objektschutz auf Ersatz des entstandenen materiellen Schadens hatten sich bereits im Vorfeld als so unerheblich erwiesen, dass die Kläger ihre Klage selbst zurückzogen.

Was konnte die Anklage den Natbols dann noch vorwerfen? Das ist ein ganz entscheidender Punkt.

Die Natbols wurden für schuldig befunden, sich »unrechtmäßig« Zutritt zum Bürgeramt der Präsidialverwaltung verschafft zu haben. Wobei die Unrechtmäßigkeit darin bestand, dass sie als Gruppe von mehreren Dutzend Personen auftraten. Jeder einzeln, das wäre dann »rechtmäßig« gewesen? Weiter lesen wir: »… das Vordringen in die Administration des Präsidenten belegt die rechtswidrigen Handlungen der Angeklagten«, »… die Angeklagten skandierten haltlose politische Forderungen nach Rücktritt des Präsidenten …« Mehr nicht. Wie kommt ein Gericht eigentlich dazu, sich in eine so subtile Materie wie die Meinung der Bürger über ihren Präsidenten einzumischen?

Während der letzten Jahre hat sich der Begriff der Schuld in unseren Gerichten peu à peu immer weiter von den Definitionen, die die Gesetzgebung dafür vorsieht, entfernt. Und ist nun endgültig davon abgerückt. Die beispiellose und zweifelsfrei politische Urteilsfindung im Prozess gegen die Nationalbolschewisten besagt: Der oppositionell denkende Teil der Bevölkerung macht sich vor Staat und Regierung durch seinen Oppositionsgeist »schuldig«. Und diese »Schuld« kann und darf juristisch festgestellt werden. Vor dem 8. Dezember 2005 haben sich die Sachwalter des Systems im Umgang mit Oppositionellen noch einiges einfallen lassen, ihnen hie Drogen untergejubelt, da eine geladene Pistole …

Jetzt wurde nicht mehr viel Federlesen gemacht. Und es steht zu befürchten, dass sich der Kreis bald unwiderruflich schließt: Wenn nämlich bei den Mächtigen in Staat und Regierung die Vorstellung obsiegt, wer sie kritisiere, könne nur ein Feind oder aber geisteskrank sein. Und ehe wir es uns versehen, wird in ein, zwei Jahren der Gesetzeskodex der Russischen Föderation um einige Straftatbestände reicher sein, und zwar politische.

Lehre 2: Anführerschaft ist besonders strafbar

Eine andere prinzipielle Frage im Zusammenhang mit dem Verfahren gegen die Natbols lautet: Warum sind 8 Natbols weiter in Haft, wenn doch die »Schuld« – wie mehrfach in der Urteilsbegründung betont – bei allen 39 die gleiche ist?

Hier scheint ein kleiner Exkurs erforderlich. Vor der Urteilsverkündung schlenderten Herren in langen schwarzen Mänteln und dunklen Krawatten durch die Korridore des Gerichts. Diese Herrschaften mit den typisch unauffälligen Gesichtern – die für die Nationalbolschewisten zuständigen Mitarbeiter des Inlandsgeheimdienstes FSB – waren während der langen Monate des Verfahrens stets dagewesen, eigentlich hatte man sich schon an sie gewöhnt.

Diesmal aber flanierten die Männer nicht durch die Korridore, sondern ließen sich über die zu erwartenden Urteile aus, wobei sie konkret voraussagten: 31 kriegen Bewährung, die Aktivisten gehen ab ins Straflager. Und haargenau so kam es dann auch. Damit demonstrierten die auffällig-unauffälligen Herren ganz unverhohlen, dass sie direkten Zugang zum Beratungszimmer der Richter besaßen, obwohl für diesen Raum ein generelles Zutrittsverbot gilt. Da muss man sich fragen, wer denn nun tatsächlich unter den 39 Angeklagten mit gleicher Schuldzuweisung die 8 »Aktivisten« herausgefunden hat. Die Männer mit den nichtssagenden Gesichtern?

Die Urteilsbegründung liefert folgende Interpretation: »... unter Berücksichtigung ihrer aktiven Rolle...«, »keine Besserung möglich ohne Isolierung von der Gesellschaft ...« Straflager steht also – bei gleicher übriger Schuld – auf moralische Führung. In einem solchen Straflager darf sich beispielsweise Marina Kurassowa aus Rostow am Don ihre politische Aktivität austreiben lassen.

Marina Kurassowa war, wie selbst die Zeugen der Anklage bestätigten, am 13. Dezember im Bürgeramt der Präsidialverwaltung erschienen, hatte sich ordnungsgemäß angemeldet und einen Termin für den nächsten Tag erhalten. Zur festgesetzten Zeit tauchten dann die Natbols mit ihren Anti-Putin-Spruchbändern, ihren Flugblättern und Losungen auf. Kurassowa hat das Bürgeramt so vorschriftsmäßig betreten, wie es die Anklageschrift der Moskauer Staatsanwaltschaft einfordert. Die übrigen Natbols haben sich »unrechtmäßig« Zutritt verschafft, und das ist ein »Straftatbestand«.

Kurassowa aber wurde als Anführerin ausgemacht, und da half ihr auch kein ordnungsgemäßer Zutritt.

Offiziell heißt es in der Urteilsbegründung: »Das Gericht hat die Sozialgefährlichkeit jedes Angeklagten berücksichtigt.« Inoffiziell bedeutet das: Jeder der acht real Verurteilten stand beim Inlandsgeheimdienst FSB bereits als »insgesamt besonders aktiv« auf einer schwarzen Liste.

Lehre 3: Richter sind lernfähig

Natürlich sind das sehr verschiedene Dinge – das Verfahren gegen die nationalbolschewistischen »Dekabristen« und der Prozess gegen Chodorkowski und Lebedew. Doch setzt man das Urteil gegen die Ex-Chefs des Erdölkonzerns JUKOS in Relation zur Urteilsfindung in Sachen 14. Dezember 2005, so lässt sich mit Gewissheit sagen, dass die Judikative nicht stillsteht, sondern sich beständig weiterentwickelt, um den Forderungen von Staat und Regierung zu entsprechen.

Das Verfahren gegen Michail Chodorkowski und Platon Lebedew war, was man »politisch motiviert« nennt. Nicht politisch in Reinkultur, auch wenn es dabei nichts gab, was nicht zu hinterfragen gewesen wäre. Doch aus den Führungsetagen der Macht tönte es in einem fort, das seien Diebe und Räuber, die Russland ausgeplündert hätten, ehrlich wie man sei, müsse man solche Leute selbstredend vor Gericht stellen. Und viele glaubten den Machthabern, denn in unserem wunderbaren Land, das Reiche hasst, ist die antioligarchische Volksfront stark und ungebrochen.

Und wie ging es weiter? Nach dem politisch motivierten Verdikt gegen Chodorkowski und Lebedew – bei dem allen klar war, wofür die beiden büßen sollten, während man sich äußerlich den Anschein gab, es ginge um etwas ganz anderes – ist am 8. Dezember 2005 ein durch und durch politisches Urteil gefallen. Nunmehr bereits ohne Deckmäntelchen. Die »Dekabristen« sind aus politischen Gründen im Gefängnis. Punktum. Die Stühle, die bei der Besetzung des Bürgeramts zu Bruch gingen, die Türen, die beschädigt wurden, spielten am Ende keine Rolle mehr.

Wer kommt als Nächstes an die Reihe, und wofür? Für einen schiefen Blick in Richtung Putin? Oder wird es überhaupt strafbar, irgendeine Person an der Spitze der Machtpyramide mit Losungen, auf Spruchbändern oder Transparenten, zu kritisieren? Das würde die Arbeit der Ermittlungsbehörden auf jeden Fall erleichtern: Man braucht nur zu lauschen, wer da was schreit, die Schreihälse auf Videos zu bannen und … ab ins Straflager.

Nachsatz der Redaktion:

Es sei ausdrücklich unterstrichen, dass die Redaktion der »Nowaja Gaseta« niemals in irgendeiner Form mit den Ideen der Nationalbolschewisten, ihrer Symbolik oder politischen Ästhetik sympathisiert hat. Und erst recht nicht mit ihrem umtriebigen Chef, der seinen linksradikal-antibourgeoisen Stil erstaunlicherweise häufig bei durchaus bürgerlichen Szenetreffs zur Schau zu tragen pflegt. Während seine jungen Mitstreiter im Untersuchungsgefängnis sitzen.

Aber nicht darum geht es jetzt. Vor unseren Augen entsteht ein System politischer Repressionen gegen jede Opposition schlecht-

hin. Völlig unabhängig davon, welche Ideen sie vertritt und wie sie sich artikuliert. Obendrein wird dieses System zynischerweise gerade an denjenigen erprobt, die – nimmt man ihre Akzeptanz durch die breite Masse der Bevölkerung als Maßstab – ein »schwaches Glied« darstellen. Gerade deshalb haben wir ein besonders wachsames Auge darauf, dass politische Meinungsverschiedenheiten in freier Diskussion ausgetragen werden und nicht mit Hilfe von Geheimdiensten oder juristischen Winkelzügen.

12. Dezember 2005

KEIN »ANDERES RUSSLAND«. UND NIE EINE NIERE
Eine Geschichte, die nicht hätte geschehen müssen, wenn wir nur anders wären.

Es gibt Geschichten, die sind wie Erdrutsche, bei denen eines das andere an Unglück und Leid nach sich zieht. Besonders häufig passieren sie dort, wo Menschen durch Umstände, die sie nicht beeinflussen können, zu Geiseln unseres »kostenlosen Gesundheitswesens« werden.

Es gab in Murmansk einen Jungen namens Semjon Lomakin. Er bekam Grippe, dazu noch Angina, wie viele andere Kinder auch. Doch bei Semjon wollte und wollte es nicht besser werden. Die Krankheit nahm ihn sehr mit, er hatte ständig Fieber, war blass. Seine Mutter machte sich große Sorgen, doch die Ärzte in der Kinderpoliklinik wiegelten ab: Das hier ist Murmansk, wir haben gerade Polarnacht, im Frühling wird der Kleine bestimmt gesund. Schließlich schlug die Mutter mit der Faust auf den Tisch und forderte eine gründliche Untersuchung, da Semjons Gliedmaßen bereits morgens stark geschwollen waren.

Er wurde untersucht, mit dem Endergebnis, dass ihm unverzüglich die linke Niere entfernt werden musste. Man diagnostizierte bei Semjon eine verschleppte Komplikation, die Niere war nicht zu retten. Wieder beruhigten die Ärzte die besorgte Mutter: Andere leben doch auch mit nur einer Niere, und zwar völlig normal, außerdem bekommt er Invalidenbeihilfe, und zur Armee muss er auch nicht.

Und tatsächlich, Semjon kam auf die Beine, ging in eine Klasse mit erweitertem Naturkunde-Unterricht, wollte später Arzt werden. Im Winter 2004 bekam sein Freund von den Eltern ein Snowboard geschenkt. Die Jungen waren jetzt bereits in dem Alter, wo für sie vor allem zählt, in den Augen der Mädchen des Wohnblocks als Könner dazustehen. Also stieg auch Semjon auf das Snowboard, schlitterte ein, zwei Mal die Rodelbahn neben dem Wohnblock hinunter, beim dritten Mal aber überschlug er sich.

Die anderen Jungen trugen ihn nach Hause, sein älterer Bruder Jegor rief den Notarztwagen, informierte die Mutter. Semjon kam ins Krankenhaus, am 29. Dezember. Es dauerte eine Weile – immerhin ging es auf die Neujahrsfeiertage zu –, bis festgestellt wurde, dass die verbliebene rechte Niere abgetrennt war. Der Blutverlust betrug vier Liter. Man benachrichtigte das Gebietskrankenhaus, von dort kamen zwei auf urologische Traumata spezialisierte Chirurgen: Viktor Kolossow und Alexander Sachar. Sie beschlossen, das Wagnis einzugehen und um den Erhalt der Niere zu kämpfen. Die Operation dauerte fast zwölf Stunden, von Mitternacht bis zum Mittag des nächsten Tages. Die Chirurgen vollbrachten ein Wunder: Sie umwickelten die beim Aufprall komplett in zwei Teile zerrissene Niere mit chirurgischem Material, nähten die Gefäße an und setzten das Organ wieder ein. Nach zwei Wochen begann die Niere allmählich zu arbeiten. Diese Operation ist in die Medizingeschichte eingegangen, wird in seriösen Fachzeitschriften beschrieben.

Und Semjon? Semjon lebte ein Leben auf Abruf. Die Operation hatte ihm zwanzig Prozent der Nierenfunktion zurückgegeben, allerdings nicht dauerhaft. Mit der Zeit wurde die Niereninsuffizienz immer größer. Das hatten die Chirurgen Semjons Mutter von Anfang an gesagt. Wenn der Junge überleben wolle, würde auf jeden Fall eine Nierentransplantation notwendig sein.

Die Lomakins fuhren nach Moskau, in das Institut für Transplantationsmedizin, und erlebten einen Albtraum. Überall drängten sich Patienten, die auf Spenderorgane warteten. Doch es gab keine. Gerade war im Moskauer Krankenhaus Nr. 20 ein Transplantationsskandal ruchbar geworden. Die dort tätigen Transplantologen standen im Verdacht, einem noch nicht klinisch toten Patienten ein Organ entnommen zu haben. Für die Dauer des Verfahrens wurden Organentnahmen untersagt. Was für Tausende Menschen in ganz

Russland einem Todesurteil gleichkam, da praktisch keinerlei Spenderorgane mehr zur Verfügung standen. Die Korruption in der Medizin wird also dadurch bekämpft, dass man wartende Patienten in Größenordnungen »ableben« lässt.

Lomakin kam auf die Warteliste, und auf dieser Liste steht er bis heute. Er rückt nur voran, wenn einer derjenigen, die vor ihm sind, stirbt. Um zu überleben, bis er an der Reihe ist, war Semjon in anderthalb Jahren lediglich zwei Monate zu Hause, die übrige Zeit verbrachte er in Krankenhäusern. Die Schule konnte er aus gesundheitlichen Gründen nicht abschließen. Und die Zeit arbeitet gegen ihn. Nicht nur, dass die Niereninsuffizienz zunimmt, der Junge leidet auch zunehmend unter den Nebenwirkungen der Medikamente, die er ständig in großer Zahl zur Unterstützung der Organfunktion einnehmen muss. Bereits das Monatsquantum des Hauptpräparats beläuft sich auf etwa 800 Tabletten. Das ganze Leben ist für Semjon zu einem Roulette geworden: Wird sich früh genug ein Spenderorgan finden oder nicht?

Dabei hängt der Zaun vor dem Moskauer Institut für Transplantationsmedizin, wo Semjon Lomakin aus Murmansk operiert werden soll, voller Annoncen: »Verkaufe Niere«. Auch andere Organe sind im Angebot. Doch wenn die Lebendspender keine nahen Verwandten sind, lässt sich niemand auf eine derartige Organverpflanzung ein, die Ärzte haben Angst.

»Richtig, dass sie das nicht machen«, meint Marta Lomakina, Semjons Mutter. »Natürlich, eine Rettung wäre es schon. Eigentlich müsste ich voll und ganz dafür sein. Aber wenn man so etwas einmal gestattet, ist das der Anfang vom Ende. Dann werden morgen Leute von der Straße weg entführt wegen der Organe.«

Also was dann?

Marta Lomakina fasste den Entschluss, ihrem Sohn eine Niere zu spenden. Keine optimale Variante, denn sie ist selbst nicht die Gesündeste, und es besteht ein erhebliches Risiko, dass sich ihre

Krankheiten auf Semjon übertragen. Aber was bleibt ihm übrig? Soll er einfach auf den Tod warten?

Dann kam die Benachrichtigung: Marta Lomakina sollte sich im Moskauer Institut für Transplantationsmedizin einer letzten Untersuchung unterziehen. Sie versuchte, Geld für die Reise aufzutreiben. Die Mütter schwer kranker Kinder sind eine besondere Kategorie von Mitmenschen. In der Regel haben sie ihre Arbeit längst aufgeben müssen, ihnen bleibt einfach keine Zeit dafür. Alles Entbehrliche im Haus ist verkauft. Das Leben wird beherrscht von der allmächtigen LISTE, sprich: dem Verzeichnis der Medikamente, die Invaliden kostenlos zustehen. Alle paar Monate ändert sich die Aufstellung. Deshalb sehen die Betroffenen ständig neue Tragödien heraufziehen: Was wird nun wieder gestrichen? Dann müssen sie Geld auftreiben, um das Präparat käuflich zu erwerben.

Grundsätzlich haben Mütter kranker Kinder ein vordringliches Ziel, dem sich alles andere unterordnet: den Sohn oder die Tochter mit dem Notwendigen zu versorgen. Dafür sind sie zu vielem bereit. Als Marta Lomakina erfuhr, dass am 12. Juli 2006 mehrere oppositionelle Parteien unter der Losung »Ein anderes Russland« in Moskau eine Art Gegengipfel zum parallel stattfindenden G8-Treffen in St. Petersburg veranstalten und die Organisatoren für die Teilnehmer die Reise- und Übernachtungskosten übernehmen würden, beschloss sie, alles miteinander zu verbinden: zum Moskauer Kongress zu fahren, sich dort mit ernsthaften Leuten auszutauschen, vielleicht sogar, wenn sie Glück hatte, Mittel für die Operation aufzutreiben – und gleichzeitig natürlich die Untersuchung im Institut für Transplantationsmedizin hinter sich zu bringen.

Am 9. Juli traf Marta Lomakina in Moskau ein. Sie fuhr zum Hotel »Sewastopol«, wo für die Teilnehmer Zimmer reserviert waren.

»An der Absperrung vor dem Hotel standen ein paar Männer in Zivil«, erzählt Marta Lomakina. »Sie haben mich gefragt, wo ich hin will, und ich habe ehrlich gesagt: zur Konferenz ›Ein anderes Russland‹. Da sollte ich meinen Ausweis zeigen, den haben sie eingesteckt und ein Auto ohne Nummernschild herangewinkt. Ich musste einsteigen, sie sind auch mitgefahren, zwei Männer in Zivil, einer in einem Tarnanzug. Wo es dann hinging, das war kein Milizrevier. Eher eine Art Behörde mit bewachtem Eingang, es sind ständig Leute hineingegangen und herausgekommen. Sie haben mich in einen Raum gebracht und gesagt, mein Ausweis wäre gefälscht, das Passbild schief eingeklebt. Ich wusste genau, dass das nicht stimmt, deshalb habe ich verlangt, dass sie ein Protokoll aufsetzen. Da hieß es, wenn ich nicht den Mund halte und weiter Fragen stelle, würden sie mich verprügeln. Den Koffer und absolut alles, was ich bei mir hatte, haben sie mir abgenommen, mich dann in einen kalten, feuchten Keller gesperrt. Meine Erklärungen – ich konnte ja Semjons medizinische Unterlagen vorweisen – wollten sie überhaupt nicht hören. Ich habe gesagt: ›Ich darf mich nicht im Kalten aufhalten, weil ich zu einer Untersuchung muss, ich spende eine Niere für meinen Sohn.‹ ... Nichts hat geholfen.«

Eine Mutter, die ihrem Sohn eine Niere spenden will, und die Mächtigen der Welt auf der G8-Schaubühne in St. Petersburg, diese beiden Dinge liegen so weit auseinander, dass sie nur in einem Land hinter Zerrspiegeln irgendetwas miteinander zu tun bekommen können. Hier konnten sie es.

»Einen Tag später bin ich wieder in ein Auto verfrachtet worden«, beendet Marta Lomakina ihre Schilderung. »Wir sind eine Weile gefahren, dann haben sie mich rausgeworfen mit meinem Koffer, irgendwo in der Nähe der Metrostation Sokol, haben gesagt: ›Verschwinde, und dass du dich nicht umdrehst!‹ Am selben Tag bin ich krank geworden, weil ich mich in diesem Keller erkältet habe. Das muss ich jetzt auskurieren, die Niere kann erst später entnommen werden.«

Marta Lomakina vergießt keine Träne, als sie das traurige Ende der Geschichte erzählt. Über sie zu sagen, sie sei eine müde Frau, wäre untertrieben. Marta Lomakina ist eine verbrauchte, zermürbte Frau, man hat sogar Hemmungen, sie nach ihrem Alter zu fragen, denn was immer sie antwortet, es wird von dem realen Bild weit entfernt sein. Ja, manchmal lächelt Marta Lomakina im Gespräch, doch auch das sieht wie eine Grimasse aus.

Und wie weiter?

Marta Lomakina benötigt dringend 18 000 Dollar für die Organverpflanzung. Und 10 000 Rubel für die eigene Nachbehandlung. Semjons Invalidenrente beträgt 3 500 Rubel. Die karitativen Stiftungen – russische und ausländische –, von denen es genug im Lande gibt, reißen sich nicht darum, den inzwischen volljährigen Bürger der Russischen Föderation Semjon Lomakin in die Arme zu schließen. Die Geschäftsführer erklären der Mutter, dass die Wohltäter heute bei uns eben so gestrickt sind, dass sie ihre Wohltaten nur jüngeren Kindern angedeihen lassen, selbst für Sechzehnjährige finde man kaum noch jemanden, der bereit ist, Geld zu stiften.

Was nützen der Mutter diese Erklärungen? Soll sie jetzt etwa beweisen, dass es nicht Semjons Schuld ist, wenn sich bis zu seinem achtzehnten Lebensjahr für ihn keine Niere gefunden hat?

Warum musste das alles geschehen?

Wissen Sie, man weiß nicht einmal eine richtige Antwort. Weil »das eben so ist« bei uns. Weil es nationale Projekte gibt, die irgendetwas irgendwohin in ungeahnte Höhen heben, und daneben die Realität des heimischen Gesundheitswesens. Hast du Verwandte, vor allem eine Mutter, wirst du irgendwie überleben. Wenn nicht, nimm es uns nicht krumm. Im Allgemeinen sind wir ja eigentlich alle gutmütig, rücken das letzte Hemd heraus für unseren Nächsten. Aber nicht immer. Und wenn dann einer erst einmal so richtig tief im Schlammassel sitzt, bleibt ihm nichts übrig, als zu sterben.

31. Juli 2006

EINE GESCHICHTE VOM GUT-SEIN UND VON GUTHABEN

Entwicklungsgestörte Waisen könnten es sich heute als vermögende Gasprom-Aktionäre gut gehen lassen. Wären da nicht ihre Erzieher gewesen.

Ausnahmslos jedem von uns ist die Chance gegeben, eine Mutter Teresa zu werden. Doch Anna Wassilko, in den 1990er Jahren Direktorin der förderpädagogischen Internatsschule Nr. 2 in Workuta, hat sich diese Möglichkeit am 24. Mai 1994 endgültig verbaut.
Damals war, wenn Sie sich erinnern, eine schwierige Zeit, gleichwohl eine der Versuchungen. In den Kinderheimen gab es nicht genug zu essen, Akademiemitglieder hielten sich mit Chauffeurdiensten über Wasser, Lehrer standen als Verkäufer auf Märkten ... Doch jeder bekam Voucher, jene Anteilsscheine, die die Bevölkerung an der Privatisierung der volkseigenen Unternehmen beteiligen und die Umlenkung der Planwirtschaft in privatkapitalistische Bahnen durch Stimulierung von Privatinitiative voranbringen sollten. Bei manchen bewirkte dies allerdings einen völligen Hype.
Im Frühjahr 1994 fasste die Regierung der Republik Komi den wunderbaren Beschluss, die übrig gebliebenen Voucher zu verteilen – an Waisen und »Sozialwaisen«, sprich: Kinder, die der Staat dauerhaft in seine Obhut nehmen und in Waisenhäusern, Heimen und Internaten verschiedenster Art unterbringen musste, weil den leiblichen Eltern das Erziehungsrecht entzogen worden war oder sie ihren Erziehungspflichten nicht nachkamen. Auch diese staatlichen Schutzbefohlenen, deren Altersspanne vom Kleinkind bis zum Teenager reichte, sollten später einmal die Chance haben, ihren Anteil vom ausverkauften Staatseigentum abzubekommen.

Am 25. April 1994 erging der Erlass Nr. 172, der die Verteilung von 43 500 Vouchern an die 2 175 Waisen der Republik Komi vorsah. Auf jedes Kind entfielen etwa 20 Privatisierungsschecks. Am 13. Mai nahm Anna Wassilko, damals seit sieben Jahren Direktorin der Internatsschule Nr. 2 in Workuta, als staatlicher Vormund für ihre 29 Schutzbefohlenen 520 Voucher entgegen. Zu den Zöglingen dieser Förderschuleinrichtung zählten auch Wolodja Korobejnikow und Sweta Koljakowa, die damals jedoch noch so klein waren, dass sie nichts von ihrem Glück ahnten.

Am 24. Mai 1994 erwarb Anna Wassilko auf einer sogenannten regionalen Scheckauktion in der Republikshauptstadt Syktywkar für die »Waisenvoucher« 666 000 Aktien des staatlichen Erdgasförderunternehmens Gasprom. Erfreulicherweise machte Gasprom in der Folgezeit nicht nur satte Gewinne, sondern mauserte sich zu einem erfolgreichen transnationalen Konzern. Ende April 2006 besaßen die 666 000 Aktien der nunmehrigen Offenen Aktiengesellschaft Gasprom bereits einen Marktwert von mehr als 6,7 Millionen Dollar.

Andere Mitarbeiter der Internatsschule Nr. 2 kauften für die Privatisierungsschecks ihrer Schützlinge Anteile an sogenannten Voucher-Spezialfonds, die wie Pilze aus dem Boden schossen, in vielen Fällen jedoch nur betrügerische Finanzpyramiden darstellten und das Geld der Anteilseigner verheizten. Darunter auch das der Waisen aus der Förderschule Nr. 2.

Bei Anna Wassilkos weitaus erfolgreicherem Deal gibt es allerdings einen Haken: Sie erwarb die Gasprom-Aktien als natürliche Person. Auf ihren eigenen Namen. Hätte die Direktorin anders handeln können? Oder war die Gesetzeslage damals so, dass sie das Eigentum ihrer minderjährigen Schutzbefohlenen für sich »privatisieren« durfte?

Antwort auf diese Fragen gibt der nachfolgende Auszug aus einem Urteil, das das Stadtgericht Workuta unter Vorsitz des Richters W. Sobolew am 25. August 2005 fällte. Den vorausgegangenen Prozess hatte die Staatsanwaltschaft von Workuta angestrengt. Im Interesse von Stella Kotschanowa, die als Insassin eines anderen Kinderheims der Stadt – der Internatsschule Nr. 9 – die Direktorin W. Kubli auf Herausgabe der ihr zustehenden »Waisenvoucher« verklagte:

»... *Bei den Sonder-Scheckauktionen zum Verkauf von Aktien der Staatlichen Aktiengesellschaft Gasprom (in der Folgezeit OAG Gasprom) ... hätten die Leiter der Einrichtungen die Möglichkeit besessen, als Vertreter ihrer Schutzbefohlenen die Verträge über die Beteiligung an der Auktion unmittelbar auf den Namen der einzelnen Kinder ausstellen zu lassen (Abs. 4.1. der Ordnung für die Durchführung von Sonder-Scheckauktionen, bestätigt vom Staatskomitee für Vermögenswerte der Russischen Föderation am 4. November 1992, sowie Art. 1 des Gesetzes »Über die Privatisierung staatlicher und kommunaler Unternehmen in der Russischen Föderation« vom 3. Juli 1991). Dies geschah aber nicht. Folglich wurden die 23 400 Aktien der OAG Gasprom als Gegenwert für die 19,5 Voucher, die Stella Kotschanowa zugeteilt worden waren, nicht auf einem persönlichen Konto Kotschanowas deponiert, sondern auf dem Namenskonto ihrer gesetzlichen Vertreterin W. A. Kubli. Gegenwärtig ist die Beklagte Aktionärin der OAG Gasprom ... als natürliche Person.*«

An den Gesetzen lag es also nicht. Anna Wassilko wie auch Wera Kubli hätten sehr wohl als staatliche Vormünder für die ihnen anvertrauten Kinder individuelle Konten eröffnen und die Aktien dort – jeweils entsprechend der Anzahl der zugeteilten Voucher – deponieren können. Was beide jedoch unterließen.

Dazu noch ein Zitat aus einem offiziellen Schreiben des Staatsanwalts a. i. der Stadt Workuta, Justizrat W. Jarmoljuk: »... *nicht alle Leiter staatlicher Einrichtungen in der Republik Komi machten von dieser Möglichkeit Gebrauch. Im Endergebnis wurden in das Aktienregister der OAG Gasprom nicht die Kinder als Aktionäre eingetragen, sondern die Leiter der Fürsorgeeinrichtungen. Gegenwärtig sind als Aktionäre registriert:*

1. *Semykina, Olga Wassiljewna, Direktorin einer Internatsschule*
2. *Wassilko, Anna Petrowna, ehemalige Direktorin der förderpädagogischen Internatsschule Nr. 2*
3. *Kubli, Wera Archipowna, Direktorin der Internatsschule für allgemeine Grundschulbildung Nr. 9«*

Und wie hielten es andere?

Die Leiter von Kinderheimen in der Republik Komi hatten die Wahl, wie sie mit den Vouchern ihrer Schutzbefohlenen umgehen wollten, niemand wurde zu irgendetwas gezwungen. Jeder konnte seinem Gewissen folgen. Wie das Gewissen, so auch das Handeln. Galina Kusnezowa, Chefärztin eines Spezialheims für behinderte Vorschulkinder in Syktywkar, legte zunächst ebenfalls sämtliche »Waisen-Voucher« in Gasprom-Aktien an. Doch bereits 1996, als die Ersten ihrer 52 Schutzbefohlenen das Heim verließen (da dort nur Kinder bis zum Alter von vier Jahren betreut werden), überwies Galina Kusnezowa jedem Kind seine persönliche »Aktienmitgift«. Ganz gleich, wohin die Entlassenen kamen, in ein anderes Kinderheim oder in Familien, für jeden gab es ein Namenskonto mit Aktien. Auch für die drei von Ausländern adoptierten Kinder. Wobei Erwähnung verdient, dass zwei der drei ausländischen Adoptiveltern sofort, als sie von Galina Kusnezowa unterrichtet wurden, auf das »Vermögen« der Waisen verzichteten – zugunsten des Heims, das ihrer Meinung nach die Dividenden nötiger brauchte.

Auch Alexander Katolikow, der in Russland bekannte Gründer der heute nach ihm benannten Agrar-Internatsschule von Syktywkar, einer sonderpädagogischen Fördereinrichtung mit landwirtschaftlicher Ausrichtung, ließ sich von dieser Überzeugung leiten. Als er auf der Grundlage des Erlasses Nr. 172 insgesamt 4 788 Voucher für seine Schützlinge erhielt, veräußerte er sofort einen Teil davon für 103 595 000 Rubel (eine Summe, die nach der 1998 erfolgten Denominierung 103 595 »neuen« Rubeln entsprach) und verteilte das Geld auf die eigens für jeden Heiminsassen eingerichteten Namenskonten. Die restlichen 1 512 »Waisenvoucher« tauschte der Direktor gegen 1 814 400 Gasprom-Aktien, die jedoch von Anfang an ausschließlich dem Konto des Heims gutgeschrieben wurden.

Natürlich war das widerrechtlich, denn niemand fragte die Kinder, ob sie ihre Dividenden für die Bedürfnisse des Heims »spenden« wollten. Im Jahre 1997 gab es eine weitere Gesetzesverletzung: Alexander Katolikow verkaufte einer unseriösen Firma 1 Million Gasprom-Aktien für weniger als die Hälfte ihres Nennwerts. Weshalb? Um Geld in die Hand zu bekommen, Geld, das er wiederum bis zur letzten Kopeke auf die persönlichen Konten seiner Schutzbefohlenen einzahlte. Und es ist nicht die Schuld Katolikows, dass im Jahre 1998 der Staatsbankrott und der Kollaps des Rubels die Guthaben der Heiminsassen entwerteten. Für sich jedenfalls zweigte Alexander Katolilow keinen einzigen Voucher ab.

Anna Wassilko kündigte zwei Monate, nachdem sie persönlich über die 666 000 Gasprom-Aktien verfügte, ihre Stelle als Direktorin der Internatsschule Nr. 2 in Workuta und verschwand spurlos in den Weiten Russlands, um erst einige Jahre später wieder aufzutauchen – nunmehr wohnhaft in einem von Moskaus teuersten Nobelvororten.

Der Kampf um die Gasprom-Aktien

Olga Sujewa arbeitete als Erzieherin in der förderpädagogischen Internatsschule Nr. 2, in ihre Klasse gingen die Kinder, denen 1994 gemäß Erlass Nr. 172 Privatisierungsschecks zugeteilt worden waren. 1997 fragte Olga Sujewa das erste Mal bei der neuen Direktorin Margarita Zelinskaja nach, wo die Voucher der Kinder angelegt seien. Je näher die Heimentlassung ihrer Schützlinge rückte, umso häufiger erkundigte sie sich nach deren »Mitgift«.

Zelinskaja hüllte sich in Schweigen, doch offenbar kam im Hintergrund etwas ins Rollen, denn Margarita Zelinskaja und Anna Wassilko kannten sich seit langem. Im Januar 2002 erschien Wassilko schließlich in Workuta, auf Initiative von Zelinskaja, wie sich herausstellte. Anna Wassilko rief 12 ehemalige Internatsschüler (von insgesamt 29, die seinerzeit »Waisenvoucher« erhalten hatten) zusammen und übergab jedem 9 000 Rubel in bar, mit den Worten, es handele sich um ihre Dividenden.

Die nachfolgende Passage entstammt einer Eingabe, die Wladimir Korobejnikow nach seiner Entlassung aus der förderpädagogischen Internatsschule Nr. 2 an den Leiter der Verwaltung für Inneres der Stadt Workuta, W. Komarow, richtete. Korobejnikow gehörte zu den 29 Zöglingen, deren Voucher Anna Wassilko in Gasprom-Aktien angelegt hatte.

»Im Januar 2002 händigte Anna Wassilko nur 12 Personen Geld aus, jedem 9 000 Rubel für zehn Jahre. Sie schlug vor, die Aktien zu verkaufen, was wir ablehnten. Danach wurde uns vorgeschlagen, Viktor Zelinski (den Ehemann der Direktorin Margarita Zelinskaja) zu bevollmächtigen, diese Aktien in seiner Firma anzulegen. Auf vorbereiteten Formularen haben wir irgendetwas für ihn unterschrieben. Später hat mir Viktor Zelinski persönlich gesagt, Anna Wassilko würde die Angelegenheit selbst zu Ende führen. Sie hat dann versprochen, uns den restlichen Teil des Geldes und die Aktienurkunden zu bringen ... Im Mai 2002 haben wir uns an den Abgeordneten W. Kopossow gewandt, der uns wieder an Margarita Zelinskaja verwiesen hat. Im Juni 2002 wollten wir zur Leiterin der Abteilung Volksbildung der Stadt Workuta, W. Chaliulinowa, gehen, sind aber vom Sekretär nicht vorgelassen worden ... Wir

haben Präsident Putin angerufen, uns wurde versprochen, man werde der Angelegenheit nachgehen (Telefon-Sachbearbeiter Nr. 397). Im Februar 2003 wandten wir uns an die Abteilung zur Bekämpfung von Wirtschaftsverbrechen der Stadt Workuta ... Margarita Zelinskaja hat dann im Beisein mehrerer Leute geäußert, auf uns hätten Banditen ein Auge geworfen, wir könnten sowieso nichts erreichen und nichts beweisen ... Nachdem wir uns an die verschiedenen Instanzen gewandt haben, ist mir immer wieder gedroht worden ...«

Und es war keineswegs nur Wladimir Korobejnikow, der sich Drohungen ausgesetzt sah. Olga Sujewa machte nie einen Hehl daraus, dass sie die jungen Leute zur Abteilung für Wirtschaftsverbrechen und danach zur Staatsanwaltschaft begleitet, ihnen beim Aufsetzen der Eingaben geholfen hatte. Dadurch zog sich die notgedrungen zur Bürgerrechtlerin gewordene Erzieherin den Zorn und die Anfeindungen ihrer Kollegen – selbst der ehemaligen – zu. Olga Sujewa wurde entlassen und wieder eingestellt, in übelster Weise beschimpft und auf Schritt und Tritt bespitzelt, um ihr dienstliche Verfehlungen anhängen und diese nach oben melden zu können. Sie musste entwürdigende Arbeitskollektiv-Versammlungen mit verbalen Entgleisungen schlimmster Art über sich ergehen lassen.

Warum? Natürlich nicht, weil irgendjemand Anna Wassilko besonders gemocht und ihretwegen die Gasprom-Aktien mit Zähnen und Klauen verteidigt hätte. Die Ursache liegt vielmehr in einem grundsätzlicheren, tiefergehenden Konflikt: Olga Sujewa hat nicht nur geduldet, dass die Zöglinge für ihre Rechte und ihre Zukunft kämpften, sondern ihnen dabei sogar geholfen. Vor dem Hintergrund der Auffassungen und Betrachtungsweisen, die in der sonderpädagogischen Internatsschule Nr. 2 die Richtschnur waren, erschien das den Kollegen absolut inakzeptabel.

»Diese Kinder müssen ihren Platz kennen!«, schrie auf einer Versammlung, bei der wieder einmal gegen Olga Sujewa zu Felde gezogen wurde, die Leiterin des Erzieherkollegiums W. Nowokschenowa. Der Satz offenbart den Kern der förderpädagogischen Ideologie in der Internatsschule Nr. 2. Und Olga Sujewas »Schuld« bestand darin, dass sie versucht hatte, die Kinder aus ihrer Nische herauszuholen.

Kategorie acht

Was ist das für eine Nischenideologie? Und was verbirgt sich hinter dem Begriff »Kategorie acht«, den die Mitarbeiter der Einrichtung beständig zu ihrer Rechtfertigung bemühen?

»Kategorie acht« kommt einem Brandmal gleich. Die Zöglinge der förderpädagogischen Internatsschule Nr. 2 in Workuta sind nicht nur Waisen und Sozialwaisen, sondern zudem entwicklungsgestört. Kinder von Alkoholikern und Drogenabhängigen, denen das Erziehungsrecht entzogen wurde oder die sich zu Tode getrunken haben. Diese Kinder zählt die in der sowjetisch-russischen Sonderpädagogik verbreitete Defektologielehre zur schwersten von insgesamt acht Fallgruppen. Die Diagnose »Kategorie acht« ist hierbei als »geistig zurückgeblieben« zu lesen, und die davon Betroffenen sind zumeist in sonderpädagogischen Internatsschulen untergebracht. Die »Nische«, die das Kollegium der Internatsschule Nr. 2 den Zöglingen zuweist, bedeutet schlicht und einfach: Du bist dumm und wirst immer dumm bleiben, also iss, trink, sitz still und halt den Mund, mehr wird von dir nicht verlangt. Verwahrung statt Erziehung. Hauptsache, man wird die entwicklungsgestörten Waisenkinder möglichst schnell los. Wen man da entlässt, spielt keine Rolle. Den Erziehern kam diese Einstellung durchaus gelegen, eignete sie sich doch als Alibi für Untätigkeit und als dauernde Rechtfertigung: Wir haben es ja so furchtbar schwer mit diesen Kindern, dafür stehen uns Prämien zu. Aktien, Beförderungen und Gehaltszulagen inklusive.

Das ist der Grund, warum die Mitarbeiter der förderpädagogischen Internatsschule Nr. 2 in Workuta für Anna Wassilko und gegen Olga Sujewa Partei ergriffen. Diese Sujewa konnte mit ihrem Handeln am Ende noch das ganze Nischensystem umschmeißen! Ein System, in dem mehr als die Hälfte der aus dem Internat Entlassenen trank, Drogen nahm, der Prostitution nachging, auf der Straße lebte und bereits vor Aushändigung des Abschlusszeugnisses mit dem Gefängnis Bekanntschaft geschlossen hatte.

Olga Sujewa berichtet: »Allein in Nowokschenowas Klasse ist Ch. zwei Mal verurteilt worden, Witja N. stand wegen Vergewaltigung vor Gericht, Witja E. wegen Diebstahls, S. wegen Diebstahls und weil er einen Raubüberfall begangen hat, E. wegen Diebstahls, Sascha E. wegen Mordes ...«

Wann und wieso hatten die minderjährigen Zöglinge der förderpädagogischen Heimschule Gelegenheit, all diese Verbrechen zu begehen? Weil die vom ach so anstrengenden Umgang mit der »Kategorie acht« gestressten Pädagogen, um sich nicht zu überarbeiten, folgende Erziehungsmethode praktizierten: Sie ließen die Kinder einfach laufen ... zu ominösen »Tanten« oder zu Eltern, denen seinerzeit wegen ständiger Alkoholexzesse das Erziehungsrecht per Gerichtsbeschluss entzogen worden war. Und es sage keiner, dass das Kollegium nicht wusste, was die Kinder dort treiben würden.

Olga Sujewa fährt fort: »Shenja Bogatyrjow war zwei Jahre im Internat gemeldet, obwohl er bei einer alkoholkranken entfernten Verwandten unter katastrophalen sanitären Bedingungen gehaust hat. Es werden sogar Kinder entlassen, die vor dem Internat auf der Straße gelebt hatten, die treiben sich dann wieder in ganz Russland herum. Olja Petrykina ist von der Miliz in Belgorod aufgegriffen worden ... Stassik Kotschurow hat uns die Miliz zehn Mal in nur einem Jahr aus der Sammelstelle für aufgegriffene straffällige Minderjährige zurückgebracht. Um sie möglichst schnell loszuwerden, sind einige Schüler, Andrej Iwanow oder Achmetow beispielsweise, nach der sechsten Klasse sofort in die Abgangsklasse versetzt worden ... und dann Auf Nimmerwiedersehen ... Anja F. hat in einem Bordell zwei Männer umgebracht und einen dritten schwer verletzt, er lag lange auf der Intensivstation. Wie kommt eine Sechstklässlerin in ein Bordell, wo sie sich ihrer Haut erwehren muss? Weil sie das Internat verlassen durfte, obwohl alle sehr wohl wissen, wohin die Mädchen dann geraten – in einen nahe gelegenen Wohnungspuff.«

Nennen wir die Dinge beim Namen. Damit es keine Missverständnisse gibt. Die elternlosen Mädchen wurden bewusst den Kriminellen von Workuta »zur Nutzung überlassen«. Daran kommt man ebenso wenig vorbei wie an der Tatsache, dass die förderpädagogische Internatsschule Nr. 2 eine Verbrecherschmiede ist. Wen wundert da noch, wenn es in dieser Verwahranstalt als normal gilt, die Kinder in eine »Nische« zu verbannen. Dann weiß die Miliz, wo sie ihre kriminogenen Elemente zu suchen hat. Und das Kollegium weiß, dass man es mit minderjährigen Verbrechern zu tun hat. Unnormal ist hingegen, wenn die Zöglinge selbstständig zu denken beginnen wie alle anderen Menschen, wenn sie für ihre Zukunft kämpfen.

Wissen Sie, was mich in meinem Gespräch mit den Erziehern der Internatsschule Nr. 2 am meisten schockiert hat? Sie konnten sich nicht an die Namen der Kinder erinnern, nur an die medizinischen Diagnosen, und wer was angestellt hat ...

Augenzeugen berichten: Als Wolodja Korobejnikow, der als Erster auf Herausgabe seines Eigentums geklagt hatte, vor Gericht recht bekam und Anna Wassilko begriff, dass sie die Aktien herausgeben musste, fiel sie unisono mit Margarita Zelinskaja in aller Öffentlichkeit über den Jungen her: »Du bist doch oligophren, du bist ja debil ...«

Einige Zeit darauf erfuhr das Erzieherkollegium des Internats, dass Wolodja Korobejnikow Referent der Abgeordneten des Staatsrates der Republik Komi, Natalja Radostewa, geworden war. Radostewa hatte die Bemühungen der Waisen, Anna Wassilko zur Rückgabe der ihnen rechtmäßig zustehenden Gasprom-Aktien zu zwingen, nach Kräften unterstützt. Die Lehrer der förderpädagogischen Internatsschule Nr. 2 aber scheuten nicht einmal davor zurück, in einem Schreiben an den Staatsrat Maßnahmen gegen die Abgeordnete Natalja Radostewa zu fordern, weil diese einen »Oligophrenen« und »Debilen« zu ihrem Mitarbeiter erkoren habe.

Den Pädagogen des Heims sind im Kampf um die Aufrechterhaltung des Nischensystems alle Mittel recht, selbst wenn sie sich damit selbst diskreditieren. Eigentlich hätten sie doch wohl die Abgeordnete anflehen müssen, einen entwicklungsgestörten Menschen einzustellen ... Umso erfreulicher ist, dass Wolodja Korobejnikow die »Therapierung« in der förderpädagogischen Einrichtung unbeschadet überstanden hat, seine Berufsschulausbildung mit Auszeichnung abschließen konnte und jetzt an einem College studiert. Er möchte nichts so sehr, als dem vorgezeichneten Weg eines Menschen der »Kategorie acht« zu entgehen.

Das kriminelle Milieu und die Aktionäre

Endlich war es so weit: Das Gericht verurteilte Anna Wassilko dazu, Sweta Koljakowa und Wolodja Korobejnikow 46 800 Gasprom-Aktien zu übergeben. Wolodja, Jahrgang 1984, und Sweta, Jahrgang 1983, waren 1991 in die förderpädagogische Internatsschule Nr. 2 gekommen und im Jahr 2000 entlassen worden, hatten also neun Jahre komplett unter den Fittichen der staatlichen Sozialfürsorge verbracht.

Ihre Klageanträge waren ordentlich formuliert und richteten sich gegen drei Beklagte: Anna Wassilko, die Internatsschule Nr. 2 sowie die seit der Privatisierung des Gasprom-Konzerns mit der Führung des Wertpapierregisters und der Verwahrung der Aktien der Gasindustrie betraute Registrargesellschaft SD-DRAGa. Sweta und Wolodja klagten auf Anerkennung ihrer Eigentumsrechte an den Aktien, Eintragung in das Wertpapierregister sowie Nachzahlung von Dividenden und Zinsen.

Die Richter konstatierten, dass die 18 000 Rubel (Anna Wassilko stockte die zunächst ausgehändigten 9 000 Rubel später noch einmal um die gleiche Summe auf) lediglich einen Bruchteil des tatsächlichen Ertrags darstellten. Im Zeitraum von 1995 bis 2001 hatte Anna Wassilko 567 656 Rubel Dividende für die Aktien ihrer Schützlinge kassiert – und vorsorglich auch sofort abgehoben. Als die ehemalige Direktorin der Internatsschule Nr. 2 aufgefordert wurde, die mit »Waisenvouchern« erworbenen 666 000 Gasprom-Aktien freiwillig auf den Namen der Kinder umschreiben zu lassen, weigerte sie sich.

»Bei den Gerichtsverhandlungen waren die staatlichen Vormünder sehr aggressiv«, erklärt die Abgeordnete des Staatsrates der Republik Komi, Natalja Radostewa. »Sie haben sich als Ankläger aufgespielt und gelogen, die Kinder seien über ihr Eigentum informiert worden.«

Doch letztendlich entschied das Gericht zugunsten Wolodja Korobejnikows, dem das Urteil ein Vermögen bescherte. Die Leiterin der operativen Verwaltung der Registrargesellschaft SD-DRAGa setzte ihn davon in Kenntnis, dass »auf der Grundlage der Vollstreckungsanordnung des Stadtgerichts Workuta vom 1. Oktober 2004 eine Überführung von Wertpapieren der OAG Gasprom im Umfang von 24 000 Stück vom Aktienkonto der Aktionärin A. P. Wassilko auf Ihr persönliches Konto« erfolgt sei.

Hurra! Doch was geschah weiter?

Nachdem die erste Gruppe ehemaliger Zöglinge der Internatsschule Nr. 2 vor Gericht die Herausgabe ihrer Aktien erstritten hatte, traten an die Stelle der erpresserischen Pädagogen »gewöhnliche« Schutzgelderpresser aus dem Verbrechermilieu. Ende 2005 war die Umschreibung der Gasprom-Aktien zugunsten von 28 (der insgesamt 29) ehemaligen Zöglingen der Internatsschule Nr. 2 sowie von 104 (der insgesamt 136) Waisen des unter Leitung von Olga Semykina stehenden Kinderheims abgeschlossen – und sofort hefteten sich Kriminelle an die Fersen der frischgebackenen Aktionäre.

Aus der Eingabe der ehemaligen Heiminsassin Galja Dratschenina an den Staatsanwalt der Stadt Workuta, N. Ponomarjow, vom 5. Oktober 2005: »*Ich bitte Sie um Klärung. Mir standen Gasprom-Aktien für Voucher zu. Die Direktorin unseres Heims, O. W. Semykina, übergab mir 22 800 Aktien, aber keine Dividenden für die 11 Jahre. Ich bitte um Klärung, warum nicht. Im Juni fuhren ich, die Mitarbeiterin der Internatsschule Nr. 2 L. Seliwanowa und der von Seliwanowa als Begleitschutz angeheuerte Rem* [Spitzname eines Kriminellen aus Workutas Unterwelt. A. P.] *nach Moskau, um meine Aktien zu verkaufen. Das Geld für die Aktien nahm L. Seliwanowa an sich. In Moskau gab sie Rem 500 000 Rubel, weil er uns beschützt hat. Vor der Übergabe forderte mich Rem auf, das Zimmer zu verlassen. Deshalb kann ich nicht genau sagen, wie viel Geld es war. Das übrige Geld hat sie behalten. Insgesamt habe ich Aktien für 1 800 000 Rubel verkauft. Seliwanowa hat gesagt, sie hätte Alexander Potschujew 500 000 Rubel geben müssen, angeblich für meine Schulden, aber ich war ihm nur 20 000 Rubel schuldig.*«

An dieser Stelle ist eine Erklärung erforderlich: Die Heimwaisen, die um ihre Gasprom-Aktien kämpften, wurden von der Unterwelt der Stadt Workuta regelrecht belagert. Zuerst schlichen sich die Kriminellen – zu denen auch Alexander Potschujew gehört – in ihr Vertrauen ein, machten ihnen mit Wissen der Erzieher teure Geschenke zum Schulabschluss, um später Rechnungen zu präsentieren und zu behaupten, es habe sich keineswegs um Geschenke gehandelt, vielmehr seien die Dinge auf Pump gekauft worden. So kam auch Galja Dratschenina zu ihren 20 000 Rubel »Schulden«, die in der Folge auf 500 000 Rubel anwuchsen. *»Im August habe ich eine Wohnung bekommen* [sie steht Waisen bei ihrer Entlassung aus der Fürsorgeeinrichtung zu. A. P.], *doch Seliwanowa gibt das Geld nicht heraus, nur alte Möbel von ihrem Sohn hat sie mir gegeben. Ich bitte um Hilfe ...«*

Anderen Waisen ist im Zusammenhang mit ihrem Aktienbesitz noch weitaus Schlimmes widerfahren. So wurden Mädchen von Kriminellen entführt und eingesperrt, bis sie bereit waren, ihnen die Aktien »abzutreten«. Und zwar entweder getarnt als Schenkung, auf der Grundlage von Schenkungsurkunden ohne jede Wertangabe. Oder als Verkauf, allerdings zu Schleuderpreisen, die lediglich bei einem Hundertstel des Marktwerts lagen.

Natalja Radostewa schlägt in der Öffentlichkeit Alarm, doch die Staatsanwaltschaft schweigt zu den Vorfällen. Sich mit der Unterwelt anzulegen verheißt Schwierigkeiten. »Wem nützt der Tod Dutzender ehemaliger Heimzöglinge, die nichts von ihrem auf fremden Konten gelandeten Reichtum erfahren haben?«, fragt die Abgeordnete des Staatsrates der Republik Komi. »Wer sind die Nutznießer dieser Vermögen? Wem bringt es Vorteile, dass die nach der Entlassung aus der Internatsschule in alle Winde zerstreuten Waisen nicht gefunden werden? Oder, wenn man sie findet, diese aus Unkenntnis über die wahre Sachlage und die wirklichen Preise auf »großzügige Kaufangebote« eingehen?«

Es dürfte nicht schwer sein, den Zögling einer förderpädagogischen Internatsschule hinters Licht zu führen. Und das Schicksal einiger Waisen, die ihre Aktien zurückerhalten haben, ist völlig ungeklärt. »Ich habe Angst um die Kinder!«, bringt Natalja Radostewa ihre große Besorgnis auf den Punkt. Wolodja Korobejnikow war, um sein Leben nicht aufs Spiel zu setzen, zu einer Nacht-und-Nebel-Aktion gezwungen: Als er die Mitteilung über die Rückgabe der Aktien erhielt, veräußerte er die Wertpapiere sofort und kaufte sich schnellstens eine Wohnung in einer anderen Stadt, ja sogar in einer anderen Region des Landes. Nach Workuta kam er nicht noch einmal, es wäre zu riskant gewesen.

Selbst denjenigen, die sich ihr Eigentum erkämpften, winkt also keine westliche Idylle, kein sorgenfreies Leben von den Dividenden des immer reicher werdenden Gasprom-Konzerns.

Diese Geschichte, die in jenem wilden Jahr 1994 begann, will und will einfach nicht enden. Vor allem, weil nun die Banditen von Workuta das »Werk« der Lehrer und Erzieher der förderpädagogischen Internatsschule Nr. 2 in ihre Hände genommen haben. Anna Wassilko ist bis heute nicht bestraft. Die ausstehenden Dividenden sind noch immer nicht gezahlt. Hier muss Sergej Fridinski einschreiten. Als Vize-Generalstaatsanwalt der Russischen Föderation ist er auch zuständig für den Kinderschutz. Und gerade eifrig damit beschäftigt, Adoptionen russischer Waisenkinder durch ausländische Eltern bis zur Unmöglichkeit zu erschweren. Von der Staatsanwaltschaft der Stadt Workuta ist jedenfalls keine Klärung mehr zu erwarten, wohin einige Waisen, die heute sehr reich sein könnten, verschwunden sind; ob auch ehemalige Internatszöglinge, die im Gefängnis sitzen, auf ihr Eigentum hoffen dürfen; ob diejenigen, die nicht mehr leben, Erben hinterlassen haben. Es wird Zeit, dass sich Sergej Fridinski schützend vor die Waisen von Workuta stellt. Waisen, die bestohlen wurden von ihren staatlichen Vormündern – Bürgern der Russischen Föderation. Und von einheimischen Banditen.

Haben Sie schon einmal gesehen, was für einen Anblick entwicklungsgestörte Menschen im Westen bieten? Ordentlich gekleidet, akkurat frisiert, mit blank geputzten Schuhen. Sie fahren in Spezialtaxis, spielen Tischtennis auf grünem Rasen, reisen durch die Welt. Sie werden rechtzeitig behandelt, gut ernährt, mit sauberer Wäsche versorgt. Natürlich kostet das alles viel Geld. Und jetzt vergleichen Sie einmal, wie es bei uns aussieht … Was hier geschildert wurde, ist die Geschichte von Kindern, die ebenfalls ihr Leben lang Köchinnen, Pflegerinnen und persönliche Ärzte hätten haben können, und das, ohne auch nur einen einzigen Rubel von Gesundheitsminister Michail Surabow zu beanspruchen. Aber es sollte nicht sein.

27. April 2006

DIE GEWALTORGIEN DER MILIZ ...

... in Blagoweschtschensk wurden vom Innenministerium der Russischen Föderation angeordnet. Befehl Nr. 174 NFD gab die Aufstellung von Filtrationsgruppen sowie die Einrichtung von Filtrationspunkten vor.

Im Dezember 2004 erlebte die ruhige Kleinstadt Blagoweschtschensk in der Republik Baschkortostan eine nie dagewesene Heimsuchung – eine viertägige gewaltsame Großrazzia von Einsatzkräften des russischen Innenministeriums. Hunderte Menschen wurden verletzt, viele Einwohner fürchten bis heute den Einbruch der Dunkelheit, haben Angst, die Säuberungsaktion könnte sich wiederholen. Und noch immer ist nicht nachvollziehbar, wie so etwas möglich war. Warum die Einsatzkräfte derartig brutal mit der Bevölkerung umsprangen. Und warum diese beispiellose Gewaltaktion gegen eine ganze Stadt nicht eine ebenso beispiellos strenge disziplinarische Untersuchung im Innenministerium der Russischen Föderation und im Kreml nach sich zog.

Die »Spezialmaßnahmen« der Miliz vom 10. bis 14. Dezember 2004 erfolgten nicht allein in der etwa 50 km von der Hauptstadt Ufa entfernten Kreisstadt Blagoweschtschensk, sondern darüber hinaus in mehreren Dörfern des Kreisgebiets: Bedejewa Poljana, Iljina Poljana, Udelnyje Duwaneji, Werchni Isjak und Nishni Isjak. Daran beteiligt waren 17 Angehörige einer OMON-Spezialeinheit des Innenministeriums der Republik Baschkortostan und 130 Milizionäre der Stadt- und Kreisverwaltung der Miliz. In den Filtrationspunkt wurden nach offiziellen Angaben 497 Personen verbracht, nach inoffiziellen mehr als 1 000. 36 mussten aus dem Filtrationspunkt mit Verletzungen unterschiedlicher Schweregrade in ein Krankenhaus eingeliefert werden. Die Staatsanwaltschaft der

Republik Baschkortostan leitete im Zusammenhang mit den Säuberungen gegen mehrere Mitarbeiter der Rechtsschutzorgane das Strafverfahren Nr. 4909213 ein – wegen »Amtsmissbrauchs« gemäß §186 des Strafgesetzbuches der Russischen Föderation. Gegenwärtig studieren die Verfahrensbeteiligten die Ermittlungsakten.

Zwei Länder auf einem Territorium

»Wer sagt, dass es überhaupt eine Säuberung gab?«, fragt der stellvertretende Leiter der Milizverwaltung von Blagoweschtschensk, Oberstleutnant Oleg Salnikow, zurück. »Alles verlief streng nach Plan. In Übereinstimmung mit den Befehlen.«

»Und dass gefoltert wurde, gehörte auch zum Plan?«

»Wer sagt denn, dass gefoltert worden ist? Eine Prophylaxemaßnahme. Das Gericht wird das schon klären ...«

Nicht, dass mir der Oberstleutnant drohen würde. Nein, er scheint einfach nur aus einem ganz anderen Land zu kommen, einem Land, in dem alles völlig anders funktioniert als bei uns. In dem die Verfassung eine andere ist, andere Gesetze gelten. Ich sage: Menschen mit Gummiknüppeln zwischen die Beine zu schlagen ist Folter. Darauf er: Eine von oben sanktionierte Bekämpfung asozialer Elemente durch die Miliz.

Und das Allerschlimmste: Oberstleutnant Oleg Salnikow lügt nicht einmal. Die gewaltsame Unterwerfung der Stadt Blagoweschtschensk folgte einem präzisen, von höchsten Führungsgremien gebilligten Plan. Was nur bedeuten kann, dass wir jetzt tatsächlich zwei Länder auf einem Territorium haben. Zwei Pole. Da sind wir, die Bevölkerung. Und sie, die uns nach Gutdünken in die Zange nehmen können. In ihren Dokumenten liest sich das so:

»Plan zur Durchführung prophylaktischer Maßnahmen vom 10. bis 14. Dezember 2004 zwecks Unterbindung und Prävention von

Verbrechen und Gesetzesverletzungen ... [am 9. Dezember 2004 gebilligt vom Chef der Milizverwaltung, Oberst I. Ramasanow. A. P.]
Auf dem Territorium der Stadt und des Kreises Blagoweschtschensk sind folgende Maßnahmen durchzuführen: 1. Bildung von Einsatzgruppen, bestehend aus Abschnittsbevollmächtigten, Mitarbeitern der Abteilung Kinder- und Jugendschutz, der Staatlichen Inspektion für öffentliche Sicherheit, der Verkehrsmiliz, des Sondermilitärbezirks, der Operativen Verwaltung der Republik Baschkortostan, der Milizabteilung für Waffenlizenzen und Waffenaufsicht, der OMON-Spezialeinheiten des Innenministeriums der Republik Baschkortostan ... in Absprache mit der Verwaltung des Kreises Blagoweschtschensk ... 2. Aufstellung mobiler Operativtrupps zum Einsatz der ländlichen Ortslagen ... Termin: täglich ... 7. Information der Bevölkerung über die Ergebnisse des operativen Einsatzes in jedem Ort und in jedem Stadtteil ...«

Es ist keine Übertreibung, sondern eine nicht zu leugnende Tatsache: Die Bildung der Einsatztrupps erfolgte auf Befehl von oben, befehlsgemäß rückten sie aus, um die Bevölkerung »operativ zu traktieren«.

Die einen

»Als wir in den Bus verfrachtet wurden, haben sie Gas gesprüht«, berichtet Wowa Kalikajew, ein noch kindlich-ungelenker Halbwüchsiger aus der 25 km von Blagoweschtschensk entfernten Ortschaft Iljina Poljana. Der Zehntklässler war am 11. Dezember zu einem Disko-Abend im Dorfklub gewesen. Er und alle anderen, die sich dort aufhielten – insgesamt 56 Personen –, wurden von Milizkräften umzingelt und mit Fußtritten und Gummiknüppeln in einen bereitstehenden Polizeibus getrieben.

»Die Milizionäre sind doch mit im Bus gefahren, oder? Haben sie sich denn dabei nicht selbst vergiftet?«

»Nein, die waren vorn und haben die Vordertür aufgemacht, da kam frische Luft rein, uns hatten sie hinten zusammengepfercht. Alle auf einem Haufen. Dann haben sie Gas gesprüht. Ich bin an die hintere Tür gedrückt worden. Zwischen den Türflügeln waren kleine Löcher. Ich habe die Nase in so ein Loch gesteckt und geatmet. Die anderen haben gedrängelt und geschoben, weil sie durch die Löcher auch Luft kriegen wollten.« Da haben die vorne gebrüllt: ›Ruhe, kapiert?!‹ Und mit Gummiknüppeln losgedroschen, wenn einer nicht ›kapiert‹ hat.«

»Wie viele von euch waren in dem Bus?«

»Alle 56. Und dazu noch ein paar Leute aus Werchni Isjak, an die 20.«

Und die anderen

Diesen Plan, der unter anderem die Verwendung von »Spezialmitteln« vorsah, hatte der Leiter der Abteilung Öffentliche Sicherheit in der Milizverwaltung der Stadt und des Kreises Blagoweschtschensk, Major O. Mirsin, erarbeitet. Nun kann so ein Major ja mancherlei schreiben, nicht wahr? Am 9. Dezember wurde der Plan allerdings vom Chef der Milizverwaltung, Oberst I. Ramasanow, per Anweisung Nr. 383 bestätigt – samt aller operativen Einsätze. Danach leitete Ramasanow das Dokument nach Ufa weiter, an den Innenminister der Republik Baschkortostan, Generalleutnant R. Diwajew.

Hätte der Minister das Papier zerreißen und Ramasanow nebst Mirsin maßregeln können? Selbstverständlich. Dann wäre die Unheilsmaschinerie gar nicht erst in Gang gekommen. Doch Diwajew billigte den Plan uneingeschränkt und unverzüglich.

Noch am selben Tag erging seine Anordnung Nr. 792, die vorsah, eine bereits in Tschetschenien eingesetzte Brigade von OMON-Kämpfern unter Führung des Kommandeurs der 1. operativen Kompanie, Major O. Sokolow, zur Realisierung des Vorhabens nach Blagoweschtschensk abzukommandieren. Am 10. Dezember sanktionierte eine weiterere Anordnung unter der Registriernummer 378 A dann den gesamten Plan.

Anweisung Nr. 378 A ist, das muss man schon sagen, ausgesprochen sensationell. Für uns natürlich. Für sie nicht.

In diesem mit NFD (nur für den Dienstgebrauch) gekennzeichneten Dokument steht schwarz auf weiß: »... *in Ausführung der Anweisung Nr. 174* NFD *des Innenministeriums der Russischen Föderation vom 26.02.2002* ...« Sind demnach die »Maßnahmen«, denen sich Wowa Kalikajew und Hunderte anderer Bürger ausgesetzt sahen, bereits mehr als zwei Jahre zuvor offiziell genehmigt worden?

Genau so verhält es sich. Aus den Dienstanweisungen der baschkirischen Milizchefs folgt unmittelbar, dass Ideologie, Strategie und Taktik von »Säuberungen«, wie sie Russland praktiziert, in dieser Anordnung Nr. 174 NFD angelegt sind. Nur wir denken bis heute: Säuberung, nein, so etwas ist eine Schande für das Land, ein Akt von Staatsterrorismus, ein Mittel aus dem Repertoire eines Schamil Bassajew, nur mit umgekehrter Stoßrichtung. Doch in jenem »anderen« Russland sind »sie« anders erzogen und abgerichtet, auf andere Werte eingeschworen worden: kein Staatsterror, sondern die Erfüllung der dienstlichen Pflicht, eine Repressionsmaschinerie in Gang zu setzen. Und deren Zweck wiederum besteht laut Anordnung Nr. 174 NFD darin, Menschen per Filtration »zu traktieren«.

Der Filtrationspunkt

Entsprechend der maßgeblichen Dokumente erfolgt eine Filtration durch eine eigens zusammengestellte »Filtrationsgruppe« in einer speziell eingerichteten Sammelstelle, dem »Filtrationspunkt«, wohin Rollkommandos, sogenannte »Operativtrupps« – bei den Großrazzien in Blagoweschtschensk waren es vier –, die bei den Säuberungen aufgegriffenen Personen bringen.

Vor mir liegt die von Milizchef Ramasanow bestätigte Einteilung für den Großeinsatz in Blagoweschtschensk: So und so viele Milizionäre für die »Filtrationsgruppe«, namentlich aufgeführt, so und so viele – für die »Operativtrupps«. Hier war alles straff durchorganisiert.

»Gemäß bestätigter Einteilung wurde ... im Gebäude der ehemaligen medizinischen Ausnüchterungsstation ein Filtrationspunkt eingerichtet, wo auf der Grundlage der Anordnung Nr. 174 NFD des Innenministeriums der Russischen Föderation ... die Registrierung der im genannten Zeitraum eingelieferten Personen im Dienstbuch erfolgte. Verantwortlich für die Sammlung und Zusammenfassung der Resultate ist Milizleutnant W. Dudotschkin, der zur Filtrationsgruppe der Milizabteilung gehört.« Das Zitat entstammt einer weiteren Anweisung der Milizverwaltung von Blagoweschtschensk, die erst nach der Säuberung erlassen wurde, zur Aufbereitung der Ergebnisse sozusagen (Anweisung Nr. 280).

Von Milizleutnant Witali Dudotschkin und seiner Rolle bei der Filtration wird später noch die Rede sein. Verschaffen wir uns zunächst eine Vorstellung davon, wie so etwas konkret aussieht – ein Filtrationspunkt im 21. Jahrhundert, in einem Land, das vor 60 Jahren den Faschismus besiegt hat.

Der Filtrationspunkt von Blagoweschtschensk ist ein Keller unter dem Gelände der Milizverwaltung ... und des Kreisgerichts von Blagoweschtschensk, denn eine bizarre Besonderheit der hiesigen »Rechtsordnung« besteht darin, dass Miliz und Justiz in ein und demselben Gebäude untergebracht sind, Wand an Wand. Eine Zeit lang wurde der Keller unter dem Gebäudekomplex als Ausnüchterungsanstalt genutzt.

»Dorthin dürfen Sie nicht«, blockt Oberstleutnant Oleg Salnikow meinen zaghaften Vorstoß sofort ab. »Wegen der Antiterror-

Operation ›Wirbelwind‹ im Vorfeld des Siegestages. Ein Hochsicherheitsobjekt.«

Nein, wer hätte das gedacht?! Salnikow muss selbst lachen. Nun ergreift Rustem Idiatullin, seines Zeichens a. i. Chef der Kriminalmiliz von Blagoweschtschensk, das Wort.

»Was wollen Sie denn da?«

»In dem Keller war ein Filtrationspunkt. Dort sind Menschen misshandelt worden.«

»Ach wirklich – misshandelt?«, kokettiert Idiatullin. »Ich will Ihnen das einmal erklären: Unzufrieden mit der Miliz sind hier nur asoziale Elemente.«

»Die Verbrechen begehen«, zementiert Oberstleutnant Salnikow das Urteil des Kriminalisten. »Alle anderen Bürger verstehen, warum die Miliz so vorgegangen ist. Sie kommen zu uns und bitten inständig: Gehen Sie weiter so vor.«

Die einen

Diejenigen, die die Filtration über sich ergehen lassen mussten, sind da völlig anderer Meinung. Sie wünschen sich nichts weniger als eine Wiederholung und sind überzeugt, in dem Keller habe wahrhaftig eine moderne russische Gestapo gewütet.

»Zuerst haben sie uns in den Innenhof gebracht«, berichtet Anton Berdnikow aus Iljina Poljana. Er war im Dezember 2004 gerade einmal 17 Jahre alt. »Die OMON-Kräfte haben von der Tür des Busses bis zur Hofmauer einen Korridor gebildet, wir mussten ganz schnell aussteigen und uns mit gespreizten Beinen und erhobenen Händen an die Wand stellen. Auf dem Weg dorthin haben die vom ›Korridor‹ wahllos auf alle eingeschlagen.«

Serjosha Kalikajew, der Bruder des Zehntklässlers Wowa Kalikajew, ist bereits 18 Jahre alt und studiert an der örtlichen Ingenieurschule. Er ergänzt:

»Wenn man nicht schnell genug war, haben sie noch fester zugeschlagen. Von der Hofmauer mussten wir dann gruppenweise – wieder im Laufschritt – die Treppe runter in den Keller, und überall standen sie auf beiden Seiten mit Gummiknüppeln. Wir mussten die Hände hinter dem Kopf verschränkt halten, durften sie nicht lösen, sonst gab's gleich einen Hieb. Unten war dann ein riesengroßer schmutziger Keller mit vielen Biegungen und Nischen. Und ein langer Gang, der das Ganze verbunden hat. Der Keller war überfüllt, wir standen wie die Heringe. Raus durfte nur, wer in Kampfgebieten gedient hat. Die Milizionäre haben gebrüllt: »Wer hat in Kampfgebieten gedient? Abtreten.« Sie haben dann wieder alle mit Gummiknüppeln zu einer Wand getrieben, einen Meter davor mussten wir die Beine spreizen und uns mit den Händen an der Wand abstützen, einer neben dem anderen. »Arme hoch! Höher! Noch höher!«, haben sie gebrüllt. Aber das geht nicht endlos, ich bin hingefallen, da haben sie mich geschlagen. Als ich wieder stand, haben sie gegen meine Beine gedroschen, ich musste die Beine immer weiter spreizen, fast bis zum Spagat. Und bin wieder gestürzt, und sie haben wieder auf mich eingeprügelt. Manchmal einfach so, auch wenn man gar nichts verkehrt gemacht hat. Ein Schlag mit dem Gummiknüppel in die Kniekehle, und du bist vornüber zu Boden gegangen.«

»Was galt denn alles als ›verkehrt‹?«

»Die Beine nicht weit genug auseinander, die Hände nicht hoch genug.«

»Und was wollten sie von euch?«

»Sie haben gebrüllt: ›Wisst ihr, warum ihr hier seid?‹ Darauf wir: ›Nein, wissen wir nicht.‹ Gleich hat es wieder Schläge und Fußtritte gesetzt, und wir mussten ihnen nachsprechen: ›Weil wir Milizionäre verprügelt haben.‹ Dann die Frage: ›Vor wem habt ihr Respekt?‹ Keiner sagt was. Sie schlagen uns mit dem Gummiknüppel auf den Rücken, verlangen, dass wir im Chor nachsprechen: ›Wir haben Respekt vor der Miliz!‹ Und noch einmal: ›Wir haben Respekt vor der Miliz!‹ Wieder Hiebe: ›Lauter!‹«

Dima Lasarew, Student an einer Ingenieurschule, ist dort unten im Keller nicht schnell genug in den Chor eingefallen – jetzt hat er einen Riss im Stirnbein und Muskelzuckungen an beiden Händen. Zuerst konnte er nicht einmal allein essen, erst allmählich gelingt ihm das wieder. Anton Berdnikow traf ebenfalls »den Takt nicht richtig« – und hat eine schwere Gehirnerschütterung davongetragen, die Musterungskommission lässt ihn nicht zum Wehrdienst zu, verweigert ihm das Gesundheitszeugnis, das er für seinen Führerschein braucht. Das Wehrkreiskommando hatte Anton zu einer Fahrschulausbildung geschickt, die bis Dezember 2004 dauerte. Die Fahrschule hat er abgeschlossen, aber keinen Führerschein, und nun verlangt das Wehrkreiskommando von seiner Mutter, die in einer Lebensmittelfabrik gerade einmal eintausend Rubel pro Monat verdient, die Erstattung der Ausbildungskosten in Höhe von 25 000 Rubeln. Als hätte Antons Mutter ihren Sohn wehrdienstuntauglich geprügelt.

»Der OMON-Mann hat gebrüllt: ›Und, wirst du dich beschweren?‹«, erinnert sich Wowa Kalikajew. »Und ich natürlich sofort: ›Klar.‹ »Wowa war schon von klein auf kein Feigling«, kommentiert seine Mutter Valentina. »Da zieht er mir doch gleich von hinten eins mit dem Gummiknüppel über. Das hat ganz schön wehgetan«, fährt Wowa fort. »Und wieder: ›Wirst du dich beschweren?‹ Darauf ich: ›Nein.‹ Wir sind geschlagen worden, mussten aber unterschreiben, dass wir keinerlei Beanstandungen gegenüber der Miliz hätten.«

Den langen Kellergang entlang standen Bürotische. Wie bei einer Wahl. Dahinter saßen Damen in Milizuniform. Sie gehörten ebenfalls zur Filtrationsgruppe, ihre Aufgabe war, die Prügelorgie so zu dirigieren, dass »die da gestehen«.

»Haben die Frauen auch selbst geschlagen?«

»Nein, bloß gelogen«, erwidert Wowa Kalikajew. »Sie haben die Protokolle über die administrativen Festnahmen aufgesetzt. Das ging so: ›Hattest du getrunken?‹ Ich sage: ›Ich hatte vor zwei Wochen eine Blinddarmoperation. Ich darf nicht einmal ein Bier …‹ Gleich wird mir von hinten eins mit dem Gummiknüppel übergezogen. Die Milizionärin fragt wieder: ›Hattest du getrunken?‹ Und ich: ›Ja.‹ Bloß damit die Schläge aufhören. Dann ging es weiter: ›Unterschreib hier, dass du im betrunkenen Zustand festgenommen worden bist.‹«

Außerdem durften sich die Damen im Filtrationspunkt noch als barmherzige Schwestern aufspielen. Hatten die Folterer ein Opfer lebensbedrohlich zugerichtet, riefen die Milizionärinnen einen Notarztwagen. Er sollte lieber woanders sterben.

Alexej Rastscheskows Familie war zu Beginn der 1990er Jahre aus Usbekistan nach Baschkortostan gekommen, um den nationalistischen Verfolgungen zu entgehen. Alexej erzählt:

»Am 11. Dezember bin ich abends auf die Straße gegangen, um zu rauchen. Hinter meinem Rücken tauchte plötzlich ein maskierter Mann im Tarnanzug auf, der mir einen Hieb in den Bauch versetzt hat, dann weiß ich nichts mehr.«

Wie sollte er auch. Wie sich später herausstellte, platzte bei Alexej Rastscheskow durch diesen Schlag die Harnblase, er war dreizehn Stunden lang bewusstlos. Doch das Sonderkommando folgte blind den Befehlen: Selbst der Bewusstlose wurde zum Filtrationspunkt geschleift. Und dort versuchten die Einsatzkräfte, Alexej Rastscheskow mit gespreizten Beinen und erhobenen Armen an eine Wand zu stellen, aber er fiel mehrmals um, was die Maskierten so in Rage brachte, dass sie den schlaffen Körper des am Boden Liegenden immer wieder mit ihren Gummiknüppeln traktierten. Jetzt hat Alexej Rastscheskow auch noch mit den Folgen eines verdeckten Schädel-Hirn-Traumas zu kämpfen, und seine Nase ist gebrochen.

Als die Damen im Filtrationspunkt begriffen, dass »der da« wohl kaum ein Protokoll unterschreiben konnte, riefen sie den Notarztwagen. Der Chirurg, der Alexej Rastscheskow in derselben Nacht im Kreiskrankenhaus von Blagoweschtschensk operierte, erklärte später, er hätte bestenfalls noch eine Viertelstunde überlebt. Seine Mutter, Taissija Selenko, erzählt, dass sie anfangs geschwankt habe, ob sie ihrem Sohn zu einer Beschwerde bei der Staatsanwaltschaft raten sollte oder nicht, und zunächst einmal hätten andere Dinge im Vordergrund gestanden, Alexej sei es sehr schlecht gegangen. »Aber als die dann behauptet haben, alle, die mitgenommen worden sind, wären Rauschgiftsüchtige und Alkoholiker gewesen, bei denen sie völlig zu Recht vorbeugende Maßnahmen ergriffen hätten, da habe ich gesagt: ›Reiche Beschwerde ein!‹ Was machen die denn mit uns?! Sehen Sie sich an, wie Alexej gelitten hat, und jetzt soll er auch noch selbst schuld sein!«, ereifert sich Taissija Selenko.

Lügen gehören unabdingbar zum Mechanismus einer Filtration. Das wird ebenso offenkundig im nächsten Fall: Sergej Antipin aus der Ortschaft Udelnyje Duwanei wurde zusammen mit allen anderen im Filtrationspunkt misshandelt, obwohl er eindeutig schwerbehindert ist. Nach einem Unfall musste er anderthalb Jahre lang einen Streckapparat am Bein tragen, jetzt benutzt er beim Gehen einen Stock.

»Ich bin genau hier festgenommen worden, auf meinem Sofa. Ich habe geschlafen.« Wir sitzen in dem ärmlichen Zimmer, das die Familie Antipin in der Sowjetskaja-Straße in Duwanei bewohnt. »Im Keller hat mich dann die Frau hinter dem Tisch gefragt: ›Wo haben Sie dich aufgegriffen?‹ Ich habe geantwortet: ›Zu Hause‹, aber sie hat im Protokoll einfach einen Strich gemacht, denn zu Hause kann man ja wirklich nicht wegen ›Rowdytums in der Öffentlichkeit‹ festgenommen werden. Später, bei den Anhörungen in der Staatsanwaltschaft, haben sie mir aus dem Strich einen Strick gedreht. Einer von denen – Chamatdinow – hat nämlich behauptet, er hätte mich mit einer Gruppe Betrunkener im Hof verhaftet, und sie haben ihm geglaubt. Dieser Chamatdinow ist immer noch bei der Miliz.«

Sergej Antipin hat die Ingenieurschule von Blagoweschtschensk absolviert und will sich jetzt an der Historischen Fakultät der Universität Birsk bewerben. Sein Studienwunsch: Altgriechische Geschichte. Möglichst weit, weit weg von der Realität. Sergej Antipins Nachbar Denis Lugowoi ist nach der Filtration zum Trinker geworden. »Er will überhaupt nichts mehr. Völlige Apathie. Eine Mutter hat er nicht, überhaupt keinen, der ihn unterstützen könnte«, sagt Sergej Antipin.

Die anderen

Die Trennlinie, die Russland in zwei Welten mit verschiedenen Gesetzen teilt, wird nicht allein im unmittelbaren Herrschaftsbereich der »Ordnungshüter« sichtbar. Nein, diese Grenze verläuft auch anderswo.

»Haben Sie versucht, Ihre Bürger vor der Milizwillkür zu schützen?«, frage ich den Bürgermeister von Blagoweschtschensk.

»Ich?« Anfas Nurtdinow ist verwundert. »Was habe ich damit zu schaffen?«

»Sie sind die Exekutive …«

»Was hat das damit zu tun?«

»Und nach den schlimmen Ereignissen? Haben Sie sich bei den Opfern entschuldigt?«

»Ich? Wofür?«

»Dafür, dass Sie Ihre Stadt nicht davor bewahrt haben. Hat die Stadtverwaltung die Geschädigten materiell unterstützt? Viele kommen doch aus armen Familien, benötigen aber bis heute ärztliche Behandlung.«

»Ich verstehe Ihre Frage nicht«, bricht mein Gegenüber das Gespräch ab. »Dort waren nur asoziale Elemente. Das sind doch keine Menschen.«

Auch Anfas Nurtdinow steht jenseits der Grenzlinie. Er ist ein anschauliches Beispiel dafür, welche traurigen Folgen es zeitigt, wenn die kommunalen Leitungsgremien nicht per Direktwahl besetzt werden. Nurtdinow spricht verächtlich über die Menschen, über die Obrigkeit hingegen voller Ehrfurcht und Unterwürfigkeit. Republikfürst Murtasa Rachimow hat ihn eingesetzt und immer wieder im Amt bestätigt: ein Bürgermeister, der nicht von seinen Bürgern abhängt. Erinnern Sie sich? Es war Baschkortostan – wo ein Murtasa Rachimow sämtliche Führungsposten höchstpersönlich wie Lehen vergibt und wo »deshalb alles ruhig ist in der Republik« –, dieses Baschkortostan, das der russischen Gesellschaft als Beispiel vor Augen geführt wurde, als Wladimir Putin 2004 die Abschaffung der Gouverneurswahlen durchboxte. Seither schlägt der Präsident die Chefs der neun Regionen der Russischen Föderation selbst vor. Wen wundert da, dass auch Bürgermeister »vorgeschlagen« werden.

Leutnant Dudotschkin kann nicht zählen

Wir schreiben bereits Mitte Mai 2005, und es ist genug Zeit ins Land gegangen, um zu fragen: Wer wurde seither in welcher Weise für die Milizübergriffe im Dezember 2004 zur Verantwortung gezogen?

Erstens: Der Abschnittsbevollmächtigte von Duwanei, Gilmanow, befindet sich in Haft. Gilmanow hatte den behinderten Sergej Antipin geschlagen. Er konnte deshalb verurteilt werden, weil er als Einziger nicht maskiert war. Alle anderen von der Kette gelassenen Schläger, die Strümpfe mit Augenschlitzen über den Kopf gezogen hatten, sind nach Auffassung der Staatsanwaltschaft nicht identifizierbar und damit auch nicht justiziabel. Mich würde nicht wundern, wenn irgendwann eine Anweisung ihre Beförderung anordnen würde und wenn dieser Befehl entweder die Unterschrift des Innenministers der Republik Baschkortostan, Rafail Diwajew, oder des Chefs der Miliz-Verwaltung von Blagoweschtschensk, Igor Ramasanow, trüge. Jener Männer, von denen der eine als Hauptauftraggeber und der andere als Hauptausführender dieses Aktes staatlich verordneten Terrors fungierten, die aber beide weiter in ihren Sesseln sitzen. Milizchef Ramasanow musste zwar für ein Weilchen mit dem Status »a. i.« vorliebnehmen, doch als sich die Proteststürme gelegt hatten, wurde er wieder dauerhaft in seine Position eingesetzt.

Zweitens: Der bereits erwähnte Leutnant Dudotschkin aus der Filtrationsgruppe erhielt einen Verweis. Quälen wir uns mühsam durch die holprige Anordnung Nr. 280 der Miliz-Verwaltung Blagoweschtschensk: *»... Am 14.12.2004 um 01.00 Uhr stellte Dudotschkin bei der Vorbereitung der Rechenschaftslegung über die Resultate der Arbeit den Fakt des täglichen Neubeginns der Nummerierung der aufgegriffenen Personen fest, d. h. die aufgegriffenen Personen wurden jeden Tag aufs Neue von eins an gezählt. Wohingegen Dudotschkin unerlaubt eine durchgehende Nummerierung aller im Dienstbuch des Filtrationspunktes registrierten Personen vornahm. Dabei legte er Nachlässigkeit bei der Eintragung der fortlaufenden Nummern der aufgegriffenen Personen an den Tag ... wodurch die Anzahl der registrierten Personen 442 betrug. Am 30.12.2004 trat bei Abgleich und Prüfung der Liste der ... aufgegriffenen Personen eine Ungenauigkeit in der Nummerierung zutage. Die reale Zahl der Aufgegriffenen betrug 329 Personen ... Wegen nachlässiger Einstellung zu seinen Dienstpflichten, die sich in einer falschen Darstellung der zwecks Rechenschaftslegung an das Innenministerium der Republik Baschkortostan und das Innenministerium der Russischen Föderation gemeldeten statistischen Daten äußerte, wird Milizleutnant Witali Dudotschkin (Dienstnr. B498345) ein Verweis erteilt ...«*

Alles klar? Wir halten »Filtrationspunkte« und »Filtrationsgruppen« auch weiterhin für modernen Faschismus. Für ein Verbrechen, das strengste Bestrafung nach sich ziehen muss. Aber so denken wir, nicht sie. Sie stolpern nicht einmal über diese Termini, gebrauchen die Bezeichnungen selbstverständlich, ohne nachzudenken. Ihre Pflichtverletzung besteht vielmehr in einer »Ungenauigkeit in der Nummerierung« bei der Filtration.

Und noch ein Zitat aus einer Aktennotiz der Milizverwaltung Blagoweschtschensk an Innenminister Rafail Diwajew: »*... bei der Durchführung der Maßnahmen wurden 384 Personen fotografiert und ihnen Fingerabdrücke abgenommen, bei 113 Personen trat ein Fehler auf ...*« Schuld daran war wieder dieser Milizleutnant Dudotschkin.

Man darf Folgendes nicht vergessen: Es handelt sich hier um ausschließlich für den Dienstgebrauch bestimmte Dokumente, ihre Urheber konnten bei der Abfassung keinesfalls damit rechnen, dass die Schriftstücke jemals an die Öffentlichkeit gelangen würden. Womit auszuschließen ist, dass uns hier nur jemand nasführen wollte. Sie leben einfach so. Es ist bei ihnen die Regel. Punktum.

Das Halbfinale

Also zwei Staaten mit prinzipiell verschiedener Ordnung auf einem Territorium. In dem einen – sie, die »Ordnungshüter«, die bewaffneten, uniformierten Sicherheitskräfte, mit der Macht verwachsen. In dem anderen – wir, also alle Übrigen. In Blagoweschtschensk hat man uns vorgeführt, was geschieht, wenn wir unbotmäßig sind. Blagoweschtschensk war eine Vorbeugungsmaßnahme.

Wie können diese zwei Länder in Zukunft nebeneinander existieren? Schließlich haben beide nur ein einziges, gemeinsames Territorium. Jetzt, wo alles mit nie dagewesener, dokumentarischer Deutlichkeit zutage getreten ist, wo alle Zweifel ausgeräumt sind, bleibt uns zwangsläufig nur – der Kampf. Ein Halbfinale, dessen Finale unausweichlich auf den Zusammenstoß der zwei Welten hinausläuft. Dann ist nur eins von beidem möglich: Entweder weichen wir vor ihnen zurück, und sie kröpfen uns. Oder wir zwingen sie, nach unseren Regeln zu leben. Eine dritte Variante gibt es nicht.

12. Mai 2005

»BEI WIDERSTAND – VERNICHTEN«

Im Innenministerium der Russischen Föderation existieren bereits Pläne zur Niederschlagung von Massenprotesten.

Dass das Innenministerium Russlands bereits vor geraumer Zeit Pläne zur Niederschlagung von Massenprotestaktionen erarbeitet hat, wurde dank der Generalstaatsanwaltschaft der Republik Baschkortostan sowie neuer Dokumente über die Ereignisse in Blagoweschtschensk bekannt.

Anfangs, als die Öffentlichkeit von der Gewaltorgie der OMON-Einsatzkräfte erfuhr, dachten viele, darunter auch ich: Das ist die Tschetschenien-Erfahrung, dort haben sie sich manches Schlimme angewöhnt, und nun schlagen sie hier über die Stränge, aber man wird die Folterer streng bestrafen und der Gerechtigkeit zum Sieg verhelfen. Doch das baschkirische Innenministerium sowie die Milizverwaltung Blagoweschtschensk demonstrierten Gelassenheit, offenbar hat niemand Angst vor einem Gerichtsverfahren. Woher rührt diese Gewissheit?

Bekanntlich beschützt uns unsere Miliz auf Grundlage von Dokumenten, die allesamt nur für den internen Dienstgebrauch (NFD) bestimmt sind. Wir, die Geschützten, haben kein Recht zu erfahren, welche Ziele die Miliz dabei verfolgt, welche Methoden sie anwendet. Wir sollen an die Miliz glauben und uns den Ordnungshütern vertrauensvoll ausliefern. So ist das nun einmal in Russland.

Im Zusammenhang mit den Pogromen von Blagoweschtschensk jedoch gelangte ein Teil dieser Dokumente an die Öffentlichkeit, und es wurde offenbar, welche ungeheure Brisanz ihr Inhalt für die gesamte Gesellschaft besitzt. Liest man die Schriftstücke, dann wird eines vollkommen klar: Die Folterer in Uniform haben nichts zu befürchten. Zittern müssen wir. Oder aber – kämpfen.

Nehmen wir uns als Erstes ein lokales Dokument vor, den vom Operativstab der Milizverwaltung der Stadt und des Kreises Blagoweschtschensk erarbeiteten Beschluss Nr. 57/2 »Über die Durchführung repressiver Maßnahmen zwecks Unterbindung von Massenunruhen«.

Die reichlich verklausulierte Formulierung des Schriftstücks erfordert eine Art Übersetzung: Bei diesem »Beschluss« handelt es sich um das Szenario der Milizverwaltung für den Fall, dass in der Stadt eine Revolution ausbricht. In der Vorstellung der Milizbosse ist das der Fall, wenn »eine Gruppe von Personen« in Richtung des Verwaltungsgebäudes« loszieht, um dort ihre Forderungen vorzubringen.

Im Beschluss Nr. 57/2 heißt es: »*Die Gruppe für Verhandlungsführung (Leitung: P. Nasretdinow) versuchte unter Anwendung aller gebotenen Methoden der Überzeugung die Personengruppe davon abzubringen. Doch die setzte ihre Bewegung in Richtung Verwaltungsgebäude fort, wobei sie offen die Absicht zur Gewaltanwendung gegen Mitarbeiter der Verwaltung zum Ausdruck brachte. Nach Klärung und Analyse der eingetretenen Lage und Auswertung der Meldungen der Truppführer über die operative Situation sowie die Bereitschaft zu weiteren Aktionen beschloss der Chef des Operativstabes:*

... repressive Maßnahmen durchzuführen zwecks Unterbindung der Massenunruhen, insbesondere: ... durch einen Sturmangriff den aktivsten Teil der Menge in Grüppchen aufzuspalten ...

... den Leiter der Kriminalmiliz anzuweisen, die operativen Trupps in Gefechtsbereitschaft zu versetzen: Sturmtrupp, Blockierungstrupp, Trupp zur Anwendung von Spezialmitteln, Sicherstellungstrupp, Aufklärungstrupp ...

... folgende Aufgaben werden für die bewaffneten Kräfte der Operativtrupps angeordnet: Der Festnahmetrupp (Sturmtrupp) bezieht in den Ausgangspositionen für den Sturmangriff verdeckt Stel-

lung, bei Widerstand VERNICHTET ER DIE VERBRECHER [Hervorhebung von mir. A. P.] ...«

Welche »Verbrecher«? Und was heißt »vernichten«?

Noch einmal zur Klärung: Ein »zu vernichtender Verbrecher« ist, wer sich auf einem öffentlichen Platz unter das Fenster des Bürgermeisters begibt, vielleicht sogar in der Absicht, dessen Amtsräume zu besetzen. »Verbrecher« sind die Unzufriedenen. In den Kommunalverwaltungen arbeiten aber nur Menschen, die von uns, der Gesellschaft, für das Management engagiert wurden – einer Stadt, eines Kreises, einer Republik. Und es ist völlig normal, dass sie uns eventuell nicht gefallen. Dass wir womöglich vehement ihre Ablösung wünschen. Und deshalb gegebenenfalls als Kolonne »in Richtung« ihres Arbeitsplatzes unterwegs sind. Das ist unser Recht. Außerdem gibt es ja in Russland bezüglich der »Organisation von Massenunruhen« ein Gesetz, das uns zur Verantwortung zieht, falls wir bei Unmutsbekundungen bestimmte Grenzen überschreiten. Es brauchen nur Beweise zusammengetragen und den Gerichten übergeben zu werden ...

Das oben angeführte Dokument offenbart eine vollkommen andere Ideologie. Es ist das Szenario unser aller Unterdrückung außerhalb von Recht und Gesetz. Das Szenario eines Bürgerkriegs der »Ordnungshüter« gegen die eigene Bevölkerung. Die faktische Abschaffung der Unschuldsvermutung, die erst ein normales Leben ermöglicht. Gilt diese Präsumption nicht mehr, haben wir eine andere gesellschaftliche Ordnung. Dann ist jeder schuldig, den ein Angehöriger des bewaffneten Arms der Machtstrukturen dafür hält. Dann wird die Judikative gegenstandslos und verkümmert als Atavismus. Beschluss Nr. 57/2 liefert uniformierten Killern ein grundlegendes Dokument, um nach eigenem Gutdünken darüber zu befinden, wer liquidiert wird und wer am Leben bleiben darf.

Auch vor Bekanntwerden dieses Dokuments ahnten alle – aufgeschreckt durch die Ereignisse in Tschetschenien, aber auch anderenorts –, dass irgendwo in den geheimen Safes des Innenministeriums Papiere existieren, die den bewaffneten Sicherheitskräften freie Hand geben. Und jetzt wissen wir es genau: Die »Vernichtung von Verbrechern« erfolgt auf Anordnung von ganz oben. Man kann von Glück reden, dass sich die Rollkommandos in Blagoweschtschensk selbst Beschränkungen auferlegten: Sie folterten die Säuberungsopfer, liquidierten sie aber nicht. Was ebenso gut möglich gewesen wäre. Beschluss Nr. 57/2 trägt das Datum 13. Februar 2004. Ein außerordentlich wichtiger Fakt, beweist er doch, dass alles bereits vorbereitet war, als in der Ukraine noch niemand an eine orangene Revolution dachte und lediglich die georgischen Brüder in ihrer Rosenrevolution Präsident Eduard Schewardnadse abgesetzt hatten.

Hoffen Sie bitte nicht darauf, bei den Gewaltorgien in Blagoweschtschensk könne es sich um eine lokale Kompetenzüberschreitung der örtlichen Milizverwaltung handeln. Was meinen Sie, warum die Sicherheitskräfte keinerlei Scheu zeigten, unter der Zivilbevölkerung der Kleinstadt derartig zu wüten? Des Rätsels Lösung findet sich in einem weiteren, eminent wichtigen NFD-Dokument, das allein dadurch publik wurde, dass es die Staatsanwaltschaft von Blagoweschtschensk in der gerichtlichen Auseinandersetzung über die Milizwillkür zu den Akten nahm. Dieses Dokument trägt die Bezeichnung »Anhang Nr. 1 zur Anordnung Nr. 870 NFD des Innenministeriums Russlands vom 10. September 2002: ›Dienstvorschrift zur Planung und Vorbereitung der Kräfte und Mittel der Organe für innere Angelegenheiten sowie der Binnentruppen des Innenministeriums der Russischen Föderation auf Aktionen im Falle außerordentlicher Umstände‹«. Neben der bereits in den vorausgegangenen Artikeln behandelten Anordnung Nr. 174 NFD stellt besonders oben genannte Dienstverordnung die Grundlage dar für die Anweisungen des Innenministeriums der Republik Baschkortostan sowie der örtlichen Milizverwaltung, durch die der Plan der gewaltsamen

Säuberungen vom 11. bis zum 14. Dezember in Blagoweschtschensk in Kraft gesetzt wurde.

Bereits die ausufernde Bezeichnung des Dokuments macht stutzig. »Außerordentliche Umstände« – was soll das sein? Laut geltender Gesetzgebung kann es in Russland einen Ausnahmezustand geben, den der Präsident nach Konsultation des Parlaments ausruft. Und es gibt Notstandssituationen, also technogene Katastrophen und Naturkataklysmen. Was aber, bitte schön, sind »außerordentliche Umstände«?

Das russische Innenministerium hat diesen komfortablen Terminus kreiert, um sich nicht – wie im Falle des Ausnahmezustands – mit dem Parlament herumplagen oder – wie im Falle der Notstandssituationen – Bedrohungen herbeizaubern zu müssen. Besser, man erfindet etwas, was in keinerlei Beziehung zur gesetzgeberischen Basis steht. Dann hat man freie Hand, kann innerbehördliche Instruktionen zur alleinigen Richtschnur des Handelns erheben.

Die Dienstvorschrift erläutert eingehend, welche Umstände »außerordentlich« sind. Und siehe da: überhaupt alle.

»... Die Aufgaben der Organe für innere Angelegenheiten bei außerordentlichen Umständen bestehen in Folgendem:

– Mitwirkung bei der Liquidierung von ungesetzlichen bewaffneten Formationen; [obwohl deren Bekämpfung bereits im Antiterrorgesetz festgeschrieben ist. A. P]

– Liquidierung von Banden; [was man sich unter einer »Bande« vorzustellen hat, bleibt ungeklärt. A. P.]

– Befreiung von Geiseln;

– Mitwirkung bei der Prävention und der Unterbindung (Niederschlagung) eines bewaffneten Aufstands;

– Verhütung von Massenunruhen; [hier bietet sich ein weiter Interpretationsspielraum. A. P.]

– Mitwirkung bei der Verhütung von Besetzungen wichtiger Objekte; [welche Objekte sind denn wichtig – die Kreisverwaltung auf

Kreisebene, die Präsidialadministration auf Republik- und Föderationsebene? A. P.]

– Fahndung nach bewaffneten Deserteuren und deren Festnahme.«

Und so weiter und so fort. Die Aufzählung umfasst unser ganzes Leben, denn in der Dienstvorschrift des Innenministeriums werden diese »außerordentlichen Umstände« genauso außerordentlich breit definiert. Was der Willkür Tür und Tor öffnet. Niemand wird an irgendetwas gehindert. Alles steht im Ermessen des Einzelnen, vom konkreten Oberst oder Major bis hin zu den niederen Diensträngen. Sie können nach Gutdünken schalten und walten. Man sucht sich aus, was einem in der Liste des Innenministeriums am meisten gefällt, passt es ein wenig an die jeweiligen Umstände an, und vorwärts ... Hier gibt es eine Mahnwache, ein Meeting, dort einen Demonstrationszug, irgendwo hat sich eine Gruppe versammelt, skandiert irgendetwas ...

Und was macht man mit den Krakeelern? Haargenau das, was die Dienstverordnung des Innenministeriums dazu vorgibt, fand später Eingang in das Szenario der Anweisung Nr. 57/2 der Miliz-Verwaltung von Blagoweschtschensk: Auf Seite 17 der Dienstverordnung heißt es im Abschnitt *»Bemessung der Kräfte und Mittel zur Erfüllung der Aufgaben bei außerordentlichen Umständen«* unter Punkt 24: *»Für Aktionen der Sicherheitsorgane können Trupps zur Blockierung, zur Beseitigung von Sperren, zur Festnahme sowie zur Stürmung aufgestellt werden ... Zwecks Realisierung von Ermittlungsoperationen erfolgt die Bildung ... einer Gruppe zur Sicherstellung des Filtrationspunkts ...«*

Die letztgenannte »Gruppe zur Sicherstellung des Filtrationspunktes« wird in der Dienstvorschrift vielfach erwähnt, die Beschreibung ihres Aufgabenspektrums bildet einen Schwerpunkt des Dokuments. Alle Aktionen gegen die »Kolonne der Unzufriedenen« kreisen letztendlich um diese Filtrationspunkte, für deren räumliche Ausdehnung und Aufnahmekapazität keine Obergrenzen definiert werden. Warum sie also nicht für Abertausende »zu filtrierender Personen« auslegen, dann hat man gleich ein Konzentrationslager.

Ich denke mir hier keineswegs etwas aus, ich lese einfach.

Nun wird irgendjemand gewiss sagen: Pardon, aber die Miliz ist schließlich verpflichtet, auf alles vorbereitet zu sein, alles durchdacht zu haben. Freilich, wer wollte das bestreiten?! Aber Sie werden mir sicher zustimmen, dass dies nur im Rahmen der geltenden Gesetze und der Verfassung geschehen darf. Keinen Schritt weiter. Und keinen Schritt seitwärts. Die Handlungsspielräume der bewaffneten Ordnungskräfte des Innenministeriums müssen strikt eingegrenzt sein. Anderenfalls wird Demokratie niemals funktionieren. Ein Ordnungshüter mit unbeschränkten Befugnissen stellt eine tödliche Gefahr dar. Anordnung Nr. 870 NFD aber sanktioniert die Willkür der Sicherheitskräfte. Und das ganz bewusst. Aus dem Dokument folgt nämlich absolut nicht, dass die Miliz ihr Szenario für »außerordentliche Umstände« erst und nur dann in Gang setzt, wenn ebendiese »außerordentlichen Umstände« vorliegen. Schauen wir uns doch Blagoweschtschensk an: Es gab dort im Dezember 2004 keinerlei Unruhen, die Miliz hat einfach »außerordentliche Umstände« erfunden, und schon ging es brutal zur Sache – im Filtrationspunkt sowie auf dem Weg dorthin. »Außerordentliche Umstände« meint, dass sie auf uns alle zutreffen können. Sich von den Ordnungshütern auf einen jeden von uns anwenden lassen. Je nach (persönlicher, korporativer, kommerzieller, politischer) Interessenlage kann man uns allesamt jederzeit zur »Bande« erklären oder »Aufruhr« unterstellen. Auf der Grundlage ebendieser gummiartigen »Dienstvorschrift« mit multifunktionaler Ausrichtung. In der jegliche Kriterien für eine objektive Bewertung der Sachlage fehlen. Im Befehlsbereich des Innenministeriums darf nach eigenem Gusto gehandelt werden. Punktum.

Gerade sind im JUKOS-Prozess die Urteile gegen Michail Chodorkowski, Platon Lebendew und Sergej Krainow gefallen. Während der tagelangen Verlesung der Urteilsbegründungen war das Gericht des Moskauer Meschtschanski-Stadtbezirks von OMON-Spezialeinheiten des Innenministeriums umstellt. Jeder, der sich dem Gerichtsgebäude näherte, wurde befragt: »Sind Sie für Chodorkowski oder nicht?« Wer gegen Chodorkowski war, durfte passieren, alle anderen wurden in einen bereits mit offenen Türen wartenden Miliztransporter abgedrängt. »Dazu habt ihr kein Recht!«, protestierten die Betroffenen. Doch, das haben sie. Alles steht im Ermessen der jeweiligen Entscheidungsträger. Auch in Tscherkessk und Wladikawkas hätten sich die Milizionäre das Recht zu jedweder Brutalität herausnehmen können, sie wagten es nur nicht, gegen Frauen, deren Kinder umgekommen waren, Gewalt anzuwenden. Außerdem legte Dmitri Kosak, der Bevollmächtigte Vertreter des Präsidenten im Südlichen Föderationsbezirk, den Sicherheitskräften Zügel an. Doch das sind Ausnahmen. Die Regel sieht anders aus.

Und noch ein weiterer Aspekt darf nicht unerwähnt bleiben: Heute warten in allen Milizverwaltungen des Landes Pläne zur Umsetzung der Anordnung Nr. 874 NFD auf ihre Stunde, sind sämtliche Abteilungen für innere Angelegenheiten darauf vorbereitet, uns niederzuhalten. Ein einziges Signal genügt. Jetzt geht es nicht mehr um ein versprengtes Staatskomitee für den Ausnahmezustand, mit dem ein Grüppchen von Altkommunisten durch Entmachtung Gorbatschows den Zerfall der Sowjetunion aufzuhalten versuchte. Heute geht es vielmehr darum, dass das Innenministerium gewappnet ist, erforderlichenfalls die Macht zu ergreifen. Eine dokumentarisch abgesicherte Einführung der Diktatur – die Pläne dafür sind erstellt und bestätigt.

Wir müssen die Aufhebung der Anordnung Nr. 870 NFD verlangen, wie ein Mann gegen die sanktionierte Willkür aufstehen. Müssen diejenigen strafrechtlich zur Verantwortung ziehen, die diese

Willkür ausgeklügelt und gebilligt haben. Und wer ist das? Als die Anordnung Nr. 870 angenommen wurde, war Boris Gryslow Innenminister der Russischen Föderation. Heute geriert sich Staatsduma-Vorsitzender Gryslow als erster Parlamentarier im Lande. Als oberster Hüter der Gesetzlichkeit. Hat er seinerzeit das Feld für die Unterminierung der Verfassung bereitet, steht er jetzt an der Spitze des Gesetzgebungsprozesses. Ein Paradox, das nicht sein darf, denn eine Krähe hackt der anderen kein Auge aus.

19. Mai 2005

**TEIL V
WELTWEIT**

DIE ÜBER DAS KUCKUCKSNEST FLOGEN
Die Wellen der russischen politischen Emigration im Vergleich.

(London – Cambridge)

Nach dem aufreibenden Moskauer Alltag lässt einen das geordnete Leben in London schnell zu einem normalen Menschen mit den Gewohnheiten eines freien Bürgers werden. Ähnlich fühlen, wie mir scheint, viele unserer Landsleute, die kraft besonderer Umstände für eine gewisse Zeit in Großbritannien gelandet sind. Hier finden sie endlich zu jenem unverkrampften Dasein zurück, das sie in der Heimat verloren haben, schrecken nicht mehr bei jedem Geräusch, das sich wie ein Schuss anhört, zusammen und benutzen sogar die Metro ohne Leibwächter.

Die Londoner Luft wirkt vitalisierend. Mit dem Resultat, dass ich ins Theater gehen wollte, einfach so, nicht zu einem »gesellschaftlichen Ereignis«, sondern in ein Musical, das bereits seit einer kleinen Ewigkeit lief. Also würde sich kein einziger neureicher Russe, der etwas auf sich hielt, dorthin verirren … zu Hause in Russland. Hier in London aber war alles anders. Ich nahm neben Achmed Sakajew, dem Sondergesandten des tschetschenischen Präsidenten Aslan Maschadow, Platz. Sakajew wartete gerade auf die Entscheidung eines britischen Gerichts bezüglich des rein politisch motivierten Auslieferungsantrags der Russischen Föderation. Kaum saßen wir in unseren Sesseln, als sich jemand in der Reihe vor uns umdrehte und ein zwangloses »Grüß euch, Kinder!« vernehmen ließ. Es war Juli Dubow, nicht nur Autor der Buchvorlage für Pawel Lungins viel diskutierten Film »Der Oligarch«, sondern im Grunde selbst einer, und ebenfalls von der Generalstaatsanwaltschaft der Russischen Föderation zur Fahndung ausgeschrieben wegen Betrugsdelikten im Zusammenhang mit der Affäre um das Autohandelsunternehmen LogoVAZ, hauptsächlich aber wegen seiner guten Beziehungen zu einem weiteren heute in London lebenden Oligarchen: Boris Beresowski.

Wie gab er sich doch charmant und umgänglich, der Musical-Besucher Juli Dubow, an dessen abgeschottete Oligarchen-Welt in Moskau kein Herankommen gewesen wäre, nicht einmal auf einen Kilometer. Hier aber eilte er in der Pause ohne Aufhebens höchstpersönlich zum Theaterimbiss, um etwas zu trinken zu besorgen, erzählte, wie viele Metrostationen er bis nach Hause fahren müsse, und …und … und. Auch seine Frau war reizend.

Mir wurde warm ums Herz. Wie sehr die Londoner Unkompliziertheit die menschliche Psyche ins Lot bringt. Später erfuhr ich eine noch überraschendere Neuigkeit. Auch Tycoon Boris Beresowski, wurde mir erzählt, ist hier ein anderer Mensch, geht brav zu den Elternversammlungen in die Schule. Eine Offenbarung, nicht wahr? Die dafür spricht, dass das britische Klima selbst bei unseren Landsleuten heilsame, normalisierende Wirkungen zeitigt und dass es heute in Europa kein Land gibt, das sich besser für eine erzwungene Emigration eignet als Großbritannien. Denn neben Beresowski, Dubow und Sakajew lebt jetzt auch Alexander Litwinenko hier. Der ehemalige Offizier des russischen Inlandsgeheimdienstes geriet in einen tödlichen Konflikt mit seiner Behörde, als er verlangte, seine Vorgesetzten beim FSB müssten ihm den Auftrag zur Liquidierung Boris Beresowskis ausdrücklich schriftlich bestätigen. Litwinenko floh dann mit einem gefälschten Pass über die Ukraine nach England.

Natürlich sind die Genannten in ihren Kreisen Granden. Nicht umsonst werden sie von der Generalstaatsanwaltschaft der Russischen Föderation per internationalem Haftbefehl gesucht. Und natürlich lassen sie sich schwer miteinander vergleichen. Doch es gibt da etwas Verbindendes: Sie stehen nicht nur untereinander in Kontakt, sondern sind ausnahmslos alle mit Wladimir Bukowski, dem Patriarchen der heute in Großbritannien lebenden Dissidenten und Politemigranten aus Russland befreundet und erkennen ihn als Führungsfigur innerhalb der kraft verschiedenster Umstände entstandenen Gemeinde neuer russischer »Zwangsaussiedler« an.

Der Patriarch

Spricht jemand den Namen des britischen Premierministers Tony Blair nicht mehr kurz und bündig als »Blär« aus, sondern zieht ihn zu einem »Blä-ää« mit Betonung auf dem letzten »ää« auseinander, dann ist dieser Jemand schon weit weg von Russland. Boris Beresowski, Achmed Sakajew und Alexander Litwinenko schnarren bis jetzt noch ihr knappes »Blär-r-r«, Wladimir Bukowski hingegen dehnt bereits »Blä-ää«. Was im Übrigen die überwältigende Faszination von innerer Freiheit, die von dieser besonderen Persönlichkeit ausgeht, in keiner Weise schmälert.

Bei Bukowski laufen sämtliche Fäden der heutigen russischen Politemigration in Großbritannien zusammen.

Wladimir Bukowski wohnt in der Universitätsstadt Cambridge, in einem feuchten und – typisch englisch – winzigen Haus. Was der Hausherr in seinem Leben durchgemacht hat, überschreitet unser Vorstellungsvermögen: Zehn Jahre Arbeitslager und psychiatrische Anstalten in der angestammten Heimat plus Jahrzehnte der Emigration. Bukowski lebt sehr bescheiden, dafür aber selbstbestimmt. Ohne jeden ersichtlichen Luxus, so wie es sich für einen Dissidenten gehört. Der Kamin, die einzige Wärmequelle im Raum, wird mit einem Berg Flaschenkorken angeheizt, die linker Hand aufgehäuft sind und anzeigen, dass der Asketismus des Hausherrn häufig in gewisser Hinsicht schwächelt. Alexander Litwinenkos achtjähriger Sohn Tolja, bei dem sich bereits englische Worte unter das Russisch mischen und der Gedichte in Englisch verfasst, langweilt sich diesmal bei den Erwachsenengesprächen. Und schießt Korken in die Flamme.

Bukowski ist nicht mehr jung. Oft sagt er »unsere« oder »bei uns« und meint damit Großbritannien. Seine Gäste empfängt er jedoch nach alter Gewohnheit in den typischen ausgebeulten blauen Trikothosen der Sowjetzeit. Dann wiederum vermischt er aber die Stile und bietet einen 1942er »Courvoisier« an. Sein Geburtsjahrgang. Der Cognac wärmt uns von innen, das Gespräch kommt in Gang.

»*Was denken Sie, warum sich Menschen, die Probleme mit Russland haben, heute wieder bevorzugt in England einfinden? Ist das Zufall oder ist es gesetzmäßig?*«

»Dabei spielen zwei Faktoren eine Rolle. Vor allem natürlich der Zufall. Achmed Sakajew ist hier hängengeblieben, weil ihn Vanessa [die Schauspielerin Vanessa Redgrave. A. P.] eingeladen hat, und nach unseren europäischen Gepflogenheiten kehrt man in das Land zurück, aus dem man gekommen ist. [Bukowski nimmt hier darauf Bezug, dass Sakajew im Oktober 2002 von Großbritannien aus nach Dänemark reiste, um am Weltkongress der Tschetschenen in Kopenhagen teilzunehmen. Er wurde dort verhaftet und aufgrund eines russischen Auslieferungsantrags vor Gericht gestellt, kam jedoch am 3. Dezember wieder frei und kehrte nach England zurück. A. P.] Bei Boris Beresowski hat das weniger mit Zufall zu tun. Er ist Finanzier, und das freieste Land für Finanzoperationen sind nun einmal wir, das wird weltweit anerkannt. Ich habe auch zu ihm gesagt: ›Du hast Asyl beantragt, Sascha Litwinenko ist der Status in England bereits zuerkannt worden. Deine Angelegenheit ist ja unmittelbar mit ihm verbunden. Nach unserem Präzedenzrecht müssen sie sein Verfahren zu deinem in Beziehung setzen, und er genießt bereits Asyl. Also kann die Entscheidung bei dir nicht anders ausfallen: Wenn sie ihm Asyl gewähren, weil er sich geweigert hat, dich umzubringen, kriegst du es erst recht, die Machthaber in Russland wollten dich ermorden, so viel steht fest ...‹

Also Zufall und auch wieder keiner. Nehmen wir die Mitgliedsstaaten der Europäischen Union (ich betone das, weil Norwegen und die Schweiz nicht zur EU gehören, aber beide noch freier sind), dann ist Großbritannien heute operativ gesehen das günstigste europäische Land, es wahrt Distanz zur EU, hier bieten sich größere Freiräume.«

»Wenn so viele ehemalige Landsleute, die nicht nach Russland zurückkehren wollen oder können, wenn so viele politische Flüchtlinge jetzt hier zusammenströmen, könnte das Ihrer Meinung nach die Beziehungen zwischen Großbritannien und der Russischen Föderation, zwischen Europa und der Russischen Föderation ernsthaft belasten?«

»Was England angeht, so tritt das selbstverständlich nicht ein. Blair wird Putin auch weiterhin lieben, da spielt Sakajew keine Rolle, sondern nur die politische Konjunktur. Bloß weil sich soundso viele ›Hierbleiber‹ aus Russland eingefunden haben, ändert England seine Beziehungen zu niemandem, das wäre gegen die Tradition. Bei uns ist das keine politische Frage, sondern eine juristische Entscheidung, unabhängig vom sowjetischen – pardon, russländischen – Außenministerium und der Kreml-Truppe. Für politisches Asyl ist bei uns nicht die Regierung zuständig, darüber befinden Gerichte. Die Regierung kann lediglich eine erste Entscheidung treffen. Doch jedem bleibt es unbenommen, diese Entscheidung anzufechten, und das passiert vor Gericht. Die Regierung hat stets im Hinterkopf, dass ihre Entscheidung von den Richtern aufgehoben werden kann, und orientiert sich schon einmal daran, wie das Gericht entscheiden könnte.

Mich belustigt, wenn ein Herr Iwanow, seines Zeichens Außenminister der Russischen Föderation, dagegen protestiert, dass Sakajew Freitagnacht auf dem Flughafen Heathrow von einem Polizisten freigelassen wurde. [Hier nimmt Bukowski Bezug auf die Umstände von Achmed Sakajews Rückkehr aus Dänemark nach Großbritannien. A. P.] Das zeigt, wie unprofessionell man in Russland ist. Dort im Außenministerium haben sie keine Ahnung, wer hier wie arbeitet. Der englische Polizist hat Freitagnacht nicht den Premierminister gefragt, was er mit Sakajew anstellen soll. Er hat einfach überlegt, dass es weniger Probleme macht, wenn er diesen Sakajew nach England einreisen lässt, denn von dort kommt der Mann nicht wieder fort, schließlich hatte er ihm den Pass abgenommen, und wenn die Vorgesetzten anders entscheiden wollen, dann können sie das gleich am nächsten Morgen tun, da brauchen sie ihn nicht dazu. Er, der Polizist, der auf dem Flughafen Heathrow Nachtschicht tut, schadet England in keiner Weise, das ist die Hauptsache. Also entscheidet er, den Mann laufen zu lassen. Es ist seine Entscheidung, nicht die seiner Regierung. Außenminister Iwanows Breitseite gegen die britische Regierung war also ganz umsonst, er hat damit nur die Engländer gegen sich aufgebracht und Sakajews Rückkehr nach Russland noch unwahrscheinlicher gemacht.«

»*Nichtsdestoweniger trübt der Fall Sakajew das gesamteuropäische Klima merklich. Als Russland einer Delegation des Europaparlaments die Einreise nach Tschetschenien verweigerte, wurde das mit Sakajew in Zusammenhang gebracht.*«

»Mag sein, aber auf die Position Großbritanniens hat das keinerlei Einfluss. Auf die gesamteuropäische – ja. In dem Sinne, dass die Europäer einfach langsam genervt sind. Und zwar nervt sie nicht das im Prinzip ungelöste Tschetschenienproblem, sondern vielmehr das Verhalten, das Russland im Zusammenhang mit diesem Problem an den Tag legt. Lassen Sie sich gesagt sein, das Europaparlament ist bei uns ein extrem neutrales Gremium, wenn nicht eine Organisation à la Orwell, so doch garantiert à la Huxley. Und dieses Europaparlament hat auf eigene Initiative eine Sonderresolution verabschiedet, die Dänemarks Vorgehen im Fall Achmed Sakajews billigt. Sakajew wird als ›herausragender tschetschenischer Politiker‹ bezeichnet, das Europaparlament spricht ihm einen sogenannten ›europäischen Freiheitspass‹ zu ... Das ist sehr wichtig.«

»*Für diese Resolution hat das Europaparlament dann aber büßen müssen.*«

»Ich habe viele Freunde im Europaparlament, die lachen einfach nur. Reisen nach Russland sind für Europaparlamentarier keine Lebensnotwendigkeit. Russland braucht diese Reisen, nicht das Europaparlament.«

»*Die EU-Kommission ist doch aber von den Menschen in Tschetschenien, die auf nichts sonst hoffen können, sehnlich erwartet worden. Sicher, in Brüssel hat man gut lachen, aber in Tschetschenien gibt es jetzt keine ›Augen und Ohren‹ Europas mehr ...*«

»Das steht auf einem anderen Blatt. Mit dem Einreiseverbot nach Tschetschenien hat Russland dem Europaparlament nicht wehgetan. Für Tschetschenien wäre es wichtig gewesen. Und für Russland, aber das begreifen die dort nicht ... Dem Europarlament kann es egal sein.«

»*Sie sind als moderner politischer Nostradamus bekannt. Was meinen Sie, wird sich der Kreml dazu entschließen, Aslan Maschadow zu liquidieren?*«

»Selbstverständlich. Sie suchen ihn schon, und sie wollen ihn umbringen. Doch Europa reagiert auch darauf kaum. Für die Entwicklung der Tschetschenienkrise insgesamt würde die Vernichtung Maschadows bedeuten, dass Waffenstillstandsabkommen praktisch unmöglich werden und alle Versuche der Tschetschenen, ihre eigene Staatlichkeit zu etablieren, zu Ende wären. Russland hätte damit im Süden eine ewig schwärende Wunde, die sich durch niemanden und nichts heilen lässt. Ein vernünftiger Mensch würde das zu verhindern suchen und vielmehr eine Ebene der Kontrolle anstreben, mit der sich der Konflikt zumindest in zivilisierte Bahnen lenken lässt. Aber daran denkt Russland heute keineswegs, Russland handelt völlig absurd. Eine unsinnige Politik, die lediglich auf den augenblicklichen Vorteil abzielt, die Interessen der Millionenbevölkerung des Landes vollkommen missachtet und deshalb eine verbrecherische Politik ist. Man muss sich mit den Verhandlungswilligen und -fähigen ins Benehmen setzen, solange sie am Leben sind.«

»Warum tut Europa, das ja nicht allein in Kategorien des Augenblicks denkt, heute beispielsweise so gar nichts dafür, dass die Zeugen der Kriegsverbrechen in Tschetschenien am Leben bleiben? Um die Chance auf ein internationales Menschenrechtstribunal ähnlich dem Verfahren gegen Slobodan Milosević zu wahren?«

»Milosević ist widerrechtlich in Den Haag. Er mag ja den Galgen verdienen, aber die Anschuldigungen gegen ihn sind lächerlich. Das Ganze war eine Aktion der neuen europäischen Linken, die sich zu dieser Zeit gerade etabliert haben. Die Operation der NATO gegen Serbien muss vom Standpunkt der UNO-Bestimmungen aus als Verbrechen und Aggression bezeichnet werden. Es gab keinerlei Grundlagen für diesen schändlichen politischen Akt der Selbstbehauptung einer neuen Elite in Europa. Niemand hat dafür gekämpft, Milosević hinter Gitter zu bringen und die Kriegsverbrechen aufzuklären, sie haben einfach Verbrechen erfunden. Uns wurde weisgemacht, wenn wir nicht eingriffen, kämen unter Milosević mindestens 500 000 Menschen um … Doch als der Lärm vorbei war und die Massengräber geöffnet wurden, lagen darin 6 000 Tote, und zwar von beiden Seiten, einschließlich der Opfer der NATO-Bombardements. Das war nicht mehr als eine Polizeiaktion. Und das ganze Getöse haben sie nur veranstaltet, um einen Vergleich mit dem Holocaust bemühen zu können. Ein sträflicher Missbrauch der historischen Präzedenz. Eine Manipulation. Heute kann man nur sagen: Die Welt hat den Verstand verloren wie ein Hammer seinen Stiel. Hier gibt es Idioten, und dort gibt es Idioten. Denken Sie nicht, die Situation wäre schwarz-weiß. Schwarz-weiß war sie in meiner Jugend: Kommunisten und Demokraten, und keine Frage, wer wessen Feind ist.«

»*Und wie sieht die gegenwärtige Situation aus? Durchgängig grau?*«

»Durchgängig beschissen. Heute haben wir es mit verschiedenen Nuancen von Scheiße zu tun.«

»*Wie wird sich Ihrer Meinung nach das Ende des zweiten Tschetschenien-Krieges gestalten?*«

»Wenn es denn überhaupt ein Ende gibt. Eines der wahrscheinlichsten Szenarien besteht darin, dass es kein Ende geben wird, sondern sich alles über Jahrzehnte hinzieht. Dass sich ständig neue Gruppen verzweifelter junger Leute bilden, die die sinnlosen Terroranschläge fortsetzen, ihr Leben für bestimmte Prinzipien opfern, damit aber nicht das Geringste erreichen. Das beste Szenario wäre, die Kampfhandlungen einzustellen, einfach einzustellen, und dabei spielt es keine Rolle, dass wir die politischen Fragen jetzt nicht lösen können. Einfach aufhören – und wenigstens auf lokaler Ebene Lösungen suchen für die elementarsten sozialen Probleme vor Ort.«

»*Weshalb wird Europa denn selbst in sozialer Hinsicht so wenig aktiv in Tschetschenien? Die Zahl der humanitären Organisationen, die dort arbeiten, ist unvergleichlich geringer als beispielsweise während des Balkankonflikts.*«

»Der globale Kontext sieht folgendermaßen aus: Die Moslems sind bei uns Terroristen, es gibt befreundete Nationen und es gibt feindliche Nationen. Übrig geblieben ist nur ›der weltweite Krieg gegen den Terrorismus‹. Eine völlig idiotische Konzeption. Doch in diesem Handlungsrahmen kann heute kein einziger aktiver Politiker irgendetwas tun, außer sich die Ohren zuzuhalten und zu warten.«

»*Das höre ich mit Verwunderung. Gerade von Ihnen, einem Menschen, der sich in den vergangenen, weitaus schwereren Zei-*

ten nicht die Ohren zugehalten, nicht in der Ecke gesessen und auf irgendetwas gewartet hat ...«

»Ich rede nicht von mir, ich rede von der Welt. Persönlich halte ich mir überhaupt nicht die Ohren zu. In Europa liege ich gerade im Clinch mit dem Establishment. Ich gehöre zu denjenigen, die gegen die Europäische Union auftreten, und versuche, eine große Koalition auf die Beine zu stellen, um diese Union zu stoppen. Nach meinem Dafürhalten unterscheidet sich die Europäische Union nur wenig von der Sowjetunion. Zwar haben sie bis jetzt noch keinen GULAG, aber Ansätze dafür gibt es, erste Verhaftungen wegen politischer Witze. Zum Beispiel in England. Auf einer ländlichen Kirmes hat sich ein bekannter Fernsehmoderator den Witz erlaubt, er möchte auch einmal derartig viele Menschenrechte haben wie eine schwangere einbeinige Farbige mit Drogenproblemen. Bei uns ist die Political Correctness so beherrschend geworden, dass es ans Absurde grenzt: Der Moderator wurde verhaftet. Zwar hat sich das Parlament geweigert, das ›Hate Speech‹-Gesetz zu verabschieden (›Hate Speech‹ meint, sowjetisch ausgedrückt, so etwas wie Artikel 70 im Strafgesetzbuch der UdSSR: ›antisowjetische Agitation und Propaganda‹). Aber nur deshalb, weil unsere Stand-up-Comedians auf die Barrikaden gegangen sind und gedroht haben, wenn sie keine Witze mehr reißen dürften, würden sie massenhaft arbeitslos ... Die Europäische Union will so ein Gesetz allerdings perspektivisch für ganz Europa durchbringen! Wir treten in eine totalitäre Periode der europäischen Geschichte ein. Viele meiner alten Freunde lachen: Na, bist wohl ein bisschen eingerostet und suchst jetzt den Kampf. Glauben Sie mir, das will ich überhaupt nicht, ich bin ein alter Mann, ich würde mein Leben gern weiter mit meinem Kater und meinem Garten zubringen, ich habe immer das gemacht, was ich wollte ... Aber man kann doch nicht so leben, wie wir es heute tun.«

»Was meinen Sie, wie sollte ein anständiger Mensch heute in Russland leben?«

»In Russland kann ein anständiger Mensch heute unmöglich leben. Alle Anständigen versuchen, von dort wegzukommen, und brechen sofort auf, wenn sich eine Möglichkeit bietet. Diejenigen, die bleiben, tun das nur, weil sie nicht wegfahren können. Ich rede über die Situation, wie sie sich für die breite Masse darstellt, da kann ich nicht anders antworten. Obwohl es noch Einzelne gibt, die zum Protest fähig sind. In einem Gefängnis sitzt Andrej Derewjankin, den alle vergessen haben, aber dieser Mann hat sich in seiner Heimatstadt Engels vor eine Militärbasis gestellt, ein Plakat hochgehalten, ›Schluss mit dem Krieg in Tschetschenien!‹, und dafür mehrere Jahre Haft abgekriegt. So eine Position kann ich nachvollziehen. In Russland, in diesem schändlichen, ehrlosen Umfeld, habe ich auch gewusst, dass mein Platz im Gefängnis ist, und als ich verhaftet worden bin, war ich glücklich.«

Abramytsch

Boris Beresowski ist nach Wladimir Bukowski der zweite Fixpunkt in der neurussischen Politemigrantenszene Großbritanniens. Der Oligarch gibt sich konziliant, steht mit allen auf freundschaftlichem Fuße. In Russland umgab ihn der Nimbus des genialischen Dämons. Heute würde man Abramytsch – Beresowskis Londoner Spitzname, eine Verkürzung des Vaternamens »Abramowitsch« – wenn überhaupt mit irgendetwas, so wohl am ehesten mit einem lebhaften, lebensfrohen Sperling vergleichen. Und sein cremefarbenes Sakko wäre das helle Federkleid.

Sei es drum, über einen exilierten Oligarchen spotten kann jeder, ihn verstehen schon weniger. Was war da nicht alles in Boris Beresowskis bewegter Vergangenheit. Dieser Mann war der Strippenzieher hinter Boris Jelzin. Er hat die Verhandlungen im Tschetschenien-Konflikt geführt. Dem Mineralölunternehmen Sibneft große Gewinne ermöglicht, aus den Shiguli-Werken die Autohandelsimperien ArtoVAZ und LogoVAZ gemacht. Bei der privatisierten nationalen Fluggesellschaft Aeroflot mitgemischt und Russlands größten TV-Kanal ORT samt dessen Generaldirektor Konstantin Ernst dirigiert. Wobei Letzteres wohl noch am einfachsten gewesen sein dürfte. Dann aber wollte der Oligarch Königsmacher sein. Wladimir Putin war Boris Beresowskis Hauptprojekt. Auf diesen Putin setzte er seine Zukunft – und verspielte alles. Was dem Nimbus des genialischen Dämons verständlicherweise einigen Glanz nimmt. Und Mitleid erweckt: Beresowskis Coup, der »zweite Präsident Russlands«, sitzt noch immer im Kreml, er selbst dagegen – im Lanesborough. Einem Luxushotel, freilich. Noch dazu in einer Luxusstadt. Unter den Fenstern liegt der Hyde Park, und man ist nie einsam, denn im Lanesborough steigt gewöhnlich unsere gesamte oligarchische Crème de la Crème ab, hier trifft man die supersuperreichen Russen am Eingang schon einmal ohne Leibwächter, hier kann einem morgens ein Oleg Deripaska in Jeans und ohne Socken entgegenkommen, ein Wladimir Potanin, ein Roman Abramowitsch, die Gattinnen lassen sich blicken, der Nachwuchs … Und die Library-Bar des Lanesborough war schon immer der beste Platz für das Establishment aller Zeiten und Völker. Die Sessel in dieser Library-Bar sehen aus wie die in der Petersburger Eremitage, nur dass sie dort hinter einem Absperrseil stehen, während man hier darin sitzen kann, wer Lust hat, sogar mit untergezogenen Beinen. Richtige Kreml-Sessel, nur eben nicht der Kreml.

»*Weshalb haben Sie für Ihr Exil gerade England gewählt?*«

»Reiner Zufall. Ich war hier im Oktober 2002, als ich erfuhr, dass die Generalstaatsanwaltschaft in der Aeroflot-Sache Haftbefehl gegen mich erlassen hat. Da habe ich beschlossen zu bleiben. Es gab allerdings noch weitere Gründe. Ich habe ein Jahr in Südfrankreich gelebt, trotz des paradiesischen Klimas konnte ich dort schlecht arbeiten, das Ambiente verweichlicht. In England ist es umgekehrt. Außerdem finde ich auch die hiesige Witterung phänomenal, sie passt mir sehr. Das Einzige, was ich vermisst habe, war Schnee. Aber in der vergangenen Woche hat es auch noch geschneit, das erste Mal in den fünfzehn Monaten. Da bin ich gleich viel ruhiger geworden. Ich habe in Frankreich gelebt, in Deutschland, in Amerika, und für mich gäbe es überhaupt keinen Zweifel, wenn ich wählen müsste: Wo, wenn nicht in Russland. Aber hier ist es am komfortabelsten. Und noch etwas zählt: London. Eine superinternationale Stadt. Hier hütet sich jeder, dir zu nahe zu treten, und achtet gleichzeitig peinlich genau darauf, dass auch du ihm nicht zu nahe trittst. Deshalb hat es trotz der Schwierigkeit meiner Lage – ich bin den Machthabern in Russland ja ein Dorn im Auge – keinen einzigen Fall gegeben, dass man mir gegenüber auch nur angedeutet hätte, ich sei unerwünscht. Obwohl mein Aufenthalt in England in gewisser Weise unbestimmt ist. Bis jetzt habe ich ja kein Bleiberecht, ich warte bereits ein reichliches Jahr auf die Entscheidung des britischen Außenministeriums, das ist schon misslich ... Aber ich stelle mir einfach die umgekehrte Situation vor: Ich käme als britischer Staatsbürger und vehementer Gegner Tony Blairs nach Russland – dass ich in England gegen die Kreml-Riege mobil mache, verhehle ich ja nicht –, Putin und Blair verstehen sich gut, Tony würde also zu Wladimir sagen: ›Wolodja, bei dir im Lande, da hockt so ein Engländer, der ärgert mich mächtig, kannst du den nicht für mich rausrücken?‹ Ich bin fest überzeugt, am nächsten Tag säße ich in Handschellen in einer Zelle. Weil es in Russland keinerlei Rechtsordnung und keinerlei Rechtsschutz gibt. Nicht nur für Ausländer, sondern, was noch viel schwerer wiegt, für die eigene Bevölkerung. In England dagegen ist das Gesetz noch in höchstem Maße Gesetz. Ein weiterer Aspekt besteht darin, dass die anderen – etwa Sakajew oder Litwinenko – nicht aus freien Stücken hierhergekommen sind. Und sie wollen nach Russland zurückkehren, das spielt schon eine Rolle. Nach Amerika fliegt man zehn Stunden, eine riesige Entfernung, der Kontakt gestaltet sich schwierig, während wir hier noch im Informationsraum Russlands sind. Nach Amerika geht, wer nicht zurückkehren will. Bedenken Sie außerdem: Auch in der Vergangenheit ist man zum Urlaub nach Paris gefahren, aber in die Emigration nach London.«

»*Wie bewerten Sie die aktuelle europäische Position im Tschetschenien-Konflikt? Jetzt, wo Russland die ›Causa Sakajew‹ statuiert hat und folglich die Linie der friedlichen Entwicklung, die Sakajew in Europa voranbringen wollte, nicht fortgeführt wird.*«

»Zunächst einmal dazu, welche Rolle Tschetschenien in der politischen und gesellschaftlichen Wahrnehmung des Westens spielt. Machen wir uns nichts vor: keine besondere. Man hat genug eigene Probleme. Nummer eins ist dabei der Irak, die Frage, ob es dort einen Krieg geben wird oder nicht. Ganz allgemein würde ich allerdings sagen, dass sich das Verhältnis trotzdem stark zuungunsten Russlands verändert hat. Hier haben sowohl solche gravierenden Dinge wie die Verhaftung Sakajews als auch eher marginale wie Putins Äußerungen zum Thema Beschneidung auf der Pressekonferenz in Brüssel ihre Spuren hinterlassen. Es mag seltsam klingen, aber das Schicksal eines Menschen – Achmed Sakajews – und der leichtfertige Satz eines unbedarften Politikers wiegen für die öffentliche Meinung hier in etwa gleich. Putins Urteil in Brüssel war einfach barbarisch, und auf Barbarei reagiert man hier heftig. Der Westen hat lange gefragt: ›Wer sind Sie, Mister Putin?‹, jetzt, nach Brüssel, ist das Thema erschöpft. Die beiden Dinge stehen im Zusammenhang: Die ›Causa Sakajew‹ war es ja eigentlich, die Putin so aus der Fassung gebracht hat, ihm sind die Argumente ausgegangen, er war aufgebracht über Dänemarks Entscheidung, Sakajew freizulassen. Und plötzlich sind in führenden westlichen Zeitungen Überschriften aufgetaucht, die Putin auf eine Ebene mit Milosević stellen. ›Welches Recht haben wir, Putin zu empfangen und vor ihm den roten Teppich auszurollen, wenn der Mann ein Staatsverbrecher ist?‹ Vor der ›Causa Sakajew‹ waren solche Töne in Europa nicht zu hören. Die europäischen Regierungen bemühen sich zwar permanent um gute Beziehungen zu Russland, was aus pragmatischer Sicht einleuchtet, man braucht Russlands Unterstützung in einem heraufziehenden Irak-Krieg, aber auf einmal ist eine Kluft entstanden zwischen dem Kalkül der politischen Führungsriegen Europas und den Politikern mit oppositionellem Einschlag. Noch tiefer reicht die Kluft zwischen den Führungsriegen und der öffentlichen Meinung, die üblicherweise von den Journalisten formuliert wird. Dadurch hat sich die Einstellung zum Tschetschenien-Krieg nach Sakajews Verhaftung geändert. Das mag nicht entscheidend sein für die Beendigung des Krieges, von Bedeutung ist es allemal. Ich will hier Sakajew selbst zitieren, von ihm stammt der Satz: ›Russland verfügt über das Recht, den Krieg mit Tschetschenien zu beginnen. Und Russland verfügt über das Recht, ihn zu beenden.‹«

»*Was heißt ›nicht entscheidend, aber von großer Bedeutung‹?*«

»Dass die neue europäische Position Russland ernsthaft zu schaffen machen, die russische Führung dauerhaft an die schwärende Wunde erinnern und schließlich zu einer Entscheidung veranlassen wird. Putin reagiert ja bekanntlich sehr empfindlich auf persönliche Angriffe, deshalb treffen ihn die Titulierungen des Westens tief, wirken geradezu zerstörerisch. Weil er das Wesen der Kritik nicht versteht, bezieht er sie auf seine Person. Denn was man im Westen über ihn denkt, wie die westliche öffentliche Meinung auf ihn reagiert, das hat für Putin größtes Gewicht. Aber nach Brüssel und Sakajew wird der Westen einen Wladimir Putin niemals mehr zu seinesgleichen zählen, weil dieser Mann die Grundideen der westlichen Gesellschaft nicht teilt, nicht an sie glaubt. Der Westen hält Putin jetzt für einen Heuchler. Die ›Causa Sakajew‹ durchschaut doch jeder. Achmed Sakajew ist eine der Lichtgestalten Tschetscheniens. Ich kann mir dieses Urteil erlauben, ich spreche aus persönlicher Erfahrung. Meine Verhandlungen in Tschetschenien gestalten sich außerordentlich schwierig, aber ich habe niemals daran gezweifelt, dass Sakajew Frieden will und sich konstruktiv dafür einsetzt. Auch der Westen begreift seine Rolle. Es gibt keinen einzigen Fakt, der belegen würde, dass Achmed Sakajew den Krieg fortsetzen will, aber eine Menge Belege dafür, dass er konsequent für eine friedliche Lösung, für ein Ende des Blutvergießens eingetreten ist.

Ich habe für mich selbst eine Bilanz des zu Ende gegangenen Jahres gezogen und bin zu dem Schluss gekommen, dass 2002 für Russland das ruinöseste Jahr seit dem Zerfall der Sowjetunion 1991 war. Die Finger einer Hand reichen nicht aus, um unsere Niederlagen aufzuzählen. Vor allem hat sich die Situation in Tschetschenien qualitativ verändert. Vor 2002 war ich überzeugt, man könnte innerhalb des Landes eine Lösung finden, indem sich die beiden Krieg führenden Seiten selbst auf einen Friedensschluss verständigen. Das geht jetzt nicht mehr. 2002 ist eine unumkehrbare Wende eingetreten. Der Hass auf beiden Seiten hat ein solches Ausmaß erreicht, dass sich dieser Konflikt ohne internationale Vermittler – auch Unterhändler, die keiner der Konfliktparteien nahestehen, und bewaffnete Friedenskräfte – nicht mehr beilegen lässt. Ich halte das für Russlands größten Rückschlag; das Land hat seine Souveränität eingebüßt, da es einen internen Konflikt nicht mehr ohne externe Intervention regulieren kann. Russland hat jetzt im zweiten Tschetschenien-Krieg eine vernichtende Niederlage erlitten. Sie ist weitaus gravierender als die des ersten Tschetschenien-Kriegs und besteht darin, dass wir unsere Eigenstaatlichkeit verloren haben.

Russlands zweite politische Niederlage heißt Kaliningrad. Das lange, unsinnige Gezerre bezüglich der Überflugrechte, Transitverbindungen und Schnellverkehrslinien hätte man sich ersparen und vielmehr den Weg einer Einbindung in Europa gehen sollen. Wir hätten sagen müssen: Ja, wir akzeptieren die Visapflicht für Reisen zwischen der Exklave und dem ›Mutterland‹, wenn wir die Garantie erhalten, dass in soundso vielen Jahren ganz Russland in den Schengen-Raum integriert wird. Wir haben das nicht gesagt, und zwar aus einem einzigen, simplen Grund: der jahrhundertealten, abgrundtiefen Verunsicherung der politischen Elite Russlands, was das Vertrauen in die eigenen Kräfte angeht. Russland traut sich nicht, auf etwas zu setzen, was in fünf oder zehn Jahren sein wird. Russland glaubt nicht an seine Kraft. Wir wollen zu Europa gehören und haben zugleich Angst davor.

Im postsowjetischen Raum ist das Debakel ebenfalls komplett. Die GUS als politische und ökonomische Gemeinschaft existiert nicht mehr, an dieser Tatsache lässt sich nicht rütteln. In Zentralasien und Georgien sind amerikanische Truppen stationiert, das Baltikum gehört zur NATO. Die Beziehungen zu Weißrussland haben sich verschlechtert. Was die entfernteren Regionen angeht, so muss als eklatantestes Beispiel der Irak genannt werden. Wir laufen Gefahr, den Irak zu verlieren. Moskau ist deutlich auf Distanz gegangen, mit der Konsequenz, dass der politische und wirtschaftliche Einfluss Russlands im Nahen Osten schwindet. Ich denke nur an das Gezerre um den 40-Milliarden-Vertrag im Jahre 2002 ... Das sind Hütchenspiele! Im Kreml sitzen Hütchenspieler, die meinen, wenn sie einen 40-Milliarden-Liefervertrag platzen lassen, würden die Amerikaner nicht im Irak einmarschieren oder sich später erkenntlich zeigen ...

Russland hat zudem einen gewaltigen moralischen Imageverlust erlitten. Der Westen neigt mehrheitlich zu der Auffassung, dass die Russische Föderation kein demokratischer Staat ist, dass sie keinen liberalen Weg beschreitet, sondern sich in die diametral entgegengesetzte Richtung bewegt. Und dabei die Grundmechanismen eines demokratischen Staatswesens zerstört.«

Nachwort

Schluss. Aus. An dieser »optimistischen« Stelle meines Gesprächspartners ist das Tonband zu Ende. Höchste Zeit, nach Moskau zurückzukehren. Es soll ja vorkommen, dass sich selbst – dämonische

– Genies irren, und wenn sie ein Mal danebengelegen haben, wer garantiert dann, dass es nicht ein weiteres Mal passiert?

Aber wie dem auch sei, was auch immer tatsächlich eintritt, in London denkt es sich jedenfalls verdammt frei. Kein Vergleich mit dem Kreml.

20. Januar 2003

DAS VERHÄLTNIS DES KREML ZU GEORGIEN ...
... wird bestimmt von einer Politik der Schwarzen Kassen. Diese Politik braucht die Aufrechterhaltung eines permanenten Chaos.

(Tbilissi – Moskau)
In den Tagen unmittelbar nach dem Geiseldrama von Beslan wussten die Herren Putin und Iwanow, ihres Zeichens Präsident und Verteidigungsminister der Russischen Föderation, nichts Besseres zu tun, als George W. Bush und seine Gefolgsleute zu kopieren: Es wurde vollmundig verkündet, Russland werde Präventivschläge gegen die Basen von Terroristen und natürlich gegen die Terroristen selbst führen, wo immer sich diese auch aufhielten. Allen war klar: Es ging um Georgien, das ohne Eduard Schewardnadse immer mehr der Kontrolle des Kreml entglitt.
Und noch genauer: Es ging um die Pankisi-Schlucht in unmittelbarer Nachbarschaft zu Tschetschenien.
Wieso hasst die Putin-Führung gerade Georgien so sehr? Weshalb setzt sich Georgien so vehement gegen die Inobhutnahme durch den Kreml zur Wehr? Warum reagiert Moskau so allergisch auf den Widerstand Georgiens? Was hat dieses Land, was haben seine politischen Repräsentanten, das die Kreml-Chefs auf die Idee bringt, fremdes Staatsterritorium bombardieren zu wollen? Ist der Krieg Russlands gegen Georgien eine gesetzmäßige Konsequenz der russischen Außenpolitik? Oder ist er zufällig, aus temporären innenpolitischen Konstellationen erwachsen? Ein posttraumatisches Syndrom nach dem Albtraum von Beslan?

Englisch ist in

Bei der Beantwortung der obigen Fragen wollen wir mit dem Einfacheren anfangen und dann zum Komplexen kommen. Denn man darf nicht vergessen, dass die Urgründe zahlreicher internationaler Kataklysmen mit verheerenden Folgen (und so eine Katastrophe für alle ist der Krieg zwischen Russland und Georgien) in ganz primitiven, an der Oberfläche liegenden Dingen zu suchen sind.

Zunächst zur Person. Micheil Saakaschwili ist ein Musterschüler, der selbstredend durchweg Spitzenzeugnisse hatte. Und gut aussehend allemal. Und der Liebling der Journalisten aus aller Herren Länder sowieso. Bestschüler, Beaus und anderer Leute Lieblinge aber hat ein Wladimir Putin schon lange aus seinem Umfeld entfernt.

Nun zum Hofstaat. Was könnten Putin und seine Suite dort zu sehen und zu hören bekommen, wenn sie sich denn mit Micheil Saakaschwili träfen?

Der Weg zum georgischen Präsidenten führt über seinen Chefberater. »Daniel Kunin«, stellt der sich auf Englisch vor und lächelt so vollkommen amerikanisch, als sei man seine beste Freundin. Ein sehr junger, sehr sympathischer Mann ohne Jackett, mit verrutschter Krawatte und hochgekrempelten Hemdsärmeln. Russisch spricht Daniel nicht, obwohl er ein Nachfahre Michail Bakunins ist. Das nenne ich Fügung! Da der russische Anarchist Michail Bakunin – in der Emigration verkürzte die Familie der Unauffälligkeit halber den Nachnamen zu »Kunin« –, und hier Daniel Kunin, Chefberater des georgischen Präsidenten, amerikanischer Staatsbürger, bezahlt vom Außenministerium der Vereinigten Staaten. Das ist kein Geheimnis, Kunin erzählt es selbst, und zwar ganz fröhlich: Wie ihm »Mischa« anbot, sein Berater zu werden, und er, Daniel, im Prinzip auch einverstanden war, aber gleich klargestellt habe: nicht für ein jämmerliches georgisches Gehalt, da sei »Mischa« eben aktiv geworden, und nun stünde er, Daniel, auf der Gehaltsliste des Foreign Office.

Daniel Kunin ist, das muss man ihm zugestehen, eine außerordentlich einflussreiche Figur in der georgischen Staatskanzlei, wo jetzt alle Englisch sprechen. Englisch gilt als so comme il faut wie einst das Französische am Zarenhof. Präsident Micheil Saakaschwili, Premierminister Surab Shwania, Parlamentspräsidentin Nino Burdshanadse, stellvertretender Verteidigungsminister Wassil Sicharulidse und natürlich erst recht Außenministerin Salome Surabischwili ziehen es vor, ihre Interviews auf Englisch zu geben. Natürlich, das steht ihnen zu, bitte sehr, wenn das für sie bequemer ist.

Man stelle sich vor: In diese Atmosphäre einer demonstrativ zur Schau getragenen Verwestlichung geraten Vertreter der Putin-Administration, die es gewohnt sind, dass ihnen in jedem Falle die gesamte GUS zu Füßen liegt ...

»In welcher Sprache reden Sie denn mit Ihrem Chef?«, frage ich den Nachfahren Bakunins.

»Normalerweise in Englisch«, antwortet Daniel so locker und gut gelaunt, wie er alles tut. »Nur wenn uns bei Verhandlungen keiner verstehen soll – in Georgisch. Ich habe Privatunterricht genommen. Und ja auch schon früher bei einer NGO in Georgien gearbeitet.«.

»Und aus dieser NGO sind Sie direkt zum Chefberater des georgischen Präsidenten aufgestiegen?«

»Bei uns kommt doch jetzt die ganze Staatskanzlei aus NGOs«, lacht Daniel.

Ein bürokratischer Apparat, rekrutiert aus Ehrenamtlichen?

Dem obersten Staatsmann Russlands ist jegliche NGO verhasst. Deshalb kann man sich vorstellen, was er empfindet, wenn er mit diesen neuen georgischen Bürokraten in Kontakt treten muss.

Oder wenn dieser quirlige amerikanische Kunin-Bakunin seinem ungebärdigen »Mischa« in Putins Gegenwart auf Anglogeorgisch irgendetwas rät ...

»Was hat der amerikanische Berater eines georgischen Präsidenten zu tun?«, frage ich Daniel. »Er muss 24 Stunden am Tag neue Ideen anbieten. Morgens, mittags und abends. Muss Dutzende Varianten und Vorschläge parat haben zu jeder Frage, die Mischa interessiert«, versetzt Kunin.

Ich konstatiere in Bezug auf das heutige offizielle Tbilissi: ein amerikanisches Workaholic-Management, wie man es aus dem Kino kennt. Hamburger, keinerlei Subordination, alle sind gut gelaunt, optimistisch und lebensbejahend. Ein Management, das sich ohne jede Nuancierung voll und ganz am Westen orientiert. Kein Nordwesten, der den Ton angibt, keine politische Unberechenbarkeit. Gerade in Letzterer aber versinkt unser Kreml der Zeit. Georgien unter Micheil Saakaschwili, das ist unverhohlener Anti-Byzantinismus. Anti-Bürokratie. Anti-Hierarchie. Eine Anti-Kolonie, die keine Metropole anerkennt. Im Kreml gestaltet sich das alles genau umgekehrt: Neosowjetischer Byzantinismus. Super-Hierarchie. Nostalgische Sehnsucht nach dem Imperium, umgemünzt in reale Schritte zur Unterjochung und zum Zukauf von Kolonien. Jüngstes Beispiel: Die Ukraine und Weißrussland bekamen 800 Millionen Dollar Steuergelder geschenkt – für ihre »Bündnistreue«.

Und nicht zuletzt ist Russlands Politik eine Politik der Provokationen.

Interview mit dem Präsidenten

Micheil Saakaschwili ist charmant, lächelt gern und oft, antwortet gerade heraus und formuliert konzise.

»Wir haben die Russen gefragt: ›Was machen wir nicht richtig? Warum mögt ihr uns nicht? Wir haben versprochen, in Südossetien die Renten und Gehälter der Staatsbediensteten zu bezahlen. Ist das etwa schlecht?‹ Von den Russen kam keine Antwort. Stattdessen fingen diese provokatorischen Feuergefechte an. Wir haben amerikanische Militärs hier, wir wissen, was Disziplin heißt. Also sagen wir: ›Georgien will keinen bewaffneten Konflikt‹, doch die Russen legen nur noch mehr zu. Wir können aber nicht dulden, dass sich wiederholt, was hier 1992 geschehen ist, das hat unsere Reformen aufgehalten. Wir wollen Georgien zu einem attraktiven Land machen. Soll das etwa schlecht sein? Offen gesagt ist für uns schwer nachzuvollziehen, was Russland eigentlich von uns will. Russlands Aktionen in Georgien sind irrational.

Wir haben die internationale Gemeinschaft gebeten, eine multilaterale Konferenz zu Südossetien einzuberufen, bei der es um den Status Südossetiens und eine friedliche Lösung des Südossetien-Konflikts gehen sollte. Die Vereinten Nationen, die OSZE und die Europäische Union waren für diese Initiative. Aber die Russen lehnen sie ab.«

»*Wann haben Sie das letzte Mal mit Putin gesprochen?*«

»Ich habe ihn mehrfach angerufen, werde aber nicht durchgestellt. Auch meine beiden Schreiben sind unbeantwortet geblieben.« [Lediglich auf dem Gipfeltreffen der GUS-Staaten am 16. September 2004 in Astrachan kam es zu einer kurzen, spontanen Begegnung. A. P.]

»*Wie bewerten Sie die Erklärung des tschetschenischen Putin-Favoriten Ramsan Kadyrow, ein paar Tausend seiner Kämpfer nach Südossetien schicken und ›das Problem lösen‹ zu wollen«?*

»Fuck him!«

Dabei konnten wir es im Grunde bewenden lassen und das Interview beenden. Doch unbedingt erwähnen möchte ich noch ein Phänomen, das im Arbeitszimmer des georgischen Präsidenten allgegenwärtig war, auch wenn darüber keine großen Worte gemacht wurden, ein Phänomen, das mich an Micheil Saakaschwili außerordentlich beeindruckt hat. Die Tatsache nämlich, wie grenzenlos er sein Volk liebt. Den Tod von 16 georgischen Soldaten, die Mitte August 2004 bei Kampfhandlungen zwischen der georgischen Armee und südossetischen Milizverbänden in der Grenzregion des Roki-Tunnels ihr Leben verloren, nahm er als Katastrophe wahr: ›Nachdem 16 Mann gefallen waren, musste ich eine Entscheidung treffen.‹ Und er traf sie: Saakaschwili befahl den Rückzug der Truppen auf eine sichere Entfernung. Damit keine georgischen Soldaten mehr starben.

Als ich das Präsidialamt verließ, musste ich mich erst einmal sammeln. Es war der Kontrast, der mir die Sprache verschlug: Bei uns in Russland können nicht 16, sondern 16 000 Soldaten umkommen, ohne dass dies den Präsidenten veranlassen würde, zur Rettung der übrigen einen Rückzug auf sichere Entfernung anzuordnen. Das hat nichts mit Russlands Riesenterritorium zu tun, nichts mit seinen Abermillionen Menschen, sondern mit einem Zuwenig an Seele. Die Liebe Micheil Saakaschwilis zu seinem Volk, sie ist, so möchte man meinen, das größte Problem für Wladimir Putin, der sich in den Kopf gesetzt hat, das Imperium wieder auferstehen zu lassen. Und dem es dafür nicht auf ein paar Leben ankommt. Wenn aber die Marschrichtung unmissverständlich lautet: »Renaissance des Imperiums«, dann haben sich die Kolonien zu ducken, wer dort nicht mit uns ist, ist gegen uns …

Das sind die irrationalen Motive in der Auseinandersetzung des Kreml mit Georgien. Doch es gibt auch handfeste rationale Gründe – finanzökonomischer Natur.

Wer schwarze Löcher hat, braucht keine Offshores

Welche Interessen verfolgt Russland gegenwärtig in Transkaukasien? Was will Putins Staatsbürokratie hinter dem Hauptkamm des Großen Kaukasus durchsetzen?

Erstens steht Russland vor der Aufgabe, im russischen Teil des Kaukasus die sogenannte »christliche Achse« – Ossetien – zu stärken. Als Gegengewicht zur »muslimischen Sippschaft« – Tschetschenien, Inguschetien, Karatschajewo-Tscherkessien, Kabardino-Balkarien, Dagestan, Adygeja. Wie diese Konstellation entstanden ist, muss hier nicht weiter erläutert werden. Jedenfalls leitet Russland daraus für sich die Notwendigkeit ab, Südossetien – diesen winzigen Flecken Erde auf der Höhe Nordossetiens, allerdings jenseits des Kaukasusrückens und völkerrechtlich georgisches Staatsgebiet – ständig im Blick zu behalten.

Zweitens gilt Russlands besonderes Interesse Abchasien. Der Landstreifen an der Schwarzmeerküste ist gleichfalls von größter Bedeutung für die Russische Föderation, sichert er doch die Festlandverbindung nach Armenien, heute Moskaus letzter strategischer Partner in Transkaukasien und das einzige Land der Region, in dem die USA noch nicht Fuß gefasst haben.

Die Ambitionen Südossetiens und Abchasiens sind ebenfalls unschwer nachvollziehbar, bleibt Zinwali und Suchumi doch im Grunde gar keine Wahl. Südossetien macht kein Hehl daraus, dass es eine Vereinigung mit Nordossetien anstrebt, was ohne Moskau schlechterdings unmöglich ist. Abchasien, das keine Möglichkeit sieht, wieder in den Schoß Georgiens zurückzukehren, muss anderswo Schutz suchen, und die stärkste Schulter hat nun einmal Moskau.

Tatsächlich haben die »auf Eis gelegten Konflikte« der Sowjetzeit heute im Südkaukasus waschechte schwarze Löcher entstehen lassen. Denn sowohl Südossetien als auch Abchasien sind zwar auf der politischen Weltkarte als Teile der souveränen Republik Georgien verzeichnet, in Wirklichkeit aber rechtsfreie Zonen ohne Besteuerung, ohne transparente Budgets, ohne demokratisch gewählte Machtorgane, ohne eigene Währung, kurzum: ohne all das, was legitime territoriale Gebilde von illegitimen unterscheidet.

Wozu braucht der Kreml derartige schwarze Löcher? Vor allem, um sie für seine innenpolitischen Zwecke zu instrumentalisieren. Etwa, um Mittel aus schwarzen Kassen dorthin zu pumpen, wo man sie braucht. Oder um allerlei »Strukturen« außerhalb von Recht und Gesetz zu etablieren. Der Gesetzlichkeit zum Sieg verhelfen zu wollen wird lediglich proklamiert, in Wirklichkeit aber unterstützt der Kreml nach wie vor außerlegale territoriale Gebilde, die sich jederzeit als Umschlagplatz für den unkontrollierten Zu- und Abfluss von Geldströmen nutzen lassen. Als außerlegale Zonen für die diskrete Abwicklung von Operationen und Aufträgen, über die keinerlei Buch geführt und niemandem in irgendeiner Weise Rechenschaft abgelegt wird.

Die Politik Russlands ist weiterhin eine Politik der schwarzen Kassen. Nichts geht ohne sie, nichts geschieht ohne sie. Nach dem Prinzip der schwarzen Kassen funktionieren sämtliche Instrumente und Organe der Staatsgewalt. Das Schwarze-Kassen-Spiel braucht die künstliche Aufrechterhaltung von Chaos statt Ordnung und klar definierten Lebensprinzipien.

Liegen die Schwarzen Löcher noch dazu außerhalb des eigenen Staatsgebiets, kann man es sich gar nicht komfortabler wünschen, sind sie doch weitaus unproblematischer als jegliche Offshores. An Offshore-Finanzplätzen droht permanent die Gefahr, dass irgendjemand irgendetwas ausspioniert, weshalb man ständig auf der Hut sein, immer neue komplexe Vertuschungsmechanismen erfinden muss, was wiederum die Wahrscheinlichkeit von Informationslecks erhöht. Bei Abchasien und Südossetien erübrigt sich das alles.

Zum Vergleich und zur besseren Verständlichkeit: In der Sowjetunion spielten einige afrikanische Regimes die Rolle derartiger schwarzer Löcher. Das Politbüro der KPdSU präsentierte sie als »nationale Befreiungsbewegungen«, pumpte im großen Stil Parteimittel hinein, wickelte mit ihrer Hilfe Finanzoperationen ab. Innerhalb Russlands war Tschetschenien lange so ein schwarzes Loch. Nicht umsonst wurde – und wird – dort kein normales Bankensystem aufgebaut. Doch ein innerrussisches schwarzes Loch hat Nachteile, aus denen eine beständige Verunsicherung erwächst: Formale Überprüfungen durch allerlei Kontroll- und Inspektionsgremien sind nicht auszuschließen; wer weiß, ob nicht doch plötzlich von irgendwoher ein ehrlicher Staatsanwalt auftaucht, und dann ist da noch die permanent wachsende Begehrlichkeit eines Ramsan Kadyrow nebst Konsorten.

Dagegen läuft die Sache in Abchasien und Südossetien bislang reibungslos. Dort darf man alles, was sonst nirgendwo durchginge. Man kann Geld hineinpumpen, sogar aus der Luft abwerfen, selbst das kommt vor. Inventuren und Revisionen – Fehlanzeige, niemand kontrolliert irgendetwas. Es genügt, die anspruchslosen Regime vor Ort anzufüttern und Propagandakampagnen anzuheizen, bei denen man den »Schutz russischer Staatsbürger« im Munde führt.

In seiner ersten Amtszeit setzte Wladimir Putin Präsident Eduard Schewardnadse so sehr unter Druck, dass der nachgab und ein Drittel des georgischen Staatsgebiets dem Einfluss der Schwarze-Kassen-Verwalter im Kreml unterstellte, obwohl der Sowjetoligarch sehr wohl wusste, wie derartige schwarze Löcher funktionieren und wozu sie gut sind. Unter Schewardnadses Nachfolger aber gab es Probleme. Micheil Saakaschwili proklamierte unmittelbar nach seinem Amtsantritt eine Politik der Entkonservierung der »auf Eis gelegten Konflikte« im Südkaukasus – und wurde prompt zum Feind Nr. 1 für Moskau. Adsharien, das ohnehin weniger Russland als vielmehr dem eigenen Fürsten Aslan Abaschidse dient, trat Putin noch relativ gelassen an Saakaschwili ab, die schwarzen Löcher Zinwali und Suchumi aber wollte er nicht hergeben und befahl den Waffengang.

Das transkaukasische Kalkül unserer Machthaber erfordert eine harte Bestrafung des »Westlers« Micheil Saakaschwili, der auf den vormaligen Metropolenstaat Russland pfeift und sich stattdessen den USA zuwendet. Eine Bestrafung, bei der Bomben fliegen. Wir aber, die Menschen in Russland, verlieren dadurch unaufhaltsam unseren guten Nachbarn Georgien. Jeden Tag, jede Stunde. Obwohl uns uneingeschränkt an engen, freundschaftlichen Beziehungen zu Tbilissi gelegen ist.

Das lässt nur ein Fazit zu: Die gegenwärtig vom Kreml betriebene Politik der Annektierung der beiden georgischen Territorien Südossetien und Abchasien entspricht objektiv weder strategischen noch anderweitigen Vernunftinteressen der Russischen Föderation.

Kommen wir zum Schluss noch einmal auf die Liebe zurück: Im 21. Jahrhundert bewahren kluge Staatsmänner ihre Bürger vor Blutvergießen. Vorausgesetzt, diese Bürger sind ihnen lieb und teuer. Das Unheil beginnt, wenn die Bürger nicht geliebt, nicht wertgeschätzt werden. Und die Macht in den Händen chronisch mittelmäßiger Durchschnittsschüler liegt.

20. September 2004

CHINA ON THE ROAD
Professor Gelbras erklärt, was »globale chinesische Migration« bedeutet.

Die Fragen der »Nowaja Gaseta« beantwortet der bekannte Sinologe Professor Wilja Gelbras, dessen Vortrag über die chinesische Migration nach Russland, gehalten auf der Sicherheitskonferenz der Vereinten Nationen in Paris im Juni 2005, für einiges Aufsehen sorgte.

Der Historiker und Wirtschaftswissenschaftler Prof. Dr. habil. Wilja Gelbras ist einer der führenden Sinologen Russlands. Er lehrt am Institut der Länder Asiens und Afrikas, das zur Staatlichen Universität Moskau gehört, forscht am Institut für Weltwirtschaft und globale Beziehungen der Akademie der Wissenschaften der Russischen Föderation. Die Liste seiner wissenschaftlichen Publikationen umfasst mehr als 200 Titel. Zuletzt erschienen die Bücher »Chinesische Realität in Russland« (2001) und »Russland unter den Bedingungen der globalen chinesischen Migration« (2004).

»In den letzten Jahren haben Sie zwei zentrale Werke über chinesische Migranten in Russland verfasst. Was sind Ihre Hauptthesen?«
»Die chinesische Migration nach Russland ist seit langem Gesprächsthema, vielfach kann man hören, die Chinesen hätten nahezu unser gesamtes Territorium erobert. Zusammen mit meinen Studenten habe ich zwei Breitenstudien zu diesem Thema durchgeführt. Für die erste Untersuchung wurden die Städte Moskau, Wladiwostok, Chabarowsk und Ussurisk ausgewählt. Letztgenannte deshalb, weil auf dem dortigen Bahnhof die meisten chinesischen Kleinhändler ankommen, bevor sie mit ihren Waren zu den russischen Märkten weiterreisen. Das Datenmaterial dieser Untersuchung bildete die Grundlage für das Buch ›Chinesische Realität in Russland‹.

In der zweiten Studie berücksichtigten wir neben Moskau, Wladiwostok und Chabarowsk noch die Stadt Irkutsk. Irkutsk war für uns interessant, weil dort bereits zahlreiche chinesische Migranten ansässig sind. Außerdem gelangten wir in den Besitz eines Planes, der im Politbüro der Kommunistischen Partei Chinas als wichtiges perspektivisches Vorhaben erörtert worden ist. Darin spielt Irkutsk eine besondere Rolle. Ausgehend vom grenznahen Verwaltungsgebiet Amur sollten sich Chinesen über das gesamte Staatsgebiet der Russischen Föderation verteilen, um die Kontrolle über große Warenmengen zu erlangen, diese Waren an Knotenpunkten entlang der Transsibirischen Eisenbahn bis hin nach Moskau in chinesischer Hand zu konzentrieren und damit die Einflusssphäre Chinas auszuweiten. Über Irkutsk fließen die Waren- und Passagierströme aus Kasachstan sowie in die Altai-Region einschließlich Burjatien. Als wir unsere Untersuchung durchführten, war in Irkutsk bereits ein chinesisches Konsulat eröffnet worden. Das Buch ›Russland unter den Bedingungen der globalen chinesischen Migration‹ offenbart interessante Zusammenhänge. Es reflektiert unsere Erkenntnisse über die unternehmerischen Aktivitäten von Chinesen in Russland, zeigt auf, was mit den bei uns erzielten Gewinnen geschieht, wie das Geld nach China transferiert wird, auf welchen Wegen von dort Waren nach Russland gelangen und hier wiederum zu Geld gemacht werden. Mein Grundsatzreferat für die UNO-Sicherheitskonferenz basiert auf diesen Daten, geht aber noch über das Buch hinaus.«

»*Was haben Ihre Berechnungen ergeben im Hinblick auf die Geldmenge, die heute aus Russland über derartige Kanäle nach China abfließt? Und in welchem Umfang kauft Russland bei China ein?*«

»Ich glaube, es wäre ungenau, von Kaufen und Verkaufen zu reden. Hier geht es ganz wesentlich um Schattenwirtschaft und unverkennbar kriminelle Machenschaften.«

»*Der Chinesen?*«

»Nein, unserer eigenen Leute im Dunstkreis der chinesischen Geschäftsaktivitäten. Nehmen wir folgendes Beispiel: In jüngster Zeit sind Delegationen aus China im europäischen Teil der Russischen Föderation erschienen, um über Holzlieferungen zu verhandeln. Gibt es denn viel näher, nämlich in Sibirien, kein Holz? Doch, aber entlang der sibirischen Eisenbahnlinien haben die Chinesen bereits so viel abgeholzt, dass wir Gefahr laufen, bald überhaupt keine Lärchenwälder mehr zu besitzen.«

»Ist Lärchenholz bei den Chinesen besonders gefragt?«

»Lärchen sind eine außerordentlich wertvolle Baumart. Lärchenholz duftet das ganze Leben lang. In so einem Haus wohnt es sich natürlich wunderbar.«

»Aber die Chinesen holzen unsere Lärchen doch nicht wegen des Wohlgeruchs ab, oder?«

»Sie machen vieles daraus. Das Harz, die Samen, die Zapfen, alles wird verarbeitet. Ihre eigenen Wälder holzen sie nicht mehr ab. Unter ökologischen Gesichtspunkten muss das Territorium eines Landes zu mindestens 12 Prozent aus Wald bestehen, sonst sind Naturkatastrophen unvermeidlich. China bringt es gerade einmal auf 13 Prozent, deshalb gibt es kaum ein Jahr ohne Starkregen und Überschwemmungen. Weil seinerzeit zu viel Wald ›verbraucht‹ worden ist.«

»Hat das chinesische Politbüro besagten Plan gebilligt?«

»Das wissen wir nicht genau. Dort ist vieles geheim. Meine chinesischen Freunde haben mir geraten, das Thema überhaupt nicht zu erwähnen. Sie befürchteten, China könne das sonst mitbekommen. Aber jetzt steht fest, dass es sogar einen zweiten, analogen Plan gibt, der eine chinesische Infiltration via Heihe in das am jenseitigen Flussufer liegende Blagoweschtschensk sowie via Suifenhe in das grenznahe Verwaltungsgebiet Amur und darüber hinaus vorsieht. Heihe und Suifenhe sind schnell wachsende Städte. Laut Plan des Politbüros sollen sowohl Migrantenströme als auch Waren in

Bewegung gesetzt werden. Nach unseren Erkenntnissen vollzogen sich derartige Massenbewegungen in den Jahren 1998 und 1999, ja sogar noch im Jahr 2002 eher spontan, während es heute große chinesische Agenturen gibt, die ihre Landsleute gezielt mit der strikten Vorgabe losschicken, ganz bestimmte Waren zu verkaufen.«

»*Man kann also von einer Politik sprechen?*«

»Ursprünglich war es eine Politik. Heute bekommt ein Chinese, wenn er bei uns eine Russin heiratet, Geld dafür. Das wissen wir aus chinesischen Quellen.«

»*Und wer bezahlt diesen Chinesen?*«

»Die Regierung. Dafür, dass er in Russland Fuß fasst. Mit ihrer Doktrin der Geburtenplanung, die jeder Familie nicht mehr als ein Kind und bevorzugt einen Jungen vorschrieb, hat die chinesische Führung die natürliche Reproduktion der Geschlechter gestört. In einigen Provinzen gibt es einen gewaltigen Überhang an Männern. 40 bis 50 Millionen von ihnen bleiben zwangsläufig ohne Frau. Jetzt sucht die Staatsführung Palliativlösungen für das Problem.«

»*Um wie viel ist die Zahl der ständig in Russland lebenden Chinesen zwischen 2001 und 2004 gestiegen?*«

»Das lässt sich nicht feststellen, das chinesische Milieu ist eine Art Plasma, es nimmt beständig zu und ab. Ich denke, wir reden über eine halbe Million und mehr. Einige Heißsporne sprechen von zwei bis drei Millionen. Aber diese Zahlen sind mit Vorsicht zu genießen.«

»*Können Sie sagen, was das für ein Mensch ist, der moderne Chinese, der sich in Russland niederlässt?*«

»Zu uns kommen hauptsächlich Städter. Weil sie entsprechende Kenntnisse und Fähigkeiten mitbringen.«

»*Was heißt, bezogen auf diese Chinesen, ›entsprechende Kenntnisse und Fähigkeiten‹?*«

»Der Chinese, der heute zu uns kommt, kann erst einmal seinen Namen schreiben. Er kann lesen und rechnen. Und er ist sehr gelehrig, begreift schnell, wie es auf den Märkten zugeht. Bauern sind deutlich in der Minderzahl. Sie werden gezielt angeheuert, für den Gemüseanbau beispielsweise.«

»*Und das sind dann richtige Analphabeten, ja?*«

»Schwer zu sagen. Ihre Welt ist so beschaffen, dass der Älteste allein das Sagen hat.«

»*Und wer ist dieser Älteste?*«

»Derjenige, der die Brigade zusammenstellt. Ohne ihn wird keiner auch nur ein Wort mit Ihnen wechseln. Es hat uns viel Mühe gekostet dafür zu sorgen, dass die Leute die Fragebögen für die Erhebung selbst ausfüllen. Anfangs sind unsere Untersuchungen daran gescheitert, dass das der Brigadier für alle getan hat, und zwar immer gleich. In der Landwirtschaft und auf dem Bau herrscht der Brigadier uneingeschränkt. Im Handel sieht das anders aus. Da fungiert der Brigadier als Aufseher. Heute kommt es in Moskau und Nishni Nowgorod oft vor, dass chinesische Brigadiere ukrainische und russische Verkäufer anheuern. Ist die Ware nicht viel wert, stehen meist Ukrainer auf dem Markt, ist sie besser – Russen. Und kommandiert werden sie von einem chinesischen Aufseher.«

»*Sind diese Ältesten Mafiosi?*«

»Das von allen zu behaupten wäre falsch. Es gibt viele Arbeitstiere, die sich krummlegen, um ihr Brot zu verdienen. Die Mafiosi sind üblicherweise nicht unmittelbar in die Arbeit involviert. Nach alter chinesischer Tradition übernehmen sie den Schutz der Händler – gegen entsprechende Bezahlung.«

»*Also das berühmt-berüchtigte ›Schutzdach‹?*«

»Sie regeln alles mit unserer Miliz, mit dem Zoll. Ihre Aufgabe ist, die Waren über die Grenze zu bringen.«

»*Legen sich die Chinesen auch russische ›Schutzdächer‹ zu?*«

»Natürlich. Die Chinesen lassen sich auch mit unseren Milizionären ein, wie ich beobachten konnte. Ich möchte noch ein besonders augenfälliges Beispiel anführen. Wenn Sie die Meldungen unserer Medien zum Handelsvolumen Russland–China verfolgen, werden Sie feststellen, dass immer chinesische Statistiken herangezogen werden. Haben wir etwa keine eigenen Zahlen? Doch, aber die chinesischen sind beeindruckender. Kaum ist die Ware über die Grenze, ›wächst‹ sie plötzlich. Um etliche Millionen Dollar jährlich. Und das Jahr für Jahr.«

»*Worin liegen denn die realen Ursachen für diese Differenz?*«

»In der Schattenwirtschaft. Diese Ökonomie ist käuflich. Der Chef unseres Föderalen Zolldienstes hat vor kurzem erklärt, es müsse Ordnung geschaffen werden. Also hat hier eher unsere eigene als die chinesische Mafia die Hand im Spiel. Deshalb verwendet man auch lieber fremde Statistiken. Bei den Chinesen wird ja die informelle Wirtschaft und die Schattenwirtschaft in der volkswirtschaftlichen Gesamtrechnung berücksichtigt. Aber es gibt einen zweiten Faktor, der sich darauf auswirkt, wer zu welchen Zahlen und Handelsvolumina gelangt. Die Chinesen haben sich in Russland Tätigkeitsfelder erschlossen, auf die wir nie gekommen wären. Etwa die Gewinnung von Froschkaviar, der in China außerordentlich begehrt ist. Die Chinesen sind sehr erfinderisch, sie schaffen kiloweise russischen Froschlaich außer Landes.«

»*Wie bekommt man denn eine Lizenz, um unsere Frösche wegzufangen?*«

»Großer Gott, was denn für eine Lizenz?!«

»*Aber irgendeine Genehmigung müssen die Chinesen doch an der Grenze vorweisen?!*«

»Ich weiß nicht, was sie da zeigen. In der Taiga leben sie jedenfalls völlig abgeschottet, ganz für sich. Und melken die Frösche. Das ist eine ganz üble Art von Wilderei, deren Folgen wir noch zu spüren bekommen werden.«

»*Die Lärchen, die Frösche, diese Ehen mit Russinnen – steht das alles im Zusammenhang mit Chinas neuer Politik des ›Nach-draußen-Gehens‹?*«

»Ja. Diese Linie wurde 1996–1997 entwickelt und zielte auf die Eroberung des Weltmarkts ab. An der Erarbeitung der Strategie waren sämtliche Institute der Akademie der Wissenschaften Chinas – einschließlich der naturwissenschaftlichen – beteiligt. Als die Erkenntnis reifte, dass die geologische Erschließung der eigenen Rohstoffe sehr lange dauern und gewaltige Kosten verursachen würde, brauchte China ein Patentrezept, um die Lage schnell zu ändern. Es bestand darin, im Milliardenumfang billige Waren zu produzieren und damit auf den Weltmarkt vorzustoßen. Was ja auch gelang.«

»Warum mussten die Chinesen ›nach draußen gehen‹?«

»Chinas Bevölkerung besteht mehrheitlich aus Bauern, die zu allen Zeiten den Ursprung der Akkumulation bildeten. Heute, bei einer Bauernschaft von über 500 Millionen, ist das ganz und gar nicht mehr der Fall. Nach dem XVI. Parteitag der chinesischen KP im Jahr 2000 kam die neue Führung zu dem Schluss, dass von der Nation keine Impulse für die Steigerung der Produktivität ausgehen. Die Chinesen machen 20 Prozent der Weltbevölkerung aus, sind aber zu arm, um die Produktivität voranzubringen. Etwa 80 Prozent der Bauern verdienen weniger als einen Dollar am Tag. Ungefähr 60 Prozent haben weniger als einen halben Dollar täglich zur Verfügung. Kann ein Mensch unter diesen Umständen auf dem Markt agieren wollen? An Erneuerung der Produktion interessiert sein? Nein. Berechnungen ergaben, dass 150–170 Millionen Bauern in der nationalen Landwirtschaft verbleiben, die restlichen 250–300 Millionen dagegen aus den Dörfern freigesetzt werden sollten. Nur wohin mit ihnen? Das ist der Hintergrund, vor dem die Strategie der Erweiterung des Lebensraumes, des ›Nach-draußen-Gehens‹ entstand. Die Bauern durften ihre Dörfer verlassen – für China eine Revolution. In sämtlichen industrialisierten Städten und Provinzen gibt es heute Werkssiedlungen ehemaliger Bauern, die Produkte für den Export herstellen. Deshalb sind diese Waren auch so billig. Es entwickelte sich ein neues Migrationsphänomen: China begann gleichsam nach zwei Seiten auseinanderzudriften. Zum einen nach Xingjang, in Richtung russische Grenze, und zum anderen – an die Küste.«

»*Ist dieses Auseinandergehen physisch zu verstehen?*«

»Ja, dort gibt es Arbeit, da kann man Geld verdienen. Aber der angestammte Boden ist hier, und man kann dieses Erbland nicht ganz aufgeben, also wird ein bestimmter Teil der Dorfbevölkerung trotz allem bleiben, und diejenigen, die gegangen sind, werden trotz allem auf die heimische Scholle zurückkehren. Darin liegt eine Besonderheit des Prozesses. Wir kennen bislang die Grundlagen der familiären und zwischenmenschlichen Beziehungen in China nicht gut genug. Es gibt Familien, die vor 100–150 Jahren in den Westen, nach Amerika, gegangen sind und doch zu Neujahr regelmäßig in die alte Heimat fahren. Bei uns in Russland haben sich die Clan-Verbindungen nach der Revolution schnell aufgelöst, in China nicht.«

»*Und wo halten sich diese 250–300 Millionen Bauern, die im ländlichen Raum freigesetzt wurden, heute physisch auf?*«

»Überall und nirgends. Das kommt darauf an. Die Crux besteht darin, dass sich die meisten von ihnen nirgendwo dauerhaft niedergelassen haben. Ein Teil fängt sicher bei uns Frösche.«

4. Juli 2005

DER WAHNSINN DER MITTÄTERSCHAFT
Oder: Das Gesetz der Kontinuität des Bösen. Heute kann kein Mensch mehr irgendjemandem trauen.

Zwei Nachrichten des heutigen Tages.

Das Internet meldet: In der Administration des französischen Premierministers ist ein mit »Mowsar Barajew« unterzeichnetes Schreiben eingegangen, das Terroranschläge in Frankreich ankündigt. Mowsar Barajew war der Anführer der tschetschenischen Rebellen, die im Herbst 2002 das »Nord-Ost«-Musical-Theater besetzt und mehr als 700 Menschen als Geiseln genommen hatten. Der Absender des Drohbriefes bezeichnet sich als Kopf eines Kommandos namens »Diener Allahs«.
Und eine zweite Meldung, die sich auf anonyme russische Geheimdienst-Quellen beruft: In die geplanten Terrorakte in Frankreich ist Russlands Inlandsgeheimdienst FSB verwickelt. Bereits vor einiger Zeit sind per diplomatischer Kurierpost 200 Kilogramm Sprengstoff zur Botschaft der Russischen Föderation in Frankreich geschickt und dort deponiert worden.

Was soll man davon halten? Angesichts der Tatsache, dass Mowsar Barajew erwiesenermaßen tot ist, auch wenn vielfach behauptet wird, »man« habe ihn aus dem Musical-Theater »entkommen lassen«. Und in Anbetracht dessen, dass selbst die diplomatische Kurierpost garantiert nicht zwei Zentner eines Stoffes befördern kann, auf den sämtliche Zollhunde der Welt abgerichtet sind.

Das Phänomen, mit dem wir es hier zu tun haben, ist der Wahnsinn der Mittäterschaft. Eine moderne Krankheit, die rasant um sich greift: Die Zahl derjenigen, die bereit und willens sind, Terroranschläge zu verüben, sich an irgendjemandem für irgendetwas zu rächen, wächst unaufhörlich. Und es bedurfte nicht erst des Massakers vom 11. März in den vier Madrider Vorortzügen, um zu veranschaulichen, wie anfällig deformierte, zutiefst traumatisierte Psychen für dieses Gebrechen sind. Dass das »Spanien-Syndrom« allerdings eine akute Zuspitzung des Krankheitszustands nach sich ziehen kann, ist nicht auszuschließen.

Die Chancen für eine Eindämmung der Krankheit stehen allen Prognosen zufolge schlecht, sehr schlecht sogar. Der Wahnsinn der Mittäterschaft verschlimmert sich nur.

Zum einen in dem Maße, in dem Muslime schlechthin verfemt werden, indem die Islam-Phobie geschürt und der islamischen Welt (in ihrer Gesamtheit wie auf verschiedensten lokalen Ebenen) bei jedwedem Anlass eine »Generalschuld« zugewiesen wird. Denn je mehr wir ihnen antun, desto mehr tun sie uns an. Nach dem seit Urzeiten bekannten Gesetz der Kontinuität des Bösen.

Zum anderen in dem Maße, wie Unfähigkeit, Ineffizienz und Verlogenheit der Geheimdienste der zur Antiterror-Koalition gehörenden oder mit ihr kooperierenden Staaten immer deutlicher zutage treten. Je mehr Terroranschläge es gibt, desto mehr Mittel und Vollmachten – einschließlich des Rechts auf Anwendung nichtlegaler Methoden – verlangen die Nachrichtendienste. Mit der Begründung, den jeweils in Erscheinung tretenden Zweig der Al Qaida »am Schlafittchen packen« zu wollen. Was jedoch regelmäßig misslingt. Dann kommt es zum nächsten Terroranschlag, und das Ganze wiederholt sich. Geheimdienstchefs, die mehr Geld und Macht eingefordert haben, ohne Gegenleistungen zu erbringen, werden (sieht man einmal von Spanien ab) keineswegs wegen Nichterfüllung ihrer Pflicht vom Dienst suspendiert, sondern erwarten vielmehr noch Orden. Mit sorgenvoll gekrauster Stirn geben sie sich weiterhin den Anschein, als gingen sie ernsthaft ihrer hehren Mission nach.

Wodurch die Zahl derjenigen, die bereit sind, Sprengsätze zu zünden und Bomben zu werfen, allerdings nicht im Mindesten abnimmt. Im Gegenteil, das Heer potentieller Terroristen wächst. Zudem glauben immer weniger Menschen an den Mythos, man brauche nur Osama bin Laden zu fangen, dann werde man wieder ruhig leben. Immer weniger können sie sich des Gedankens erwehren, den Geheimdiensten nütze diese ganze Aufregung um den internationalen Terrorismus durchaus, am Ende seien sie, die Geheimdienste, Fleisch vom selben Fleische ...

Wir durchleben also Zeiten, in denen der nichtstaatliche Terrorismus fest mit dem Staatsterrorismus verflochten ist, in denen beide einander ergänzen und sich gemeinschaftlich an uns schadlos halten. Wir können weder dem einen noch dem anderen entfliehen, sind vollkommen schutzlos, sowohl gegenüber unseren eigenen Geheimdiensten als auch gegenüber der wachsenden Zahl derjenigen, die an irgendjemandem Rache nehmen wollen. Für ihren Glauben. Für ihr Schicksal. Für ihr Land. Für ihre Überzeugungen ... und wofür sonst man sich im Leben rächen kann.

Wir bewegen uns im Kreis. Die allgemeine Angst vor Terroranschlägen befördert das unkontrollierte Schalten und Walten der Geheimdienste. Diese tun vermeintlich, was notwendig ist, zugleich aber auch, was sie wollen, und damit eigentlich nichts richtig, ihre zügellose »Terroristenjagd« löst lediglich neue Terrorakte aus. Und schon hören wir wieder Forderungen nach Sonderbefugnissen, nach der Zulässigkeit selektiver – sprich: außerlegaler – Gewaltanwendung ...

Wem kann ein Mensch unter diesen Umständen überhaupt noch trauen? Absolut niemandem. Der allgegenwärtige totale Glaubensverlust gegenüber der Staatsgewalt verstärkt den Wahnsinn der Mittäterschaft noch.

Urteilen Sie selbst: Man möchte meinen, der Aberwitz der eingangs angeführten Meldungen über eine zu erwartende Terrorwelle in Frankreich und die Lieferung dafür vorgesehener Sprengstoffe per Diplomatenpost nach Paris sei offensichtlich. Man könnte sogar darüber lachen: Nein, was im Internet so alles zusammenfantasiert wird! Doch zwischen den »Fantastereien des Internets« und uns liegen die Ereignisse in Katar, wo Mitarbeiter der russischen Geheimdienste am 13. Februar 2004 in der Stadt Doha den Tschetschenenführer Selimchan Jandarbijew in die Luft sprengten. Die Täter konnten nicht alle Spuren verwischen, wurden verhaftet und haben inzwischen den politischen Mord gestanden.

Weitere Kommentare erübrigen sich. Das Bombenattentat von Doha beweist – und dabei handelt es sich nun keineswegs mehr um eine Version von Jounalisten –, dass Russland wieder zur Sowjetunion geworden ist. Praktiziert der Staat doch politischen Terror nicht nur innerhalb der eigenen Grenzen, in Tschetschenien, sondern »liquidiert«, wo immer er will. Nach der Ermordung Jandarbijews kann man über die vier Zentner Sprengstoff in der Diplomatenpost nicht mehr lachen.

Jetzt weiß jeder in Russland: In Frankreich irgendetwas in die Luft zu jagen ist für »unsere Leute« lediglich eine Frage der Technik, nicht der Zulässigkeit. Auf einem anderen Blatt steht, dass manche den von Wladimir Putin eingeschlagenen Kurs des politischen Terrors unterstützen, während andere ihn kategorisch ablehnen. Aber das sind bereits Feinheiten. Das ändert nichts an der Hauptsache: Eine solche Mittäterschaft des Inlandsgeheimdienstes FSB (oder des militärischen Abschirmdienstes GRU) ist real, weil die Geheimdienste alles dürfen.

Womit sich erneut die Frage erhebt: Wem kann man noch glauben? Wem trauen, wenn man die Rolltreppe zur Metrostation hinunterfährt, in eine Vorortbahn einsteigt, sich an Bord eines Schiffes, eines Flugzeugs begibt, zu Hause schlafen legt?

Niemandem. Und dieses Misstrauen wird die Regierungen, die es gesät haben, letztendlich hinwegfegen. Unbedingt. Das zum einen. Zum anderen aber führt es auf direktem Wege zu geistigem Radikalismus. Einem Radikalismus, bei dem die einen aus Frustration Skins werden, die anderen Muriden des Gazavat, die Dritten ... Und was ein vom Wahnsinn der Mittäterschaft befallenes Hirn morgen hervorbringt, weiß keiner.

Die Welt muss innehalten – und damit beginnen, sich nicht über Ausrottungskoalitionen zu verständigen, sondern über den eigenen Fortbestand. Früher oder später wird der Wettlauf des Wahnsinns, dessen Augenzeugen wir heute sind, natürlich dazu führen. Fragt sich nur, um den Preis welcher Opfer.

18. März 2004

TEIL VI
NACH DEM 7. OKTOBER 2006

SOJA JEROSCHOK

(Kommentatorin der »Nowaja Gaseta«)

Ein integrer Mensch

Wir waren keine Freundinnen, doch wenn wir miteinander ins Gespräch kamen, redeten wir lange. Zumeist nach Annas Dienstreisen. Dann erzählte sie von den Menschen, über die sie gerade schrieb. Sehr ausführlich und sachlich.

Annas Arbeitszimmer war ein »Empfangsbüro« für ganz Russland. Dort saß immer irgendjemand, dem etwas Schlimmes widerfahren war. Sie hörte stundenlang zu, fragte gründlich nach, holte die Betroffenen aus ihrem Unglück heraus, brachte sie zurück ins Leben. In der Redaktion habe ich Anna nur arbeitend gesehen, ich kann mich nicht erinnern, dass sie auch nur ein einziges Mal einfach in der Redaktionsküche Kaffee getrunken oder müßig geplaudert hätte.

Anna war eine geradlinige, ehrliche und furchtlose Journalistin. Absolut uneigennützig und einmalig. In ihrer siebenjährigen Tätigkeit bei der »Nowaja Gaseta« veröffentlichte sie reichlich 500 Artikel. In mehr als vierzig Fällen führten Annas Recherchen dazu, dass Strafverfahren eröffnet oder Ermittlungen eingeleitet wurden.

Was Anna schrieb, besaß ein spezifisches Gewicht und ging weit über jedes noch so gekonnte journalistische Schreiben hinaus. Ihre Worte werfen Schatten. Sicherlich, weil sie Kraft besitzen. Rettende oder entlarvende Kraft. Überwiegend – rettende. Trotz der Vielzahl kritischer Artikel. Denn Anna dachte immer daran, für wen sie schrieb. Und worüber. Nichtssagendes gab es bei ihr nicht.

Anna Politkovskaja, das ist Journalismus der blank liegenden Nerven. Journalismus, in dem nichts leicht und einfach daherkommt, sondern alles ernsthaft und verantwortungsbewusst ist. Ein außerordentlich klarer, prägnanter Journalismus. Kein euphorischer Kampfrausch, keine Lust am Klingenkreuzen. Vielmehr das Bewusstsein, dass derartige Auseinandersetzungen unausweichlich sind.

Anna hat viel über Tschetschenien geschrieben. Ich denke aber, ihr Thema waren überhaupt die einfachen Menschen aus dem einfachen, normalen Leben. Jene Menschen, die das geliebte Vaterland längst nicht einmal mehr als Vieh (das ist immerhin lebendig), sondern als etwas Dingliches, als unbelebte Materie betrachtet. Viele haben sich damit abgefunden. Anna keinesfalls.

Der Dichter Naum Korshawin fragt in seinem »Existentiellen Poem«: »Besteht das Gesetz tatsächlich in einem irren Wettbewerb, wer wen opfert um des Gemeinwohls willen?« Einen derartigen Wettbewerb hatten wir in der Stalin-Ära. Und er hat uns Verderben gebracht. Aus Boris Pasternaks Gedicht »Wandel« stammt der Vers: »Verdorben wurd' ich seit der Zeit, da der Verderb die Zeit berührte, seit man zur Schmach erklärt' das Leid, und optimistisch sich gerierte.« Die Zeile »… und optimistisch sich gerierte« ist auf diejenigen gemünzt, die der Anblick fremden Leids nicht anficht, die selbst dann unerschütterlich guten Mutes bleiben. Die meinen, man könne so leben. Und so zu leben bedeute, auf der Höhe der Zeit zu sein. Obwohl wir doch alle, selbst oder gerade die Distinguiertesten unter uns, nur einfache Sterbliche sind vor Gott.

Anna kehrte ihre Außergewöhnlichkeit nie heraus, stellte nicht zur Schau, was es kostet, sich treu zu bleiben. Sie war ein durch und durch aufrichtiger Mensch, ohne billige Gefühlsduselein, ohne Seifenopern-Rührseligkeit. Doch es war für sie undenkbar zu akzeptieren, dass es Menschen geben sollte, die kein Mitgefühl verdienen. Überflüssige Menschen. Als im Namen des Volkes ein Volk niedergemetzelt wurde, sah Anna nicht schweigend weg wie viele andere.

Anna Politkovskajas Form des Widerstands war Offenheit. Sie hasste das Böse ebenso unverhohlen, wie sie das Gute liebte. Und ließ sich niemals, um keinen Preis der Welt, auf Kompromisse mit den Menschenfressern ein. Anna litt darunter, dass die echten Beziehungen zwischen den Menschen verloren gegangen sind. Dass sich ein Volk nach Nationalitäten aufspaltet. Oder in Arm und Reich.

Anna trug auf ihren Schultern – und in sich – eine Bürde, die die Kraft einer ganzen Hundertschaft von Journalisten überstiegen hätte. Das Leben machte sie entschlossen, lehrte sie professionell und effektiv zu arbeiten. Und dabei stets auf der Seite der Menschen zu stehen, die Welt mit den Augen der Schutzlosesten, der Vergessenen zu betrachten.

Anna war kein Idol der Intelligenzija. Die Intelligenzija nicht ihr Idol. Dass die normalen Menschen des normalen Lebens keinen Platz in der neurussischen Realität mit ihrem protzigen Reichtum fanden, warf Anna nicht nur den Regierenden vor, sondern auch denjenigen, »von denen nichts direkt abhing – außer ihrer Solidarität«. Doch selbst auf eine solche »Kleinigkeit« wie die Solidarität der Intelligenzija wartete die Bevölkerung fast durchweg vergeblich. Die einfachen Menschen werden nicht zur Kenntnis genommen, stehen »außerhalb der Grenzen unseres Mitempfindens«, wie es Naum Korshawin hart, aber zutreffend formulierte.

Anna Politkovskaja bekämpfte die Demagogie der sozialen Gerechtigkeit, wusste sie doch: Gerechtigkeit kann weder eingeführt noch erlangt, sondern nur erarbeitet werden. Und Anna arbeitete daran, mitunter ganz allein. Auf sie trifft zu, was Alexander Wolodin in einem Gedicht zum Ausdruck brachte: »Die Eliten, die mich umgeben, sind satt, sauber und fein, ich habe meine eigene Linie, will Teil keiner einzigen sein.«

Anna bestellte das journalistische Feld, das sie für sich erschlossen hatte. Abseits von allen anderen. Aber sie suchte Verständnis, selbst auf die Gefahr hin, missverstanden zu werden. Anna wollte niemanden überschreien, ihr Vorschlag lautete vielmehr: einander wahrnehmen und verstehen. Sie wurde von der Frage umgetrieben, wo und wie sich ein ausgewogenes Maß an wechselseitigem Respekt zwischen Gesellschaft und Individuum finden lässt.

Anna Politkovskaja war eine Journalistin, der die Verbundenheit mit Russland sehr viel bedeutete. Heute zerreißen sich Pseudopatrioten wutschäumend das Maul über Annas amerikanische Staatsbürgerschaft. Ihnen passt nicht, dass sie als Tochter sowjetischer Diplomaten in den USA geboren wurde. Ich will niemanden von seiner Meinung abbringen, sondern sage nur: Anna hat Russland geliebt. Russland war ihr Leben. Patriotismus ist nicht nationaler Egoismus, nicht Selbstbehauptung um jeden Preis, sondern Liebe. Auf das Angebot zu emigrieren reagierte sie mit den Worten: »Die ›Nowaja Gaseta‹ braucht mich noch.«

Einmal erzählte mir Anna von einem ihrer Artikel: In das Haus einer tschetschenischen Familie waren eines Nachts Uniformierte eingedrungen und hatten den sechzehnjährigen Sohn entführt. Die Eltern suchten lange nach ihm, fanden ihn aber nicht. Dann wurde ihr Haus zerbombt, sie mussten fliehen, schlugen sich in Mittelrussland durch, hausten in irgendwelchen Kellern. Sie besaßen nichts mehr aus ihrem alten Leben, nicht einmal Familienfotos. Und dann kamen sie zu Anna, erzählten von ihrem Sohn. Von seinem Charakter. Seinen Vorlieben. Den Büchern, die er mochte. Wie er gelächelt hatte. Anna schrieb darüber. Danach kamen die Eltern noch einmal, um ihr zu danken. Annas Artikel – das Einzige, was sie noch von ihrem Sohn besaßen – hing jetzt in einem Bilderrahmen unter Glas an der Wand. »Es ist wichtig, dass etwas bleibt, und sei es nur auf Zeitungspapier«, sagten sie.

… Anna Politkovskaja hat mehr getan als ihre Pflicht.

JELENA MOROSOWA

Eine eigenständige schöpferische Einheit

MLAN, der seit 40 Jahren bestehende wunderbare Bund MA-SCHA-LENA-ANNA, zerfiel am 7. Oktober 2006. Die Kugeln der Makarow-Pistole trafen Anna, das Herz des Dreigespanns.

Wir waren seit frühester Kindheit befreundet. Und zwar nicht, um uns gegen irgendjemanden abzugrenzen, wie das heute oft der Fall ist, sondern einfach, weil wir einander sehr nahe standen und grenzenlos vertrauten. Mit allen daraus resultierenden Verpflichtungen. Eine Freundschaft, besonders eine so langjährige, ist ein lebendiger Organismus. Wie die Moleküle einer Zelle zogen wir einander einmal stärker an, um uns ein anderes Mal wieder abzustoßen, lebten eine Zeit lang autonom, um dann aufs Neue zusammenzufinden. Immer baten wir Anna, über uns zu schreiben, denn im MLAN-Bund passierte so viel Interessantes, das Leben ersann solche Sujets, um die uns die Drehbuchautoren sämtlicher Fernsehserien beneiden konnten. Aber Anna nahm unsere Bitte nicht ernst und erklärte, wenn sie einmal alt sei, die Enkel hüten und an das Haus gebunden sein würde, könne sie es sich ja immer noch überlegen. In den vergangenen zehn Jahren klappte es allerdings nicht mit dem Zuhausebleiben. Regelmäßig verschwand Anna aus unserem bequemen, geordneten Leben im Zentrum Moskaus, kehrte wie eine Stalkerin wieder und wieder zurück in jenes andere, furchtbare Dasein, wo der Krieg tobte und Menschen umkamen, wo es Schmerz und Leid gab. Sie flog dorthin, um zu helfen, zu retten, Hoffnung zu machen und die Wahrheit zu ergründen. Aus Angst um den Frieden unserer Familien wehrten wir uns instinktiv dagegen, diesen Krieg in unsere Herzen einzulassen. Wir beschworen Anna, sie lebe doch nur ein einziges Mal, sie solle an ihre eigenen Kinder denken, an ihre

Eltern, sie dürfe kein derartiges persönliches Risiko eingehen. Anna versuchte gar nicht erst zu widersprechen. Sie hielt es einfach für ihre Pflicht, fremdes Leid zu lindern. In den letzten Jahren hatte sie auf den Fotos, die wir traditionell bei unseren fröhlichen Zusammenkünften machten, stets traurige Augen. Jenes andere Dasein ließ sie nie ganz los.

Anna war absolut überzeugt, die richtige Lebenswahl getroffen zu haben. Sie wollte für die Durchsetzung der Gerechtigkeit streiten, die Interessen der Schwachen und Gedemütigten verteidigen. So leben Vorkämpfer, Wegbereiter. Doch leben sie leider nicht lange, wie die Geschichte lehrt. Anna kann nicht mehr schreiben. Deshalb schreiben wir jetzt über sie.

Die Idee, einen Bund zu schließen, wurde geboren, als wir, uns bei den Händen haltend, wieder und wieder von einem Garagendach in eine hohe Schneewehe sprangen. Ich glaube, heute gibt es solche kinderfreundlichen Garagenbesitzer gar nicht mehr. Einige Monate zuvor waren wir in die Klasse 1 B gekommen, alle drei besaßen wir das Zeug zur Anführerin, und unsere kindliche Intuition ließ uns ahnen, dass es besser war, sich zusammenzutun, einen Kern zu bilden, der die anderen wie ein Magnet anzog, als gegeneinander um die Vorherrschaft unter den Mitschülern im Klassenverband zu kämpfen. Wir brannten natürlich darauf, gute Taten zu vollbringen, schließlich wuchsen wir mit den Novellen Valentina Ossejewas und Arkadi Gaidars, den Erzählungen über heldenhafte junge Pioniere, heran.

Unsere erste gute Tat bestand darin, dem ewigen Viererkandidaten Wowa bei der Vorbereitung auf eine Reihe von Klassenarbeiten zu helfen, damit seine beschämend schlechten Noten besser wurden. Also trafen wir uns bei Anna, die eine überzeugende Form des Ansporns vorschlug: Für jeden Fehler in den Mathematikbeispielen musste Wowa mehrere Bonbons aus kandierten Moosbeeren verdrücken. Die klebrigen roten Kugeln waren schnell alle, aber die

Fehler verschwanden trotzdem nicht. Am nächsten Tag fehlte Wowa in der Schule. Es stellte sich heraus, dass er nichts Süßes essen durfte, und der furchtbare Ausschlag, den er von den Bonbons bekommen hatte, plagte ihn noch lange. Bald darauf mündete unser Bestreben, der Welt Gutes zu tun, in einem neuen Entschluss: Wir wollten auf Verbrecherjagd gehen. Täglich kamen wir auf dem Weg zur Schule an einer Anschlagtafel vorbei, und das dort aushängende Plakat »Von der Miliz gesucht« inspirierte uns zu Heldentaten. Mehrere Tage verfolgten wir einen verdächtigen Mann, der irgendwo in der Nähe wohnen musste. Kann sein, dass er wirklich eine kriminelle Vergangenheit besaß, denn die meiste Zeit verbrachte er in Gesellschaft von Saufkumpanen aus der Umgebung oder trieb sich ziellos auf der Straße herum. Wir waren ehrlich überzeugt, einen gefährlichen »Volksschädling« ausgemacht zu haben. Die Heimat würde uns nicht vergessen. Später erinnerten wir uns oft daran, wie uns die Milizionäre in einen Motorradbeiwagen setzten und wir mit glänzenden Augen und wehenden Pionierhalstüchern durch die Innenhöfe fuhren – auf der Suche nach dem nämlichen »Subjekt«. Wir haben nie erfahren, was der mutmaßliche Verbrecher auf dem Milizrevier zu hören bekam, doch noch viele Jahre lang ging er bei unserem Anblick jedes Mal auf die andere Straßenseite.

Wir waren gute Schülerinnen, organisierten sämtliche Klassenfeste einschließlich der obligaten Kultureinlagen, gestalteten Wandzeitungen, kauften Geschenke für die Jungen zum Tag der Sowjetarmee am 23. Februar, waren in verschiedenen künstlerischen Zirkeln aktiv. Kurzum, wir lebten nach dem Prinzip »den Feinden zum Verdruss, Mama zur Freude«. Anna war zehn Jahre lang Klassenbeste mit lauter Einsen. Standen Kontrollarbeiten oder Aufsätze an, balgten sich die Mitschüler um die besten Plätze in ihrer Nähe, war ihnen damit doch eine gute Note sicher. Kam Anna morgens ins Klassenzimmer und erklärte, sie habe diese oder jene Aufgabe nicht lösen können, gab es für uns keinen Zweifel, dass es sich um eine überhaupt unlösbare Aufgabe handelte. Anna besuchte auch noch erfolgreich eine Musikschule, hatte also weitaus weniger Zeit als ihre Mitschüler für unbeschwerte Spiele im Hof. Sie wusste von klein auf, was Disziplin und Arbeit bedeuten.

Als Jugendliche entwickelte Anna jene Eigenschaften, die später ihre gesamte Persönlichkeit prägten: Sie reagierte allergisch auf jede Art von Ungerechtigkeit, ließ keine absoluten Autoritäten gelten, sagte allen die Wahrheit ins Gesicht, ohne einen Gedanken an die Folgen zu verschwenden. Anna brachte es fertig, das Klassenbuch vor dem Lehrer auf den Tisch zu knallen, wenn sie glaubte, er habe einen Schüler absichtlich schlecht bewertet, sie stritt mit dem Direktor, den selbst die Pädagogen fürchteten, um einen ungerecht behandelten Mitschüler zu verteidigen. Anna war in allem eine Maximalistin. Wenn sie hitzig diskutierte, bekam sie rote Flecke auf den Wangen, sie konnte sehr schroff sein. »Mit Ostap gehen mal wieder die Pferde durch!«, witzelten wir in Anspielung auf Ostap Bender, den forsch-gewitzten Protagonisten der Satire »Die zwölf Stühle« von Ilf und Petrow. Anfangs kränkte uns diese Kompromisslosigkeit manchmal, später sahen wir einfach darüber hinweg, gaben bei Meinungsverschiedenheiten rechtzeitig nach oder wechselten das Thema, damit Anna nicht aufbrauste. An dieser Gewohnheit hielten wir unser gesamtes Leben fest.

Es dauerte nicht lange, bis die gesellschaftliche Aktivität unserer Freundin ein neues Niveau erreichte. Anna begann nachzudenken über die Gerechtigkeit des »entwickelten Sozialismus«, der in der Ära Leonid Breshnews in der Sowjetunion Einzug gehalten haben sollte. Sie verabscheute die Verlogenheit, von der das System durchdrungen war. Uns verwunderte, warum sie die Spielregeln ändern wollte, statt sich ihnen anzupassen, wie es die Mehrheit tat. Es hatte doch keinen Sinn sich aufzulehnen, das sah schließlich jeder. Anna aber verstand ehrlich nicht, dass wir so gleichgültig sein konnten und die gesellschaftlichen Zustände hinnahmen. Bereits die ersten Artikel, die sie in Zeitungen veröffentlichte, waren brisant und hochaktuell. Als wichtigste Triebfeder für ihre journalistische Tätigkeit betrachtete Anna die Notwendigkeit, die Missstände, über die sie schrieb, zu beheben, die Verantwortlichen ausfindig zu machen und zu bestrafen.

Wir wurden erwachsen. Anna heiratete zuerst, bekam – noch ganz jung – als Erste von uns dreien ein Kind. Ihre Eltern waren besorgt, weil sie sich so früh die alltäglichen Belastungen eines Familienlebens auflud. Nie vergesse ich, wie Anna einmal für ein paar Tage zur Erholung zu mir auf die Datscha kam: den dreijährigen Ilja an der Hand, die einjährige Wera auf dem Arm, dazu noch einen Klappkinderwagen, Nachttöpfchen, Anziehsachen, Kindernahrung und Bücher. Und das alles ohne Auto, zuerst mit der Metro und dem Bus, dann noch mit der Regionalbahn, und zum Schluss zu Fuß bis zu unserem Sommerhaus. So einen Weg schafft nicht jede junge Mutter. Aber Anna hat sich nie vor Schwierigkeiten gefürchtet. Um Ilja und Wera schneller ein Klavier kaufen zu können, nahm sie eine zweite Arbeit an – als Putzfrau in einem Schneideratelier im Erdgeschoss ihres Wohnhauses. Als das rare Instrument bald darauf erstanden war, diente es nicht nur dazu, ihm Töne zu entlocken, sondern auch noch als Bücherregal, Schreibtisch, Bügelbrett und Stellplatz für den Käfig mit dem Papagei. Die Familie der beiden angehenden Journalisten Anna und Alexander Politkovski lebte damals mehr als bescheiden. Anna war endlos damit beschäftigt, Frühstück, Mittagessen und Abendbrot auf den Tisch zu bringen, zu waschen, aufzuräumen, den Kindern Musik- und Zeichenunterricht zu geben, ihnen Allgemeinwissen zu vermitteln. Wenn ihr der Haushalt wieder einmal über den Kopf zu wachsen drohte, rief sie oft trotzig: »Ich bin auch eine eigenständige schöpferische Einheit!« Allerdings blieb Anna kaum Zeit für »Schöpfertum«, schreiben konnte sie nur nachts, wenn die Kinder im Bett lagen und die häuslichen Arbeiten erledigt waren.

»Je schwieriger die Lebensumstände, desto besser sieht Anna aus«, scherzten wir damals. Unsere Freundin war sehr hübsch und schien geradezu den Macho-Spruch »Schwierigkeiten schmücken eine Frau« zu verkörpern. Probleme brachten Anna nicht aus der Fassung. Sie konnte augenblicklich ihre Willenskraft mobilisieren, sich wie eine Athletin vor dem Sprung sammeln und dann zielgerichtet auf das Malheur losgehen.

Im Alltag war Anna völlig anspruchslos. Sie hatte weder Zeit noch Geld, um die neue Wohnung in der Lesnaja-Straße, die am 7. Oktober 2006 traurige Berühmtheit erlangen sollte, vollständig einzurichten. Sie kleidete sich geschmackvoll, aber schlicht. Schmuck und teure Designerstücke ließen sie kalt. Der Henkel der geliebten schwarzen Handtasche, die sie bei ihren zahlreichen Recherchereisen nach Tschetschenien stets bei sich hatte, war mit Leukoplast umwickelt, und es kostete viel Mühe, sie zum Kauf einer neuen zu überreden. In der Flanke ihres uralten »Shiguli« klaffte ein Loch unbekannten Ursprungs, aber Anna wollte kein anderes Auto. Sie liebte es, sich neue Rezepte anzueignen, und befolgte dabei peinlich genau alle Anweisungen. Oft fehlten ihr aber Zeit und Lust, etwas für sich zuzubereiten. Die einzigen Lebensmittel, die sie stets im Hause hatte, waren Honig, Käse, Zwieback und Tee.

Wir verbrachten unser ganzes Leben in Sichtweite zueinander, und doch bleibt für uns rätselhaft, wie Anna in zwei Parallelwelten zugleich existieren konnte: der einen, gewohnten, die die meisten Frauen kennen, und der anderen, der Welt einer Journalistin, die investigativ arbeitet, Verbrechen enthüllt, vor allem die wunden Punkte und Unzulänglichkeiten der Gesellschaft thematisiert, fremdes Leid wahrnimmt, als sei sie selbst betroffen, keine Mühe scheut, um wenigstens einen einzelnen Menschen weniger unglücklich zu machen. Im »friedlichen« Leben widmete Anna viel Zeit ihren Kindern, war ihnen eine echte Freundin und Ratgeberin. Oft kam sie auf einen Sprung bei uns vorbei, wir saßen in der Küche, tranken den obligaten Tee, plauderten über alles Mögliche, bemüht, jene andere, parallele Welt nicht zu erwähnen. Anna war eine wunderbare Gesprächspartnerin, sie erzählte sehr plastisch, hörte aufmerksam zu. Man konnte sie immer um Hilfe bitten. Als mein Sohn geboren wurde, verließ Anna ihre Geburtstagsfeier, um im Entbindungsheim einen Glückwunschbrief für mich abzugeben. Mobiltelefone gab es damals noch nicht. Unentschlossenheit und Willensschwäche konnte Anna nicht ausstehen. Persönliche Freiheit besaß für sie einen hohen Stellenwert. Anna Politkovskaja war ein sehr schwieriger Mensch, doch wir wussten immer, dass wir es mit einer echten Persönlichkeit zu tun haben.

Anna WAR ... Wir können uns nicht an die Vergangenheitsform gewöhnen. Der Schmerz des Verlustes wird erst kommen. Jetzt scheint uns noch, Anna ist wieder einmal auf Recherchereise, unser Anrufbeantworter springt an, und wir bekämen ihren Lieblingsspruch zu hören: »Grüß dich, hier ist Anna von der anderen Straßenseite, ruf an!« Anrufen kann man sie nicht mehr, aber unsere Gedanken sind ständig bei ihr. Du fehlst uns so sehr, Anjuta.

ALEXANDER POLITKOVSKI

Gebetskontakt

Herr, mache mich zum Werkzeug Deines Friedens:
Dass ich Liebe bringe, wo man sich hasst.
Dass ich Versöhnung bringe, wo man sich kränkt.
Dass ich Einigkeit bringe, wo Zwietracht trennt.
Dass ich Glauben bringe, wo Zweifel quält.
Dass ich Wahrheit bringe, wo Irrtum herrscht.
Dass ich Hoffnung bringe, wo Verzweiflung droht.
Dass ich Freude bringe, wo Traurigkeit ist.
Dass ich Licht bringe, wo Finsternis waltet.

»Marina Zwetajewa. Unveröffentlichte Briefe.« Damit fing alles an. Meine Kommilitonen von der Journalistik-Fakultät feierten irgendetwas in der Wohnung von Annas Eltern. Ihre ältere Schwester Lena war in unserem Studienjahr. Die Schülerin Anna und ich saßen in der Küche, gemeinsam versuchten wir, die verborgenen Sinngehalte in den Briefen der Dichterin zu ergründen. Über so etwas sprach Professor Rosental in seinen Vorlesungen nicht. Das verbotene Buch hatte Annas Vater, der bei der UNO arbeitete, aus Amerika mitgebracht.

Dann nahm Anna ebenfalls ein Studium an unserer Fakultät auf. Ich kam aus einem Moskauer Plattenbau, war in eine Schule der Arbeiterjugend gegangen. Ein ellenlanger Lulatsch, der als Knirps sein erstes Geld beim Münzenspiel Rasschibalowka verdiente – zwischen den Konzertbesuchen mit Mama. Anna hatte eine Spezialschule absolviert und lebte nach den Idealen der klassischen Literatur. Eine stürmische Romanze, die schnell zu einer festen Beziehung wird. Ein Praktikumssommer mit regem Briefwechsel. Der herbe Duft ihres Sandelholzparfüms. Unsere Studentenhochzeit. Eine Einzimmerwohnung in einem Betonklotz aus der Chruschtschow-Zeit. Blümchen an der Schirmmütze, in der Hand ein Einkaufsnetz mit einer Flasche »Moskovskaya« und einem Schwarzbrot, in diesem Aufzug erscheint der Bräutigam, um die Braut abzuholen. Das Diplomatenhaus hat wenig Sinn für diese Art von Humor. Danach – sozialistische Armut und Freude über die Entstehung neuen Lebens.

Als Sohn Ilja auf die Welt kommt, witzeln die Freunde: »Prima gemacht! Der kann morgens Bier holen.« Hat er aber nicht. Kein einziges Mal in all den Jahren. Gott sei Dank. Dafür habe ich sämtliche Moskauer Apotheken abgeklappert auf der Suche nach Dillwasser gegen Koliken.

Dann eine Tochter. Hurra! Jetzt sind wir komplett. Als Journalist des klingenden, gesprochenen Wortes wünsche ich mir: Polina Politkovskaja. Alle ringsum sind dagegen. So heißen doch nur Tiger-Dompteusen im Zirkus! Der Kampf endet zu meinen Ungunsten. Na gut, dann also Wera.

Später, in der Schule, schikaniert ein nationalistisch überfrachteter Zeichenlehrer mit dünnem Ziegenbärtchen die Kleine wegen ihres Namens. Er hält ihn für jüdisch. Zu Hause entbrennt ein Konflikt. Ich will den Lehrer mit Schlägen Mores lehren. Anna hält dagegen, das sei nicht die richtige Methode, und verteidigt standhaft die Zähne des Paukers. Letztendlich siegt ihr Humanismus. Wir sprechen lange mit Wera: Der Lehrer ist auf einer falschen Fährte, du hast nicht die Nationalität, die er vermutet. Aber erniedrige dich nicht so weit, ihm das beweisen zu wollen. Geh einfach darüber hinweg. Trotzdem, Polina wäre besser gewesen.

Als eingefleischter Aquarianer, der überdies die Lebensschule der Moskauer Straßen hinter sich hat, möchte ich, dass zu Hause wehrhafte Kampffischchen heranwachsen. Anna favorisiert eine intellektuellere, literarisch-musikalische Erziehung. die beiden Ansichten passen nicht zusammen. Die Kinder könnten sich ja die

Hände verletzen. Wie sollen sie da ein Instrument spielen?! Meine Mutter unterrichtet ihr Leben lang in einer Musikschule. Das Ergebnis: eine Wohnung, erfüllt vom Kratzen der Geigenbögen und polternden pädagogischen Kommandos. Später absolviert die Tochter – eher aus Trägheit – sogar ein Konservatorium, aber weder Wera noch Ilja bleiben bei der Musik.

Dazwischen – Annas Diplom. Natürlich mit einer Arbeit über Marina Zwetajewa, die Verteidigung ist glänzend. Die rosarote Wolke unserer Studentenromanze verschwindet, die Beziehungen ordnen sich. Sowohl im Ehe- als auch im Berufsleben. Dann mein erster Fernsehjob im georgischen Rustawi. Die Qual meines allerersten Manuskripts. Abend. Anna hat den Kindern vorgelesen – das Märchen vom standhaften Zinnsoldaten oder Geschichten vom kleinen Gavroche. Das eine aus ihrer, das andere aus meiner Kindheit. Als die Kinder im Bett sind, hilft sie mir. Anna diktiert: »So konnte der Mensch den Mythos von den Siebenmeilenstiefeln teilweise in der Idee des Verbrennungsmotors materialisieren.« Was sich auf ein Motorradrennen bezieht. Quatsch mit Soße, aber ich vergesse den Satz nie wieder im Leben, vielleicht, weil er nicht von mir stammt. Alles wird haargenau so gesendet. Noch Jahre später lachen wir über uns, nachts in der Küche in der Herzen-Straße, bei einer Flasche »Becherovka«. Hinter der aufdringlichen Süße der bittere Geschmack von Wermut, den wir so lieben.

Jetzt gehört die Wohnung uns. Wir teilen sie mit Solly Zeus Smile, oder einfacher: dem Dobermann Martyn, der sich so gar nicht dobermännisch benimmt. In unserer hektischen Wohnung wächst ein Hund heran, der viel und laut bellt, gern schmust wie eine Katze und mit seinem ganz besonderen Hundesinn untrüglich die wenigen Feinde ausmacht. Als er anderthalb Jahre alt ist, rettet ihn Anna vor dem Tod. Alle zwei Stunden verabreicht sie ihm Spritzen. Meine Freunde bieten an, dass wir Martyn zu ihnen in die Kinderklinik bringen, sie ihm einen Venenkatheter setzen und uns eine

Menge Sorgen abnehmen. Anna wird wütend: »Alexander und ich stehen abwechselnd auf, so etwas Unmenschliches kommt nicht in Frage!« Ich bin Abgeordneter des Obersten Sowjets. Mitglied des Komitees für Menschenrechte.

Einmal, noch vor unserer Hochzeit, bringe ich Anna von der heißgeliebten Diplomatenhaushaltsschokolade ab, indem ich sie mit dem Religionsphilosophen Jewgeni Schiffers bekannt mache. Ich habe ihn kennengelernt, als ich vierzehn war, und natürlich seine gesamte Bibliothek gelesen. Er rückt gern jugendliche Köpfe gerade. Anna versucht mehrmals, über Schiffers zu schreiben. Nicht besonders erfolgreich. Er nimmt bis zu seinem Tod Anteil an ihrer Arbeit. Als er erfährt, dass sie nach einem Artikel über Unregelmäßigkeiten bei den Auktionen zur Privatisierung von Staatseigentum von einigen »Privatisierern« bedroht wird, dröhnt Schiffers in den Telefonhörer: »Die vernichte ich mit einem Gebet!« Anna versteht das nicht ganz, bekommt aber einen Schreck. Dann schaut sie sich zu Hause seinen Film »Der Weg der Zaren« an. Eine mystisch angehauchte Abhandlung über die Ermordung der Zarenfamilie. Schiffers will uns beweisen, dass keine Genanalyse der Gebeine nötig ist. Es genüge, in Gebetskontakt mit den Ermordeten zu treten. Wieder glaubt ihm Anna nicht so recht. Sie ist weit entfernt von jeder Mystik.

Anna reißt die Seite mit der Widmung aus meinem »Gavroche«. Als Junge habe ich das Buch von dem Literaturwissenschaftler und -kritiker Valentin Nepomnjaschtschi geschenkt bekommen und natürlich an unsere Kinder weitergereicht. Die Beziehungen zu meiner Mutter gestalten sich schwierig.

Streitereien bleiben nicht aus. Meist geht es um Erziehungsfragen. Die Bücher des amerikanischen Kinderarztes Dr. Spock sind Annas Bibel. »Kinder müssen eher schwimmen als laufen« und all dieses Zeug. Ringsum in der Innenstadt nur Kindergärten von Ministerien und Behörden, keine Chance, Ilja und Wera unterzubringen. Ich bin Assistent in der Sportredaktion des Staatlichen Fernsehens, soll über fernöstliche Kampfsportarten berichten. Aber die werden Anfang der 1980er Jahre verboten. Ich orientiere mich um auf Tourismus und Gesundheit. Für Winterschuhe fehlt das Geld. Morgens laufe ich im Hof barfuß durch den Schnee, damit ich auf dem Weg zum Funkhaus Ostankino keine kalten Füße bekomme. Hinter mir trippeln die Kinder, hustend und mit Rotznasen. Die Nerven liegen blank, immer wieder Streit.

Nach ziemlich turbulenten Abenden schreibe ich nachts in der Küche. Es kommen gute Texte heraus. Wir bemerken beide, dass es da wohl eine Gesetzmäßigkeit gibt. Anna ist eifersüchtig auf meine Arbeit. Sie möchte selbst gern schreiben. Hundert Meter von unserem Haus entfernt – die Redaktion der Eisenbahnerzeitung »Gudok«. Geh doch mal hin! Anna kommt entsetzt zurück. Der Chefredakteur hat ihr geraten, einen Artikel so anzufangen: »Wie geht's denn, Eisenbahner?« Das kann man doch nicht schreiben! Und abends weint sie, gefangen im grauen Spinnennetz des Alltags.

Anna wundert sich, dass ich nur beruflich schreibe, für mich selbst keine Zeile. Ich erzähle, wie beim Armeedienst in Spassk-Dalni der Sergeant mein Tagebuch und das – in der Garnisonsbibliothek aufgestöberte! – heißgeliebte »Glasperlenspiel« aus dem Nachtschrank zerrt. Und liest, vor versammelter Mannschaft. Aus dem Tagebuch natürlich. Jetzt, erkläre ich Anna, behalte ich meine Gedanken lieber für mich, dann kann kein uniformierter Idiot darin herumkramen. Danach sehe ich ihr Tagebuch nicht mehr. Unsere Tagebücher sind unsere Artikel. Schreiben, was man denkt, und nicht, wofür es Geld gibt. Was ist das anderes als ein Tagebuch?

Wir haben oft Besuch, außerdem sind viele Theater und Konzertsäle in der Nähe. »Ich bin auch eine eigenständige schöpferische Einheit!«, sagt Anna lachelnd, doch mit Tränen in der Stimme. Dieser Satz stand so oder so ähnlich in einem Buch, das wir an der Journalistik-Fakultät durchgenommen haben. Alle, die bei uns in der Herzen-Straße waren, erinnern sich an Annas Worte, allerdings ahnte niemand, dass sie einmal zu ihrem journalistischen Morsealphabet werden würden.

Anna studiert systematisch das Repertoire aller umliegenden Bühnen. Sämtliche Freundinnen und Nachbarinnen kennen Edward Radsinskis »Lunin oder Jaques' Tod«, das im Theater an der Malaja Bronnaja gespielt wird, in- und auswendig. Was mich fuchst, denn ich habe das Stück kein einziges Mal gesehen. Aber die Ideen der Dekabristen, dieser »adligen Revolutionäre«, die im Dezember 1825 Zar Nikolai I. den Treue-Eid verweigern, werden bei uns zu Hause heftig diskutiert. Noch heftiger diskutieren wir über ihre Frauen.

Im Kinderkaufhaus »Detski mir« ersteht Anna für sich einen Mantel. Dann irgendwo noch eine Kappe aus dem gleichen Stoff. Damit sieht sie aus wie Gavroche. Als ich einmal zu Fernsehaufnahmen fahre, schiebe ich mir die Kappe spaßeshalber auf den Kopf. So erlangt sie landesweite Bekanntheit. Anna will das gute Stück danach nie mehr tragen. Später machen wir uns lustig über die Bitte, die Mütze dem Perestroika-Museum zu überlassen. Anna setzt mir zu: »Für euch Fernsehleute zählt mehr, was ihr auf, und nicht, was ihr im Kopf habt!« Das überzeugt mich. Die Kappe landet ganz hinten in einer Schrankecke.

Marina Goldowskaja, meine Lehrerin an der Journalistik-Fakultät, dreht für Amerika einen Film über unsere Familie. Heute empfinde ich es als Glück, dass darin hauptsächlich Anna vorkommt. Marina bittet mehrfach, den Film auch in Russland zeigen zu dürfen, Anna ist dagegen. Unsere Freunde haben ihre eigene Meinung zu dem Werk. Ich erscheine darin wie der Rote Kommandeur Wassili Tschapajew, der auf den Barrikaden des Bürgerkriegs das Vaterland rettet, Anna wie Tschapajews Helferin Anka, die als MG-Schützin Munition heranschleppt und für Ruhe im Hinterland sorgt. Dem amerikanischen Publikum muss man es sicher so servieren, zu Hause schämen wir uns für die ungewollte Beteiligung am Lügenspiel der Reformer. In Goldowskajas Film »Der Geschmack der Freiheit« hadert Anna mit ihrem Leben, spricht zum ersten Mal öffentlich von Scheidung. Unser beider Lieblingsszene in dem berühmten historischen Spielfilm »Tschapajew« aus dem Jahre 1934 ist übrigens folgende: Die Weißgardisten greifen an. Die Rotarmisten schicken ihnen MG-Garben entgegen. »Die halten sich gut!«, sagt einer. Darauf der verächtliche Kommentar nach Plebs-Manier: »Intelligenzler!«

Bei uns zu Hause – die Helden meiner Sendungen. Der Unternehmer Artjom Tarassow spricht die ganze Zeit von Masut. Wir verstehen nicht ganz, worum es genau geht, aber abends reden Anna und ich über Russland, über die Erdölschwemme, die alles auf den Kopf stellen wird. Man sieht es doch schon: Die sogenannten »Demokraten« betten ihre müden Glieder in sündhaft teuren Villen an der Rubljowo-Chaussee zur Ruhe. Immer schön nahe heran an Stalins Lieblingsdatschas. Korrupte Staatsbeamte erhalten hohe Auszeichnungen. Anna ist schockiert, als sie sieht, wie der Sohn des bekannten Schauspielers und Sängers Wladimir Wyssozki feierlich Vizepremier Nikolai Aksenenko den nach seinem Vater benannten Preis überreicht. Inlandsgeheimdienst, Innenministerium und Verteidigungsministerium begehen ihre Jubiläen überhaupt nirgendwo anders als im Kreml. Auf dem Höhepunkt der Kriminalität verschwenden die Ordnungshüter das Geld derjenigen, die sich aus Angst abends nicht mehr auf die Straße trauen, für aufgeblasene Fernsehprogramme über ihren erfolgreichen Kampf gegen Verbrecher. Je schlechter es den einen geht, desto mehr prosperieren die anderen. Vielleicht verschafft uns das Erdöl ja auch Aufschub. Sonst würde das Konterfei des geliebten Staatsführers womöglich nicht nur in jedem Amtszimmer, sondern in jedem Haus hängen. Anna sagt: »Wie gut, dass sie Martyn schon im Welpenalter den Schwanz kupiert haben. Da läuft er ihm wenigstens nicht hinterher wie wir.« Dann sprechen wir über die »unabhängigen Unternehmen«, die Gattinnen hochmögender Beamter gehören, die vom Kampf gegen die Korruption reden.

Ihren ersten echten Sieg erringt Anna in der kritischen TV-Sendung »Wsgljad«. Ich bin das Werkzeug. Wolodja Mukussew und ich kommen aus Minsk zurück, von Treffen mit Fernsehzuschauern. Das bringt ein bisschen Geld ein. Zu Hause leert Anna vor dem Waschen die Taschen meiner Jacke. Hast du das gelesen? Rote Tinte, eine Frauenhandschrift. Ein Hilferuf. Es geht um das Zentrale Hämatologische Kinderkrankenhaus der Republik. »Das ist für dich, du warst doch mehrmals in Tschernobyl! Ruf sofort an!« Anna lässt nicht locker. Eine Woche später fahre ich wieder nach Minsk. Eine Amateurkamera. Man kann sie unbemerkt überall hin mitnehmen. Schockierende Bilder, die die offizielle Darstellung Lügen strafen. Wir tragen Informationen zusammen. Die Tränen der Eltern.

Der Rückweg führt über Smolensk, wo wir an einem anderen Thema arbeiten: Mauscheleien zwischen Inlandsgeheimdienst und Verkehrspolizei. Zufällig sind wir angeschnallt. Der schwere Unfall auf der Minsker Chaussee. Wir leben noch! Ein Lastwagen nimmt uns bis Wereja im Moskauer Umland mit. Vom Bahnhof aus rufe ich die besorgte Anna an. Die Aufnahmen sind angekommen! Ich bin schon wieder unterwegs, als Andrej Rasbasch den Film für die Sendung fertigstellt. Auch Europa wird aufmerksam. Binnen kurzer Zeit kommen Spenden in Millionenhöhe zusammen. Anna ist hartnäckig, besteht darauf, dass ich jedes Jahr »zur Inspektion« nach Minsk fahre. Und nach Deutschland, wo unsere Ärzte jetzt geschult werden. Raissa Gorbatschowa besucht das Kinderkrankenhaus. Ein paar Jahre später sind es schon nicht mehr unsere Ärzte, die dort arbeiten, aber das Hämatologische Zentrum gilt als das beste in ganz Osteuropa. Anna ist glücklich über den grundlegenden Wandel. Vor der Sendung starben mehr als 80 Prozent der Kinder. Jetzt überleben ungefähr ebenso viele, bei den übrigen stellt sich zumindest eine Linderung der Symptome ein.

Anna sitzt verloren und frierend in meinem Auto, vor dem Haus, wo gerade Russlands populärer Fernsehmoderator Wlad Listjew erschossen wurde. Befreundet waren wir zwar nie, aber ein Jahr zuvor hat Anna in unserer Wohnung ein tolles Buffet angerichtet. Es kommen eine Menge Leute. Noch ein Versuch zusammenzuhalten, was bereits auseinanderfällt. Obwohl sich der 8. März nicht besonders dafür eignet. Auch Wlad ist da. Er rührt keinen Alkohol an, fährt los, um den Zuschauerinnen in einer Live-Sendung zum Internationalen Frauentag zu gratulieren, kommt wieder. Satte, zufriedene Harmonie. Anna bemerkt einen Ruch von Geld. »Du hast kein einziges Mal Iwan Kiwelidi erwähnt. Dabei stammt das Startkapital für deinen Fernsehsender doch von ihm. So kommst du nicht weit.« Im August desselben Jahres wird der sympathische Bankier Iwan Kiwelidi vergiftet, das exotische Gift ist im Telefonhörer versteckt.

Jetzt, im Auto vor Wlads Haus, begreifen wir beide noch nicht, dass uns die Erdöl-Lethargie einlullen wird, dass die Massenmedien nichts anderes sind als schillernde Spermafädchen, die in den teuren Präservativen natürlicher und nicht allzu natürlicher Monopole krepieren. Anna hat ihr journalistisches Betätigungsfeld gefunden. Ich darf keine politischen Fernsehbeiträge mehr machen. Ein paar andere trifft es auch. Für Zeitungen zu schreiben liegt mir nicht. Also stürze ich mich bis über beide Ohren in Reisebeschreibungen und Wanderrouten für die Internetplattform brodilka.ru, bin ständig auf Achse. Anna und ich betreiben dokumentarischen Vor-Ort-Journalismus. Wie wir es immer wollten. Nur auf verschiedenen Terrains, in unterschiedlichen Gefilden. Ich liebe den warmen russischen Norden, der satte Süden ist mir gleichgültig, nur wenn es sein muss. Anna gefällt alles. Nicht umsonst hieß sie vor unserer Ehe Anna Masepa. Wie ihr Namensvetter, der Kosaken-Hetman Iwan Masepa, ist sie voller Tatendrang. Eine Hetmanin sozusagen. Ich dagegen kann und will in diesem Sumpf des Mammon kein

Hetman sein. Ich habe mein Moorhügelchen gefunden. Unterwegs höre ich oft, bei der »Nowaja Gaseta« gäbe es eine furchtlose Journalistin, die so hieße wie ich. Natürlich freue ich mich, dass Anna verstanden wird. Dass ihre Morsezeichen, ihre Alarmsignale ankommen. Zu Hause liegen seltsam umgebaute Pistolen in einem Plastikbeutel vor der Wohnungstür. Auf dem Dachboden wird der Feuerlöschhahn über unserer Wohnung bis zum Anschlag aufgedreht. Das gilt Anna.

1996. Jetzt stinkt es schon durchdringend nach Geld. Der mysteriöse »Kopierpapier-Karton« mit einer halben Million Dollar für Jelzins Wahlkampf. Herrschaften, die sich außerhalb des Landes Häuser gebaut haben, versichern inbrünstig, ihr Haus sei Russland. Anna kämpft für die Rettung der Insassen eines Altenheims in Grosny. Sie kommt zurück und erzählt von einem, der in vergangenen Zeiten mein Freund war und heute ein hoher Staatsbeamter ist. Als die alten Leute evakuiert werden sollen, steht er im Korridor, durch den sie kommen müssen. Er wartet lange, mit einem Kamerateam. Wartet feige, dort, wo kein Schuss hinkommt, um sich filmen und dem Land als Retter vorführen zu lassen. Anna freut sich diebisch, dass nichts daraus wird. Doch allenthalben dieses Spinnennetz aus Niedertracht und Gemeinheit. Der Wahlsieg eines handlungsunfähigen Alkoholikers: Es gibt noch Pfründen zu verteilen. Anna hält sich an Dostojewski. Mit Lug und Trug erschafft man keine Wahrheit, sie taugen nicht einmal vorübergehend als Mittel zum Zweck. Wie unsere jüngste Geschichte beweist.

Wir arbeiten auch im Familienteam. Anna beschäftigt sich als erste Journalistin in Russland mit den totalitären Sekten, treibt ein spektakuläres Video auf. In ihrem Fahrwasser mache ich ein Programm zum gleichen Thema, für die TV-Serie »Politbüro«. Gemeinsam gelangen wir zu einer erschreckenden Erkenntnis: Die allergrößte Sekte ist unser Staat. Mit dem Geld der Bevölkerung wäscht er dieser Bevölkerung das Gehirn. Nur wenige sind immun gegen die Manipulationen. Wir streiten viel. »Markt«, was sollte das anderes sein als die Gier des Individuums? Anna glaubt – eine lenkbare Gier. Der Mensch hat einen Selbstwert, ist »eine eigenständige schöpferische ...« Ich halte dagegen: ein lenkbares Individuum. Das genetische Gedächtnis des Sklaven. Ganz gleich, ob mit Blaulicht und Leibwächtern im Status-Auto oder als Penner auf der Status-Müllhalde. Anna schnaubt, muss aber zustimmen. Zu gut hat sie die totalitären Sekten studiert. Aber Zeitungsjournalisten beackern an und für sich schon ein Thema tiefgründiger als die Autoren von Fernsehsendungen. Deshalb siege ich nicht in jedem Fall.

Bequeme Fernsehstars verwenden oft Annas Texte. Machen sich nicht einmal die Mühe, die Wortfolge zu ändern. Unsere Wohnung gleicht einem Pressezentrum, wöchentlich prüfen wir, Annas Artikel in der Hand, die analytischen TV-Sendungen. Ein kurzweiliges Unterfangen. Anna ist traurig, nicht, weil sie bestohlen wird, sondern weil die verblassenden TV-Stars keine Tagebücher haben.

Ich liebe Kamtschatka. Als es wieder einmal auf die Halbinsel geht, kommt Anna mit. Wir arbeiten parallel, untersuchen die trostlosen Ergebnisse der Privatisierung. Anna recherchiert für ihr eigenes Material. Die ganze Zeit regnet es oder Nebel hängt in der Luft. Deshalb braucht das Fernsehen mehr Zeit als die Zeitung. An ihrem Geburtstag fliegt Anna zurück. Für fünf Minuten ist der Vulkan Korjakski zu sehen, dann verschwindet er auf dem Weg zum Flughafen von Jelisowo wieder im Dunst. Anna genügen diese kurzen Augenblicke der Klarheit, um meine Untreue zu erkennen. Unsere einheimischen Freunde haben auf dem Flughafen einen Tisch für Anna gedeckt. Wir gratulieren ihr. Das wird der längste Geburtstag deines Lebens! Du fliegst westwärts mit der Sonne!

Manchmal ist Anna schneller als die Zeit, scheint mir. August 1991. Wir sind mit der ganzen Familie in Swetogorsk. Nachts trinken wir mit dem Rockmusiker Juri Schewtschuk. Er singt uns seine neuesten Lieder vor. Morgens überreden wir die Frauen, in unsere frisch gegründete Partei »Die Verkaterten« einzutreten. Anna ersinnt »7-Tages-Verkaterter« als Titel für das höchste Parteiamt. Fröhlich gehen die Urlaubstage vorüber. Im Lenkom-Theater wird am 17. August die neue Saison eröffnet mit Grigori Gorins »Kaddisch«. In der letzten Szene spielt unser Sohn Ilja Violine. Er und ich fliegen nach Moskau, wir landen mitten im Putsch gegen Michail Gorbatschow. Es beruhigt mich, dass Anna und Wera weit weg sind, Ilja fährt zu Annas Eltern. Also alle in Sicherheit. Am nächsten Tag erfahre ich zu meiner Überraschung: Anna ist schon in Moskau und bereit, zur Verteidigung der Demokratie auf die Barrikaden zu gehen. Aber der Aufruhr endet schnell und ohne größeres Blutvergießen. Von überall her klingt Schewtschuks »Letzter Herbst«. Doch es soll nicht der letzte gewesen sein. Es fängt alles erst an. Alles ist Geschäft geworden: Staatsführung, Krieg, Moral, Wahlen, Gesundheitswesen, Bildung. Und im Keller des Moskauer Weißen Hauses lässt sich der echte »Verkaterte des 7. Tages« nach seinem großen Auftritt als Volkstribun von den Bodyguards einschenken.

Ein Jahr später schaffen wir es beim besten Willen nicht, auch nur für eine Woche zusammen Urlaub zu machen. Ich beende die Arbeit an meinem Film »Draußen ist August«. Wir fahren ohne die Kinder in die Waldaihöhen. Anna sieht den Film im Fernsehen und fragt: »Glaubst du wirklich, dass noch ein Putsch kommt?« Ich antworte: »Hundertprozentig. Das wird Lateinamerika mit asiatischem Pathos.« Ich gehe in den Kreml zu den Kongressen der Volksdeputierten. Den Ausweis des Abgeordneten Alexander Politkovski ziert die Ordnungsnummer 1. Was – besonders, weil ich auch noch besagte Kappe aufhabe – sämtliche Freunde ungemein erheitert. Ich schildere Anna meinen Eindruck vom Intelligenzniveau der »Demokraten« und der übrigen politischen Akteure. Anna fordert Fakten, ich präsentiere Eindrücke. Mit all dem Scheißdreck und Gezerre rund um die reichlich zu verteilenden Autonomien wird sie selbst noch zu tun bekommen. In Form konkreter Beispiele.

Ein weiteres Jahr später. Ein weiterer Putsch: die blutige Verfassungskrise. Danach bittet mich ein hochrangiger Staatsbeamter zu sich. Der Minister des gewissen Ministeriums kommt extra nach draußen auf die Straße, übergibt mir meine Dokumente und warnt: »Sei vorsichtig. Hast du nicht öffentlich geäußert, dass du gegen den Beschuss des Weißen Hauses bist? Was meinst du, was jetzt losgeht?!« Zu Hause will ich Anna überzeugen, die amerikanische Staatsbürgerschaft anzunehmen. Schließlich ist sie in den USA geboren. Anna widerspricht heftig. Wie immer. Amerika hat ihr nicht sonderlich gefallen, als wir 1991 dort waren. Dann muss sie einlenken: Wera kommt aus der Schule und erzählt, dass etliche Freunde nicht mehr mit ihr reden. Die Gesellschaft ist gespalten in »Unsere« und »Fremde«. Es wird noch dauern, bis die Emotionen abklingen, die Menschen wieder ihren Verstand einschalten und begreifen, dass man sie hinters Licht geführt hat. Ich werde beim Fernsehen kaltgestellt. Anna rastet aus. Unser Telefon klingelt jetzt seltener, wie das in Russland so üblich ist. Ich versuche den Kindern zu erklären, ihr Familienname könnte ihnen Probleme bereiten. Sie verstehen nicht. Im Gegenteil, jetzt wollen sie erst recht Politkovskis sein. Nach dem ersten Kontakt mit der »ehrlichen« Miliz wird ihnen klar, was ich meine. Sie verplappern sich gegenüber ihrer Mutter. Anna tobt.

In meinen schlimmsten Träumen aber hätte ich mir nicht vorstellen können, dass Annas Staatsbürgerschaft nach ihrem Tod zum Stein des Anstoßes für die Patrioten und zur Rufmord-Waffe in den Händen der »Obrigkeit« wird. Wie seinerzeit Marina Zwetajewas »Unveröffentlichte Briefe«, kennt die ganze zivilisierte Welt Annas Bücher, während man sie in unseren Buchläden vergeblich sucht. Doch auch das hat selbstredend nichts mit ihrer Staatsbürgerschaft zu tun.

Die gut bewachte Festung im Zentrum der Hauptstadt hat sich zum Hauptinvestor, zum alles entscheidenden Verteiler der Güter des Landes gemausert. Jetzt ist es Anna, die mir erzählt, wie jeder noch so unbedeutende Staatsdiener für ein blinkendes Blaulicht auf seinem Dienstwagen kämpft und den »demokratischen« Aufstand probt, wenn er es verlieren soll. Die von Glanz und Glamour vernebelten Hirne sind ausgeschaltet, erst die Schlagstöcke der OMON-Sicherheitskräfte bringen manchen zur Besinnung.

Schluss, aus. Und vorbei. Wir sind im 21. Ehejahr. Ich habe erfolgreich verloren. Wir trennen uns. Das Leben im ewigen Blitz und Donner der Gewitterfronten ist vorüber. Oft war ich es, der sie heraufziehen ließ. Ich bin schuldig vor den Kindern, vor Annas Kollegen, weil sich die Naturgewalten jetzt über ihnen entladen. Vor Annas Freundinnen, müssen sie doch die Wolkenbrüche der Tränen ertragen. Neben mir betrachtet noch jemand das Wetterleuchten des Orkans – mit weiblichem Namen, wie üblich in der Meteorologie.

Wir trennen uns, aber ohne Scheidung. Um den journalistischen Dobermännern, die sich zu gern die Streicheleinheiten ihrer Herren verdienen, kein Informationsfutter vorzuwerfen. Denen kommt ohnehin jeder Anlass zupass, mit Anna abzurechnen. Verklagt wird sie selten, alle wissen, dass wahr ist, was sie schreibt. Desto mehr Kübel voller Schmutz. Anna wird nach Eilat eingeladen, zu einem Forum anlässlich der Jahrtausendwende. Wir sind zum letzten Mal gemeinsam unterwegs. Im Bus will uns der Reiseführer, ein ehemaliger Homo sovieticus, weismachen, Judas habe lediglich seine Rolle in einem schon lange verfassten Szenario gespielt. »Mal ganz was Neues«, lacht Anna. Wir lassen uns nicht auf eine Diskussion ein.

Wir besuchen die Heiligen Stätten. Das orthodoxe Weihnachtsfest. Biblischer Regen in Bethlehem. Anna und ich stehen neben der Geburtskirche. Plötzlich werden alle zur Seite gedrängt: Autos mit Moskauer Blaulicht. Eine Halluzination? Wir kämpfen uns zum Eingang durch. Nein. Im Mittelschiff der Kirche stehen Sessel, darauf Boris Jelzin, Anatoli Tschubais und Jassir Arafat. Vor ihnen läuft der Gottesdienst ab wie eine Theatervorstellung. Wollen die Herren um Vergebung für ihre Sünden bitten? Was für ein gigantisches Possenspiel! Entsetzt verlassen wir den Tempel und vernehmen durch den widerwärtigen Nieselregen eine himmlische Stimme. Nein, wir müssen uns verhört haben. Wir gehen näher heran. Einfach unfassbar! Er! Aufgetaucht aus unserer Jugend! Wie ein tapferer Zinnsoldat fegt der durchnässte Demis Roussos über die Bühne. Der Krippenplatz vor ihm ist fast leer. Kein einziger neuer Russe. Nur wenige Juden. Und keiner bettelt um Geld wie bei uns zu Hause. »Goodbye, my love, goodbye«. »Wie zum Hohn«, flüstert Anna, und in der Dunkelheit umringen uns Emigranten unter Regenschirmen. Fragen nach der Perestroika.

Ich will mit Anna reden, ohne Emigranten und Perestroika. Aber die Perestroika unseres Familienlebens muss noch warten. Voneinander loszukommen ist ebenso schwierig, wie es miteinander auszuhalten in einer Wohnung.

O Meister,
    hilf mir,
    dass ich nicht so viel danach verlange,
    getröstet zu werden, sondern zu trösten;
    nicht so viel, verstanden zu werden,
    sondern zu verstehen;
    nicht so viel, geliebt zu werden,
    sondern zu lieben.
    Denn wer gibt, der empfängt.
    Wer verzeiht, dem wird verziehen,
    wer stirbt, der wird geboren zum Ewigen Leben.

Ich nehme mir das alte, Franz von Assisi zugeschriebene Gebet oft vor. Auch am Morgen des 7. Oktober 2006 beschäftige ich mich damit. Kein Zweifel, die Rezeptur für die Scheiße, in der Anna ersticken soll, ist schon von langer Hand entwickelt. Die Sklaven sind nicht stumm. Meine Befürchtungen sollten sich bestätigen.

Dann, Tage später, die Begegnung in der Intimität der Kirche, bei der Totenmesse. Bittersüße Weihrauchschwaden, die schnell verwehen. Der Priester spricht die letzten Worte, und mit mir geschieht etwas. Ich habe das Gefühl, Anna streitet wieder mit mir. Ich sehe die Tränen der weiblichen Kränkung. Und mich befällt eine solche Schwermut, eine solche verfluchte Bedrückung, dass ich nicht einmal das Anstandsritual einhalten und an ihren Sarg treten kann. Das Tagebuch des tapferen Zinnsoldaten ... oder der Gassenjunge Gavroche, der nachts Zuflucht sucht im Bauch des eisernen Elefanten. Eine eigenständige schöpferische Einheit. Marina Zwetajewa, die in Jelabuga den Strick nimmt. Abends fallen mir wieder die ersten Worte des Gebets ein: »Herr, mach mich zum Werkzeug Deines Friedens.« Nichts weiter. Kein »dass ...« Sie fallen mir ein, und ich bin fassungslos. Anna Politkovskaja. Mein Familienname. Gebetet habe ich. Doch der Herr hat SIE zum Werkzeug seines unsteten Friedens gemacht. Also habe ich ihr damals das Gebet nicht umsonst vorgesprochen, der Schülerin Anna ...

INHALTSVERZEICHNIS

Vorwort
Claus Kleber 7

Was habe ich denn Schlimmes getan? 9

Teil I – Der Krieg

Die Hölle 19
17 tschetschenische Soldaten 30
Die Wunderfelder 46
Kriegsgeschäfte 56
Die Zentralfigur aus Zentoroi 65
Die Hütten brauchen Frieden 81

Teil II – »Nord-Ost«

Rückkehr Anna Politkovskajas nach Moskau 95
Der Preis der Verhandlungen 98
57 Stunden später 110
Ein Mann aus der Gruppe der Terroristen lebt 117
Die Botschaft in der Hand 130

Teil III – Beslan

Was ist mit Anna Politkovskaja geschehen? 139
»Der Präsident ist einfach aus der Liste
    der Zeugen verschwunden.« 142

Teil IV – Ein »friedliches Land«

Die Neonazis in St. Petersburg, Orjol und Tambow
    verkünden ganz offen ... 161
Wie der Solowezki-Gedenkstein auf dem
    Lubjanka-Platz erstürmt wurde 169

Eine Reise in eine Stadt, die es nicht gibt 175
Eine unpassend unangepasste Generation 179
Wieder politische Gefangene 189
Kein »anderes Russland«. Und nie eine Niere 195
Eine Geschichte vom Gut-Sein und von Guthaben 201
Die Gewaltorgien der Miliz in Blagoweschtschensk 217
»Bei Widerstand – vernichten« 233

Teil V – Weltweit

Die über das Kuckucksnest flogen 245
Das Verhältnis des Kreml zu Georgien 263
China on the road 273
Der Wahnsinn der Mittäterschaft 281

Teil VI – Nach dem 7. Oktober 2006

Sonja Jeroschok – Ein integrer Mensch 289
Jelena Morosowa – Eine eigenständige
    schöpferische Persönlichkeit 293
Alexander Politkovski – Gebetskontakt 300